Uzman Psikolog

ESRA EZMECİ

Kadınlar Sıcak Erkekler Soğuk Sever

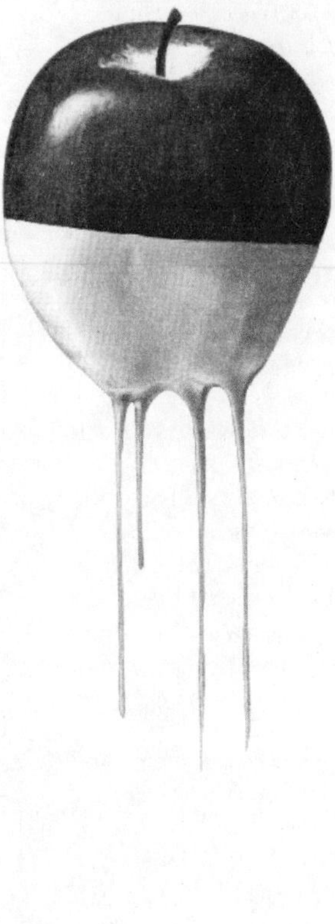

İlişkilerin Doğasını Anlamak ve Uzun Soluklu İlişkiler Kurmak İçin Etkili Bir Rehber

DESTEK yayınları

İÇİNDEKİLER

ALTINCI BÖLÜM

YEDİNCİ BÖLÜM

ÖNSÖZ

Erkekler ve kadınlar arasındaki çatışmaların nedenleri neler diye sorsak pek çok şey sayabiliriz. Kültürel farklılıklar, aile yaşantıları, geçmişten biriktirilen travmalar, çocukluk şemaları, anne babaların yetiştirme şekli, aile senaryoları ve fizyolojik farklılıklar ilk başta sayabileceklerimiz. İnsan dediğimiz varlık fazlasıyla karışık. Her birimiz kendimizi anlamak ve çözümlemekle epey zaman harcarken iki karşıt cinsin neden çatışma yaşadığını anlamak da haliyle pek kolay olmayabilir.

Kadınlık ve erkeklik nitelikleri üzerine genellemeler yapmak belki biraz sıkıcıdır. Tüm sorunları, kusurları genellemelere hapsetmek sorunları tamamen çözmez ancak yine de kendi doğamıza eğilip baktığımızda ilişkilerimizi kolaylaştırmak ve daha sağlıklı bir hale getirmenin ipuçlarını yakalamak da mümkün.

Bu kitapta sunacağımız basit önermeler biraz bu zorluğu kolaylaştırmak için, düğümleri çözmese de biraz gevşetmek ve ısrarcı olduğunuz çıkılmaz yolların rotasını değiştirmek üzerine.

İlişki içindeyken bir çeşit körleşme yaşanır, mevcut problemleri çözümleme hevesimiz duvara çarpıp kalabilir. Peki bu duvarlar nelerdir? Dahası bu duvarları yıkmak mümkün müdür?

İnsan en iyi kendini bilir, bu nedenle karşısındakinin de kendisi gibi davranmasını ve dünyayı algılamasını bekler. Ancak hepimiz farklı deneyimlerden geçerek bugüne gelmişizdir. Bu basit ama fazlasıyla aydınlatıcı bir gerçektir. Herkesin yaşam senaryosu farklılaştığında her şeye bakışı da değişir. İnsan bu yüzden biriciktir ve kimse kimseye benzemez.

İlişkide sorunları ortadan kaldırmanın ilk şartı hem kendi doğamızdan kaynaklananların hem de iki cinsin farklılıklarının farkına varmakla olur. Dünya hiçbirimizin etrafında dönmüyor. Eğer yamacımıza sevdiğimizi alıp ilerlemekse niyetimiz uzlaşma çabasını da alet çantamıza eklememiz gerekiyor.

Bu kitap aslında sizin ilişkilerde daha az tökezlemenize yardımcı olacak bir alet çantası. Düşünün bir şeyi tamir etmek istediğinizde kullanacağız araçlar bellidir. İşte bu alet çantasına koyacaklarınız da basit ama etkili çözümler. Üstelik hiç de zor olmayan basit şeyler, ama hepimiz biliriz basit olan zordur.

İlişkiler doğası gereği karmaşıklaşırlar, inişleri çıkışları vardır. Her zaman her şey yolunda gitmez, tıpkı hayat gibi. İlişkiler bazen sıcaktır, içinizi ısıtır. Bazense buz keser. Her ilişkinin bir ritmi vardır ve değişir. Neden mi? Çünkü bizim doğamız da değişir, ruh halimiz, beden kimyamız, duygularımız, zihnimiz sürekli değişir. Önemli olansa bu değişen ritimde dengeyi korumak ve kollamaktır. Zirvedeyken fazla yükselmemek, inişlerde aşırı keder ve üzüntüye kapılmamak, altın oranı korumak...

Kadın doğası ve erkek doğası farklıdır. Her bir cinsin problem çözme becerisi, yalnızlıkla başa çıkma yolları, ilişkiden bekledikleri, iletişim modelleri, motivasyonları farklıdır. Örneğin bir kadını uzak durarak değil ilgilenerek elde edebilirsiniz. Ama bir erkek her zaman mesafeli bir yerde bırakılarak...

Kadın sıcak sever erkekse soğuk...

Ufak bir not: Kitabın bazı bölümlerinde notlar almanız ya da size yönelteceğim soruları yazmanız ve cevaplamanız gerekeceğinden kitabı okumaya başlamadan önce kendinize bir defter ve kalem seçmenizi öneriyorum. Bazı şeyleri yazarak görselleştirmek, arada açıp okumak, kendinize hatırlatma notları yazmak takıldığınız yerleri çözmek için oldukça yararlı bir yoldur. İyi okumalar...

Birinci Bölüm

Erkek Doğası ve Kadın Doğası Neden Farklıdır?

Erkekle Kadın Arasındaki Farklılıklar Nereden Geliyor Olabilir?

Hayatımızın en çetrefilli meselelerinden birisi kadın erkek ilişkileridir. Kadınların ne istediği, erkeklerin ne söylediği filmlere, kitaplara bitmeyecek malzeme üretecek kadar tartışılagelmiştir. İnsan olarak bu dünyadaki varoluşumuzu anlamakla geçirdiğimiz vakitten belki daha fazlasını karşı cinsle olan ilişkimizi yönetmeye harcarız. Bunda elbette en önemli neden varoluşumuzun en önemli şartı olan üreme, güvende hissetme, sevme ve sevilme ihtiyaçlarımızdır. Bu arzularımız biz ölene kadar da bitmez.

Kadın-erkek farklılıkları konusu ne yazık ki farklı şekillerde eğilip bükülmeye maruz kalmıştır hep. Kültür ve toplumsal bakışla bazı yanlış kabuller bile vardır buna dair. "Kadın zayıftır, saçı uzun aklı kısadır, erkek ağlamaz, erkek döver de sever de!" gibi cinsiyetlere tutturulmuş yanlış kabuller bugün hâlâ içimizde yaşamaktadır. Bu kısırdöngüde hapsolmuş mantıksız yorumları aydınlatmak bir yana kadın ve erkek doğasını anlamak bize neler katabilir, odaklanmamız gereken en önemli nokta öncelikle bu olmalıdır.

Hem bireysel hem de toplumsal mutluluğu yakalamanın en önemli yolu hem kadının hem de erkeğin doğasını anlamaktan geçer. İki farklı ama ikisi de eşsiz olan doğanın nasıl çalıştığını anlamak onları uyumlu hale getirmenin ilk adımıdır. Bütün her zaman iki yarımdan daha fazladır. Tek başına ne erkek ne de kadın güçlüdür, asıl güç bu iki farklı doğanın eşsiz uyumundan doğar.

İlişkilerdeki çatışmaların ve problemlerin genellikle nedenleri erkek ve kadın doğasının gerekliliklerinin anlaşılamamasıdır. Bu kitapta özellikle iki cinsin doğasına eğilerek herkesin ilişkideki merkezini belirleme çabasında olacağız. Ancak şunu her zaman aklımızda tutarak: Bir ilişkide kimse kimseden üstün değildir, mutlu bir beraberlikte kadın ve erkek tıpkı bedenimizdeki uzuvların, iki elimizin, iki kulağımızın, gözlerimizin birbirini dengelediği gibi çalışmalıdır. Bu da savaşarak değil, doğamızı anlamakla, güçleri dengeli bir şekilde birleştirmekle mümkündür.

İnsanın önce kendini sonra karşı cinsi daha iyi anlaması tüm ilişkiler için kilit noktadır. Ancak bu tek taraflı bir bakış açısıyla mümkün olmaz, bir insanı tam ve bütün olarak anlayabilmek için bütüncül bir bakış açısıyla bakmamız gerekir. Düşüncelerimizin, duygularımızın ve davranışlarımızın kökeninde ne olduğunu, hangi davranışın hangi eğilimlerden doğduğunu, ne tür yapısal ve fizyolojik farklılıkların söz konusu olduğunu bilirsek, belki de bize gereksiz ve anlamsız gelen pek çok şeyi anlamlandırabilir, zorlandıklarımızdan kurtulabilir ve ilişkilerimizde daha rahat bir nefes alabiliriz.

Anlaşılması gereken en temel farklılıklar cinsiyetlere bağlı olanlardır. Cinsiyete göre şekillenen bu farklılıkları ve toplumsal rolleri eskiye nazaran daha çok fark etsek de, fizyolojik farklılıklarımızın esiri olmamız su götürmez bir gerçektir. Yüzyıllardır erkeklerin kadınları, kadınların da erkekleri anlaşılmaz bulduğu hep konuşulmuştur. Farklılıklar güzeldir, hayata renk katar, bin bir çeşit çiçekle bezenmiş güzel bir bahçede gezinmek gibidir ancak aynı farklılıklardır bir yandan hayatımızı kâbusa çeviren.

Bir erkeğe ya da kadına baktığınızda gözlemlediğiniz tipik şeyler vardır. Örneğin kadınlar daha organize varlıklardır, erkeklerse belli konularda daha iyi konsantre olurlarken tartışmalarda dikkatlerini toparlayamazlar. Erkekler daha rasyonel ve mantıklı düşünmeyi ve daha net davranmayı severlerken kadınlar nispeten daha duygusal ve ayrıntıcıdırlar.

Peki bu farklılıklar nereden kaynaklanır?

Erkek Beyni ile Kadın Beyni Farklı mıdır?

Bilimsel açıdan bakıldığında bu sorunun yanıtı evettir. Gerçekten de kadın ve erkek beyni bazı farklılıklara sahiptir.

Beyin, bugün dahi henüz çözülememiş tek organımızdır, pek çok çalışmaya konu olan beyne dair bulunan her yeni şey bizim onu biraz daha anlamamızı sağlar. Öncelikle evrimsel açıdan erkeğin beyni, kadının beyninden daha büyüktür. Bu büyüklük farkının zekâ ile doğrudan bir bağlantısının olmadığını not edelim. Üstelik henüz bu hacimsel farkın tam olarak ne gibi sonuçlar doğurduğu da henüz bilinmiyor.

Beyindeki bağlantılar üzerinde yapılan bir çalışmaya göre bir erkek beynindeki sinir bağlantılarının ön ve arka loblarda, kadın beyninde ise sağ ve sol yarımküreleri arasında yoğun olduğu görülmüştür. Bilim insanlarına göre bu fiziksel farklılıklar erkeklerin yön bulma ve kas kontrolü gibi alanlarda kadınlara göre neden daha iyi olduğunun, kadınlarınsa hafıza, önsezi ve konuşma gibi konularda neden erkeklerden daha iyi olduğunun anlaşılmasında önemli rol oynuyor. Bu basit görünen farklılık bile iki farklı cinsin nasıl farklı alanlarda daha iyi olduğunu açıklamak adına önemli bir ipucu aslında.

Yapılan başka araştırmalara göre erkekler olaylara dair anıları kadınlara göre daha genel hatlarıyla hatırlıyor. Kadınlarsa daha detaylı anımsama becerisine sahip. Belki bu bilgi kadın erkek arasındaki kısır tartışmaların neden çözülemediğine dair bir anahtar olabilir sizin için. Yine çok bilinen başka bir farklılık erkeklerin kadınlara göre daha fazla seks düşünüyor olması, hatta kadına göre neredeyse üç kat daha fazla.

Kadınların erkeklere göre konuşma becerilerinin daha gelişmiş olmasının nedeni yine beyindeki farklılıklar. Örneğin erkekler sözel becerilerini (konuşmak, konuşulanı anlamak, yazmak, okumak) kullanırken beyinlerinin mantıkla bağlantılı kısmı olan sol lobunu daha yoğun kullanırlar. Diğer yandan kadınlar sözel becerilerini kullanırken beyinlerinin hem sol lobunu hem de duygusal ve sezgisel diyebileceğimiz sağ lobunu aktif olarak kullanırlar. Bu yüzden kadınlar duygularını daha iyi ifade edebilirken erkekler için bu bağlantı zayıf olduğundan, duyguları sözel olarak ifade etmekte ve anlamakta zorlanırlar. Aynı zamanda bu özellik kadınların duygularına sözel, erkeklerinse fiziksel tepkiler vermelerine sebep olur. Yani bir dahaki sefere duygulardan bahsederken partnerinizle iletişim kuramadığınızda, onun abarttığını ya da umursamadığını düşündüğünüzde sinirlenmek yerine, bu bilimsel bilgiyi aklınıza getirip sakinleşebilirsiniz. Çünkü bu temel yapısal bir farklılıktır. Partnerinizin size tepki olarak yaptığı bir şey değildir. Bu durum bir kuşun kaçarken koşmak yerine uçması kadar doğaldır. Fakat maalesef işler sarpa sardığında, taraflar birbirini anlayamaz ve kavgalar başlar. Bu tür kavgalarda erkekler uyumlanamadıkları için eksiklik ve suçluluk, kadınlar ise anlaşılamadıklarını düşünerek değersizlik hissederler. Bu bilgileri öğrenmek, akılda bulundurmak bu hislerin oluşmasını engellemek için işimize yarayabilir.

Erkekler ve kadınlar sadece sözel becerilerde değil düşünme ve problem çözmede de farklılık gösterirler. Yukarıda bahsettiğimiz gibi kadın beyninde duygusal ve mantıklı beyin arasındaki bağlantı daha yoğun kullanılır. Bu yüzden kadınlar olaylara yaklaşırken ve problemleri çözerken daha sezgiseldirler.

Kadının doğasının sezgisel tarafını anlatmak güçtür çünkü sezginin ne olduğunun kesin bir tarifini yapmak zordur. Eskiden beri ruhla bağdaştırılan sezgi için bugün beyinle ilgili bazı fikirler öne sürülüyor. Beynimizde bazı bölgelerin bazı şeyleri bizim yerimize algılaması ve işlemesiyle ürettiği şeyler dersek hata yapmış olmayız. Sanatçıların resim, müzik yaparken yaslandığı ilhamın, bazen kötü bir şeyler olacakmış gibi hissetmemizin kaynağı sezgilerdir.

Kadınlar sadece sezgi, içgörü yeteneklerinde değil ayrıca empati konusunda da daha iyidirler. Karşılarındaki kişinin ne hissettiğini daha iyi anlayabilirler. Kendilerini başkasının yerine koyup düşünmek onlar için erkeklere göre daha kolaydır. Fakat erkek beyninde bilgi akışı daha lob içi gerçekleşir. Bu yüzden problemleri çözerken daha mantıklı ve aksiyona yönelik olurlar. Bu farklılıklardan dolayı erkekler daha çok eyleme kadınlarsa daha çok duyguya odaklıdır diyebiliriz. Tek bir soruna ya da hedefe odaklanmak erkekler için, birçok işi bir anda yürütmek ise kadınlar için daha kolaydır. Bu özelliklerin hiçbiri kadınların erkeklerden ya da erkeklerin kadınlardan daha iyi ya da daha kötü olduğunu göstermez. Bu iki sistem birbiri için tamamlayıcıdır ve hayatta her iki yaklaşımın da işlevselliği, bir faydası vardır.

Kadın ve erkek doğası
birbirini tamamlar.
Biri birinden üstün değildir,
farklılıkların uyumla bir
araya gelmesi tamlığı
yaratır.

Erkek ve kadınların durum değerlendirme yöntemleri birbirlerinden farklıdır. Örneğin erkekler mantıken her şey yolundaysa iyi hissederler. Kadınlar için ise durum farklıdır. Eğer bir kadın iyi hissediyorsa her şeyin yolunda gittiğini düşünür. Yani erkeklerde mantık duyguyu, kadınlarda ise duygu mantığı getirir diyebiliriz. Bu yüzden kadınlar ve erkekler farklı şeyleri problem etmeye meyillidirler. Yani kadın için problem olan bir şey erkek için problem gibi gözükmeyebilir. Hatta çoğu zaman bir kadının pek çok probleminin olduğunu düşündüğü bir ilişkide erkek her şeyin yolunda ve sütliman olduğunu düşünebilir. Erkeğe göre belli bir rutin sistem oturmuştur ve devam etmektedir, ona göre ortada problem falan yoktur. Kadın için sorun yaratan şeyin erkek için de sorun yaratması için duygusal iniş çıkışlar yaratan şeyler değil, düzenlerini, rutinlerini bozan şeyler olması gerekir.

Erkek ve kadın beyninin farklı işlediğini gösteren bir diğer işaret de kadınlarda anksiyete ve depresyon gibi duygu durum bozukluklarının daha sık görülmesi, erkeklerde ise duygusal stresin kendine ve başkalarına zarar verme gibi davranışsal yollarla, şiddetle ve öfkeyle dışa vurulmasıdır. Bir sonraki bölümde hormonların buna nasıl yol açtığını detaylandıracağız ancak bu farklılıkların çocukluktan itibaren görüldüğünü söylemekle işe başlayalım. Aslında duygusal stresi her iki cins de yoğun olarak yaşar fakat kültürel ve yapısal farklılıklardan dolayı kadın ve erkeğin bu stresi dışavurum şekli farklılaşmıştır. Erkeklerin depresyona girme oranının daha düşük olması onların gamsızlığını göstermez. Sıkıntılarını yine uyumsuz ve zararlı olan başka davranışlarla telafi etmeye çalışırlar. Örneğin alkol ve madde bağımlılığı, aşırı öfke, şiddet, seks bağımlılığı, hızlı ve tehlikeli araba sürme ve büyük riskler alma gibi davranışlar sergilerler. Bu büyük davranışların geri planında hep stresle baş etme çabası vardır.

Kadınlarsa stresli olduklarında depresyona girmeye daha eğilimlidirler. Bundan kaçınmak için de kendilerine daha fazla ifade alanı yaratmaya çalışırlar, kendilerini çokça anlatmaya çalışmalarının sebeplerinden birisi de budur. Çünkü kadın anlaşılmak ister ve kendini anlatmak için de bazen fazla çabalar. Bunun nedeni de ifade etme güdüsünün baskın olmasıdır.

Beyinden kaynaklanan farklılıklara ek olarak çok değişik bileşenler de vardır elbette. Sadece beyinden kaynaklananlara bakmak tek başına hiçbir şeyi çözmeye yetmez. En karmaşık şeylerden biri de hormonlardır.

Testosteron Erkekleri, Östrojen Kadınları

Testosteron erkeklik hormonu, östrojen de kadınlık hormonu diye bilinir. Fakat farklı miktarlarda olsa da, her insan her iki hormonu da salgılar. Hatta bazı durumlarda her cinsin karşı cinsin hormonunu daha fazla salgıladığı durumlar bile söz konusudur. Bu hormonların artış ve azalışlarının kadın ve erkeği psikolojik açılardan nasıl etkilediğini inceleyelim.

Östrojen hormonu ergenliğe girdiğinde kadınlara kadınsı özelliklerini veren hormondur. Âdet döngüsüyle ve doğum gibi bazı radikal değişikliklerle birlikte vücutta artıp azalır. Bu yüzden östrojen, âdet döngüsünün hangi aşamada olduğuna bağlı olarak bir kadının duygusal modunu oldukça etkiler. Regl öncesi kadınların kendilerini daha gergin, daha hassas ve duygusal hissetmesinin nedeni budur. Aşırıya kaçmadığı sürece, östrojen hormonunun arttığı dönemlerde kadınların enerjisi daha yüksek ve stres seviyesi daha az olur. Bu hormon erkeklerde de az miktarda salgılanır. Daha fazla östrojen salgılayan erkekler daha sakin ve sevecen olabilir. Östrojen özellikle hoşlandığı kişiye bağlanma konusunda, erkeklerde önemli bir hormondur. Fakat östrojenin belli bir seviyeden daha fazla artması erkekleri depresyona sürükleyebilir. Bu durum onları daha hassas ve olaylara karşı daha az toleranslı yapabilir.

Erkekler kadınlara göre 20-30 kat daha fazla testosteron hormonu salgılarlar. Hem kadında hem de erkekte testosteronun agresifleştirici ve savaşçı tarafı güçlendirici bir etkisi vardır. Yapılan araştırmalara göre testosteronun, hayvanlardaki sosyal hiyerarşi içinde daha tepede olma ve hükmetme içgüdüsünü, insanlarda kendini daha yüksek statülü işlerde çalışma, daha pahalı zevkler edinme, lüks araba-ev almaya yönelme şeklinde ortaya çıkardığı görülmüş. Özellikle yüksek pozisyonlarda çalışan kadın ve erkeklerin testosteron düzeylerinin yüksek olduğu da ortaya çıkmıştır.

Erkeklerde fazla testosteron seks düşkünlüğü, bağlanamama, uyumsuzluk ve aşırı sinirlilik yaratır. Örneğin anti sosyal dediğimiz, kural tanımaz, etrafındakilere zarar veren ve sosyal normlara uyamayan kişilerde yüksek testosteron saptanmıştır. Testosteron ilişkisi olan erkeklerde olmayanlara göre daha düşüktür. Tüm bunlardan hareketle uzun ilişki kurmak isteyen kadınların testosteron seviyesi yüksek olmayan erkeklere yönelmesi daha sağlıklı olabilir. Kadınlarda ise testosteronun özgüveni artırdığı, duygu durum değişimini dengelediği, libidoyu yükselttiği bilinmektedir. Spor gibi fiziksel aktiviteler kadınlarda testosteron üretimini artırır. Bu yüzden kendinizi çok duygusal hissediyorsanız, duygusal iniş çıkışlarınızı kontrol etmekte zorlanıyorsanız spor yapmak size iyi gelir. Rutin ilişkiden bağımsız olarak testosteron, âşık olan kadınlarda, yalnız olanlara göre daha yüksektir. Ayrıca öğrenme, problem çözme, motivasyon gibi bilişsel süreçlere faydası vardır.

Cinselliğin olduğu bir ilişkide, yakınlaşma ve uzaklaşmalara hormonların etkisi nedir?

Bir ilişkide cinsellik yaşanıyorsa cinselliğe bağlı olarak hormonlardaki değişimi bilmek, kendimizi ve karşımızdakini anlamak adına pek çok ipucu sunacaktır. Cinsel ilişki öncesinde erkeklerde testosteron seviyesi yüksektir. Hemen sonrasında ise testosteron düşer ve östrojen artmaya başlar. Bu artışın nedeni evrimsel açıdan bağlanmanın sağlanması içindir. Fakat erkekler için testosteronun azalıp östrojenin artması stresin artması ve depresif ruh durumunun tetiklenmesi demektir. Erkek böylece enerjisinin büyük bir bölümünü yitirebilir. Bu yüzden erkek, testosteron seviyesi normal hale gelene kadar kendini toparlamak için kadından uzaklaşma ihtiyacı hisseder. Birliktelikten sonra arkasını dönüp yatan erkeklerde olan da budur, hatta bazen bu uzaklaşma ihtiyacı daha da artar. Bazen günlerce sürebilir.

Kadın ise cinsellikle artan östrojen nedeniyle daha da fazla bağlanma ihtiyacı hisseder. Böyle bir anda tam da erkeğe bağlanmak isterken erkeğin doğası gereği bu şekilde uzaklaşması kadında yanlış bir şeyler var hissini uyandırır. Bu endişe nedeniyle kadın erkeğe daha çok yakınlaşmak istediğinde, sorularla onu boğduğunda, erkek daha çok kaçar ve kadın değersizlik hisleriyle dolar. Diğer taraftan erkek tekrar enerjisini toplamak istediği bu dönemde kadının üzerine gelmesiyle kendini sıkışmış hisseder, daha da çok kaçma hissiyle dolar ve o da yanlış giden bir şeyler var hissine kapılır. Tüm bunlar çiftlerin birbirinden uzaklaşmasına, ilişkinin bozulmasına sebep olur.

Kadın ve erkek doğasını
anlamak demek ilişkinizin
doğasını anlamak demektir.

Hormonların yarattığı kısırdöngüden kurtulmanın basit ama çok etkili yolları vardır. Gün içinde kendinizi bir gözlemleyin, sabahki ruh halinizle akşamki ruh haliniz aynı mı? Gece kendinizi gündüze göre daha farklı hissetmez misiniz? Kaygı, stres, üzüntü altındayken bir şeyleri yönetmek hepimiz için birazcık daha zor değil midir? Hormonlar her anımızı, saatimizi etkiler. Bazen kendimizi tanıyamayacağımız bir ruh durumuna bile sokabilir. Bu, gün içinde bir tahterevallide salınmaya benzer. Bazen aşağı ineriz, bazen yukarı çıkarız. Bazen uzun süre aşağıda kalmak isteriz, çünkü bu bize iyi gelir. Bazen de karşılıklı bir şekilde iniş-çıkışlar devam etsin isteriz. Ama tahterevallinin bir ucunda oturan erkek ve diğer ucunda oturan kadın için ihtiyaçlar birbirinden tamamen farklıdır.

İlişkilerde farkındalık çok önemlidir. Her iki taraf da bu uzaklaşma ve yakınlaşmanın ilişkinin daha sağlıklı devam edebilmesi için gerekli olduğunun farkında olursa, arada daha sağlam bir iletişim kurulur. Örneğin erkeğin "Hayatım seni çok seviyorum ama biraz da ayrı vakit geçirelim istiyorum. Bunun ilişkimiz için daha güzel olacağını düşünüyorum. Hem birbirimizi özleriz hem de birbirimize anlatacak şeylerimiz olur. Bu şekilde insanların birbirinin kıymetini daha iyi fark ettiğini düşünüyorum" şeklinde bir açıklama yapması kadının kaygısını azaltacaktır. Birlikte zaman geçirmiyor olsanız da birbirinizin aklında olduğunuza dair arada sırada yapacağınız ufak hatırlatmalar kaygılarınızı azaltmanıza yardımcı olur. Kadın olarak bu uzaklaşma dönemlerini kişisel algılamamak, hormonal dalgalanmaları aklınızın bir kenarında tutmak çoğu meselenin kendiliğinden çözülmesini olanaklı kılar. Böyle dönemlerde kendinizi yiyip bitirmektense kendi hayatınıza odaklanın, kendinizi rahatlatacak aktivitelere yoğunlaşın, kendiniz için denenmemişi deneyin. Tüm bunlar sadece size kendi değerinizi hatırlatmakla kalmaz aynı zamanda partnerinizin gözündeki değerinizi de parlatır.

Elbette her zaman bunları anlatıldığı gibi yönetmek kolay olmaz. Hepimiz derinlerimizde bir yerlerde kaybetme korkusunu hissedebiliriz. Korku, mantıklı davranmak ve sağduyulu olmanın önünü tıkayabilir. Ancak kendinizi bu korkuya teslim etmektense onunla başa çıkmanın formülünü icat etmelisiniz.

Başkalarından size mutluluk sunmalarını beklemeyin. Unutmayın mutluluğunuzun sorumluluğu sizdedir. Bu sorumluluğu üstlendiğinizde ve bunun için çabaladığınızda ışıltılı özgüveninizle kalpleri fethedebilirsiniz.

Hormonlarınızı anlamak özellikle flört ve yeni başlamış ilişkinizi yönetebilmek adına size iyi bir rehberdir. "İlişkide

Cinsellik Nasıl Yaşanmalı?" başlığı altında bahsedeceğim cinsel tutumlarınızı yönetme kısmında, bu kısma tekrar dönerek okumanızı ve not defterinize kendinize notlar almanızı öneririm.

Erkek Neden Susar, Kadın Neden Konuşur?

Genelde kadınlar erkekler tarafından dinlenmediklerinden şikâyetlenirler. İlgisizlik, kayıtsızlık, adına ne derseniz deyin erkeklere yakıştırılan etiketlerden bazıları bunlar olur. Erkeklerse genelde kadınların fazla konuşmalarından söz ederler ve hatta "dırdır yapmak"la etiketlerler kadınları.

Erkeklerin, konuşmadan kaçmaları, sıkılmaları kadınlar cephesinde anlattıklarının umursanmadığı hissi şeklinde kendini gösterir. Kadınların fazla konuşma çabasıysa erkekte bıkkınlıkla.

Erkeklerin sözcükleri kadınlardan daha az kullanmayı sevdiği aşikârdır. Ancak konuşmaya, her şeyi dille ifade etmeye doğası gereği daha yatkın olan kadın, erkeğin bu tavrı karşısında kendisini belirsiz bir alanda bulur. Bu büyük belirsizlik alanı kadın için tedirgin edicidir.

Basit bir problemi çözmek için bazen fazla detaylı yapılan bir konuşmanın sonunda sadece kuru bir sözcük duymak bazen kadını çileden çıkarabilir. Kadınların beklentisi genelde kendisi gibi daha detaylı ve uzun açıklamalar duymaktır. Aksi halde kendisini değersiz ve umursanmıyor gibi hisseder. Kaygı ve merak dürtüsünü bastırmak isteyen kadınsa geri adım atması gerektiği yerde daha da fazla erkeği sıkıştırır. Zaten kendini sıkışmış hisseden bir erkeğin böyle bir tavırla karşılaşmasıysa çok daha büyük iletişim sorunlarının başlangıcı olur. İşte size erkek-kadın ilişkilerinde sıklıkla karşılaşılan bir kısırdöngü.

Bu tarz bir kısırdöngüden kurtulmanın ilk adımı haklılık-haksızlık algısını ortadan kaldırmaktır. Erkek ve kadın doğasından doğan farklılıkların iletişimimizde yarattıklarını unutup meseleleri krize sürüklemek yumurta mı tavuktan tavuk mu yumurtadan çıkar sorusunu tartışmak gibidir.

Erkekler, bir sorunla karşılaştıklarında hissettikleri olumsuz duygularla kadınlara göre daha zor baş ederler. Çünkü kadınlar yoğun duygular altındayken bile ortalama bir stres seviyesini koruyabilirler, erkeklerse yoğun duygular altındayken daha fazla stresli olurlar. Baskı altındayken kadının stresini yönetme becerisi erkeğe göre çok daha iyidir. Tartışma ya da problemler üzerine konuşurken stresini yönetemeyen erkeğin uzaklaşma ihtiyacının altında bu neden yatar. Kadınlar olumsuz duygular altındayken daha dayanıklıdırlar, problem çözme ve yönetme konusunda bu yüzden daha iyidirler.

Çevremize şöyle bir baktığımızda kadınların stresli zamanlarında genelde sıkıntılarını yakınlarındaki insanlara daha kolayca açtığını görürüz. Kötü bir olay yaşandığında hemen bir arkadaş aranır, kadın kadına dertleşilir. Kadınlar birbirine konuşarak ve dinleyerek destek olur. Çünkü kadınlar konuşarak rahatlamayı tercih ederler, çünkü anlaşılmak onlara iyi gelir. Konuştuklarında ve anlaşıldıklarını hissettiklerinde oksitosin ve östrojen hormonu salgılarlar ve bu da stres seviyelerinin düşmesine yardımcı olur. Gerçekten de konuştukça, kendimizi ve olayları daha etraflıca düşünür ve anlarız. Bu da olayların üzerimizdeki yıkıcı etkisini azaltmaya ve yeni çözüm yolları üretmemize yardımcı olur.

Pek çok kültürde erkeklerin duygularını dışa vurması bir zayıflık olarak görülür, "Erkekler ağlamaz!" söylemi bu yanlış algının bir sonucudur, oysa erkeklerin de duyguları vardır. Erkekler konuşmadan baş etme stratejilerinde kadınlara göre daha gelişmişlerdir. Konuşmayı sevmeyen erkeklerin başvurduğu stratejilerden en yaygını unutmaktır. Erkekler duygularını konuşarak dışa vurmak yerine, dikkatlerini dağıtıp konuyu ve duygularını unutarak stres seviyelerini düşürmeye çalışırlar. Hatta meselelerin üzerine konuşmayı gereksiz bulurlar. Bu onların sorunlarla başa çıkma stratejisidir. Erkekler stres başa çıkılmaz bir hal aldığında konuyu kapatıp stres seviyelerini düşürme eğilimindedirler. Bu yüzden problemler çözülmemiş olsa dahi genelde kadınları konuyu uzatmakla ve abartmakla suçlarlar. Kadınlar ise anlaşılma ihtiyaçlarını karşılayamadıklarında oksitosin hormonu salgılayamadıklarından stres seviyelerini düşüremezler. Nihayetinde durum bir kısırdöngüye hapsolur. Kısırdöngüden çıkmak için iki taraf da birbirine aslında ihtiyaç duydukları şeyi veremezler, çünkü ikisi de birbirine zıt çalışan eğilimlerin içinde olurlar. Kadın yapışmak erkekse çözülmek ister.

Erkekler yapıları gereği sıklıkla mağaralarına kaçma eğiliminde olurlar. Mağaraları onlar için gereklidir, orada güç toplarlar.

Buraya kadar anlatılanlarla şimdi artık erkeklerin stres yaratan bir durumda susmayı tercih ettiğini ve unutarak rahatladığını biliyoruz. Kadınların da konuşarak ve anlaşıldığını hissederek rahatladığını gördük. Bize düşense aklıselim davranmak, böyle durumlarda kadın ve erkek doğası her iki cins tarafından bilinir ve anlayışla karşılanırsa huzuru yakalamak çok da zor olmaz. Ancak dediğim gibi haklılık-haksızlık kavgasını bir kenara bırakarak... Unutmayın bu kitabı okumaya başlama nedeniniz aslında çözüme ulaşmak, sorunların üzerindeki gölgeyi kaldırmak, meseleleri çıkmazlara sokmak değil. Kadın ya da erkek fark etmez niyetimiz problemleri çözmek ve rahatlamaksa küçük de olsa bir adım atmalı ve işlerin içinden çıkılmaz, yıpratıcı bir hale gelmesini önlemeliyiz.

Burada erkeklerin imdadına testosteron koşar. Bir erkek konuşmaktan ve dinlemekten kaçarak olanları tamamen unutmaya niyetlense de içten içe suçluluk ve beceriksizlik hissetmeye başlar. Bu da onda östrojen hormonunun artmasına neden olur, devamındaysa depresyona benzer duyguların ortaya çıkmasına neden olur. Yani erkek aslında kaçamamış olur.

Peki, erkekler bu kısırdöngüden nasıl kurtulur?

Erkek, kadının kendini anlatmaya ihtiyaç duyduğu anda biraz sabredip onu dinlediğinde, anladığını gösterdiğinde, sarıldığında ve onu yatıştırmaya çalıştığında kadında oksitosin salgılanır. Kadında oksitosinin salgılanması erkekte başarılı olma ve işe yarama, yani kahraman hissetme ihtiyaçlarını besler. Bu durumda erkek de testosteron salgılamaya başlar. Erkekte testosteron hormonunun salgılanmasıyla stres seviyesi hızla düşer ve erkek kendini çok daha iyi hisseder.

Ya kadınlar?

Kadınlara burada düşen en önemli görev, suçlayıcı konuşmaların, erkekte östrojen salgılattığının farkında olmalarıdır. Erkeği konuşmada tutmak ve iletişimin verimini artırmak için yapılması gereken onu yaptığı en küçük şeylerde bile takdir etmektir. Erkek iyi bir şey söylediğinde, güzel bir fikir sunduğunda bunları gözden kaçırmamak ve "Mantıklı!", "Çok iyi fikir!",

"Haklısın..." gibi basit ama etkili tepkilerle karşılık vermek bu yüzden önemlidir. Takdir edilmek bir erkeğin buzlarını çözmede epeyce etkilidir.

Kadın ve erkek doğasına ek olarak iletişimde etkili olan şeylerden biri de kişilik ve mizaç farklılıklarıdır. Kişilik tip dediğimizde iki çeşit insandan söz ederiz:

İçedönükler ve dışadönükler.

İçedönük insan tipi dünyayla olan ilişkisini yönetmenin gücünü kendi içinden alır. Onlar için dış dünyanın istek ve beklentileri zorlayıcıdır ve sıklıkla kendi başlarına kalabilmenin yollarını kovalarlar. İçedönükler fazla konuşmayı ve iletişim kurmayı yorucu bulurlar ve bir süreliğine de olsa insanlarla beraber vakit geçirdikten sonra kendi köşelerine dönmek onlar için önemli bir ihtiyaçtır. Kendi kendilerine vakit geçirdiklerinde enerjilerini toplarlar ve onlar için aşırı sosyal ortamlarda bulunmak neredeyse bir işkence gibi olabilir.

Dışadönüklerse motivasyonlarını dışarıdan gelen etkilere bağlarlar, onlar için insanlarla sürekli etkileşim halinde olmak ve onlardan yorum almak, temas kurmak çok önemlidir. Dışadönükler her zaman fazla sosyaldirler, güçlerini dışarıdan gelen etkilerden alırlar.

Dışadönükler karar vermede ve kararlarını uygulamada daha hızlıdırlar. Eğer ortada bir plan varsa en hızlı uygulamaya geçenler dışadönüklerdir. İçedönüklerse her zaman daha temkinli olurlar, onlar bir ölçüp biçme ustasıdır. Dışadönüklerin sosyal çevresi daha kalabalıktır, hızlı arkadaşlık kurarlar, İçedönüklerse insanlarla zor iletişim kurar, belki bir elin parmağını geçmeyecek sayıda arkadaşları vardır, onlar az ama derin ilişkileri tercih ederler.

Dışadönük insanlar duygusal olarak daha güçlü olurlar, özgüvenleri yüksektir. Genellikle flörtleri ilk başlatanlardır.

İçedönüklerse daha hassastır, ilk adımı karşı taraftan beklerler. Tavşan dağa küsmüş dağın haberi olmamış deyimindeki tavşan bilin bakalım kim? İçedönükler duygularını ifade etmekte zorlanırlar, biraz anlaşılmayı bekleyen taraf olduklarından sessiz sedasız çekip gitme eğilimleri de baskındır.

Bazen susan her zaman erkek olmaz, içedönük bir kadın da konuşmaktan çok susmayı tercih edebilir. Ya da dışadönük bir erkek kadına göre daha girişimci ve problem çözme konusunda daha maharetli olabilir.

İki farklı insan tipi sıklıkla birbirini yanlış anlayabilir. Kendi köşesine çekilmek isteyen bir içedönük her zaman problemden kaçıp kurtulma peşinde değildir, o kendi içsel enerjisini yükseltmenin derdindedir. Benzer şekilde sürekli başkalarıyla iletişim halinde olan bir dışadönük aldatma düşüncesinde olmayabilir, o diğer insanlarla sosyalleşerek var olduğunu hisseder, hepsi budur.

Eğer bir ilişki içindeyseniz ya da birini tanımaya çalışıyorsanız, zihninizde çözümleyemediğiniz, oturtamadığınız şeylere bir de tipler çözümlemesi üzerinden bakın. Hoşlandığınız ya da sevdiğiniz kişi hemen harekete geçen biri mi? Yoksa herhangi bir durum karşısında biraz duraksıyor ve geç mi yanıt veriyor? Onu dışarıya çıkarma konusunda çokça zorlama ihtiyacı içinde misiniz? Zaman zaman kendi kendine kalmak istediğini size söylüyor mu? Yoksa fazlasıyla arkadaş canlısı mı? Kendisini tatmin etmenin yolu insanlarla sürekli iletişim halinde kalması mı? Peki ya siz ne durumdasınız?

İkinci Bölüm

Erkek Ne İster Kadın Ne İster?

Erkekler ve Kadınlar Nasıl Çözümlenmeli?

Erkekler esasen çözülmesi imkânsız bir bilmece değildir, onların zihinsel ve ruhsal süreçlerini kavramak kadınlarınkine oranla daha da kolaydır. Erkekler sürekli ilgi bekleyen süper kahramanlar gibidir. Sizin gönlünüzü fethedecek kahramanlık anlarını kovalarken bir yandan da ilginizin tamamını kendisine yönlendirmenizi bekleyen 4 yaşındaki bir çocuğa dönüşebilirler.

Sıklıkla erkeklere dair yaratılan bir algı vardır: Televizyon izleyen, elinde kumandayla koltuğa gömülmeyi seven, yemek yemeye bayılan ve neredeyse sürekli seks düşünen erkekler! Bu algı esasen kusurlu bir algı sayılmaz, evet erkekler eğlenmeyi ve oyun oynamayı severler. Erkekler sizi dinler gibi görünse de aslında sizi dinlemeye pek de can atmazlar. Muhtemelen siz konuşurken zihninden son izlediği maçta atılan efsanevi bir gol anını geçiriyor olabilirler. Eğer erkekleri anlamak istiyorsanız bazı basit gerçekleri kabullenmekle işe başlayın. Eğer bir şeyi dönüştürmek istiyorsanız önce onun ne olduğunu anlamanız gerekir. Aksi halde ilerlemek yerine ters bir istikamette seyre dalarsınız.

Erkekler ve kadınlar birbirlerinden farklıdır, burada erkek kadın eşittir tartışmasından bağımsız olarak görülmesi gereken gerçek budur. Erkek ve kadın eşittir ancak asla aynı değildir!

Erkeklerin en çok istediği şeyler

Bir erkeğin en temel ihtiyaçları:

- Ona ihtiyaç duyulması
- Saygı ve takdir gösterilmesi
- Doyurulması

Bu basit şablon biraz can sıkıcı olabilir, duygular nerede dediğinizi duyar gibiyim. Ancak erkeklerde duygular bu basit mekanizma ile harekete geçer. Yani eğer saygı ve takdir görürse sever, ihtiyaç duyulduğunu bilirse âşık olur, doyurulursa sizi talep eder ve size bağlanır.

Erkekler dışarıdan sert görünen varlıklar olsa da aslında kırılgandırlar. Hele ki bizim gibi toplumlarda erkeklik üzerine inşa edilen mitler onları daha da kırılgan hale getirir. Neredeyse erkeklikle ilgili etiketler üzerinde yaşamak zorunda kalırlar ve bu onlar için aslında ciddi bir yüktür. Bunları anlayıp aşan erkekler de var elbette ancak ne yazık ki kendi doğasıyla uzlaşamayan dahası birey olarak kendi yaşamının iplerini özgürce eline alamayan erkek sayısı da epey fazla. Yani kendisine öğretilmiş erkeklik masallarıyla büyüyen erkeklerden bahsediyorum tıpkı kadınların da başına geldiği gibi. Erkeklerin doğasından kaynaklanan güçlü olma güdüsü toplumsal ve kültürel değerler nedeniyle zehirlenmiş olabiliyor. Evi geçindirmenin, çocuk bakımının, diğer maddi sorumlulukların tamamının erkek üzerine yıkılması ve bunu yapamayan bir erkeğin zayıf, güçsüz ve başarısız hissetmesi belki bu yükü biraz özetleyebilir. Üstelik bunlara ek olarak erkekler bir de sürekli güçlü ve duygusal olarak sarsılmaz olmanın yükünü de sırtlanırlar. İçlerinde bunun çekişmesini yaşasalar da dışarıya karşı kuyruğu dik tutmanın mücadelesini verirler. Hal böyle olunca işin ucunun kadınlara dokunmaması da imkânsızdır. Aslında bu basit farkındalık bile bir erkeğe yaklaşırken aklınızda tutmanız gereken ve epeyce de işinize yarayacak bir gerçek.

Kırılgan bir yapıya sahip olan erkekler saygı duyulmadığını düşündükleri bir ilişkide kalmak istemezler. Umursanmadıklarını hissettiklerinde içe kapanır ve suskunlaşırlar. Mağaraya çekilmek tam da budur, kendilerini neyle uğraşmak istiyorlarsa ona verirler, sizinle daha az zaman geçirmeye başlar ve sıklıkla uzakta kalmayı tercih ederler. Akşamları yapılan fazla mesailerin, şehir dışı toplantıların sıklığının artmasının nedeni budur. Erkek için saygı yoksa sevgi de yoktur, aslında bu hepimiz için böyle olmalıdır ancak erkek doğası tamamen bu şekilde çalışır.

Erkekler zaman zaman pelerinini giyip ağaç tepesinde esir kalan kedileri kurtarmak ve sizin gözünüzde bir kahramana dönüşmek isterler. Bu onlar için temel bir ihtiyaçtır; bu nedenle onlara zaman zaman kurtarması için minik kedi yavruları uzatmalısınız. Bazı konularda fikir almak, önerdikleri fikrin ne kadar parlak olduğunu söylemeniz önemlidir. Bu illa büyük bir şey olmak zorunda değildir, bazen basit bir cihazı çalıştırmak için yardım almanız ya da taşınmak istediğinizde nakliyeci bulma konusunda desteğini istemeniz de buna örnek olabilir. Erkekler kadınlara oranla daha az insanla yakınlık kurma eğilimindedirler. İletişim konusunda bir usta olan kadın, arkadaş kazanma ve dost edinme konusunda erkeklere göre daha iyidir. Bir parkta bankta herhangi biriyle başlayan sohbetin hızla telefon numarası alışverişine evrilmesi çok olağandır. Yaşamına fazla insan almak istemeyen erkekler aslında ilişki içinde olduğu kişiyi de arkadaş olarak seçmiştir diyebiliriz.

Erkekler kariyer yapmak, para kazanmakla kendilerini güçlü hissederler ancak yine de en güçlü hissettikleri yer sizin yanınızda geçirdiği zamanlardır. Sizin yanınızda oldukları her anda da kahraman gibi hissetmek isterler. Sıklıkla kendisine hatırlatmanız gereken şey budur. "Sen olamasan o işin altından hayatta kalkamazdım, verdiğin fikirle problemi anında çözdüm" ya da "Eve yeni bir masa almam gerekiyor ama seçmekte zorlanıyorum, bir de onu nasıl getirteceğim konusunda yardımına ihtiyacım var", "Musluk akıyor ama ustayı çağırmadan önce bir bakmak ister misin?" gibi cümlelerle onu kahramanlığa teşvik edebilir ve ona ihtiyaç duyduğunuzu hissettirebilirsiniz, elbette istekler sizin ilişkinizin sınırlarına kalmış.

Cinsel doyum erkek için önemlidir. Kadınlar genellikle sekste duygusal tatmini arzularlarken erkekler için bu zaman zaman sadece cinsel doygunluğa ulaşmakla sınırlı kalabilir. Bazen tatmin edilemediğinizi, yeteri kadar sevgi ve şefkat görmediğinizi düşünebilirsiniz ve bu sizi değersiz hissettirebilir. Ancak erkek fizyolojisi kadın fizyolojisinden farklı olarak sadece sekse odaklanıp kalan şeyleri göz ardı edebilir. Her şeye rağmen onu cinsel anlamda tatmin eden en iyi kişinin siz olduğunu düşündürmelisiniz. Cinsellik söz konusu olduğunda kadınlar erkeklere göre daha hızlı motive olabilirler ya da istekli olduklarında erkekler her an hazır olmayabilirler. Burada ritmi tutturmak önemlidir, karşılıklı olarak kimin ne istediğine göre edilen bir dans gibi olmalıdır. Suçlama, alınganlık, küsme cinselliği bitiren ve çiftleri birbirinden uzaklaştıran şeylerdir. Unutmayın eğer ilişkinizde cinsellik varsa bu sizin en önemli yakıtınız. Dikkatli ve özenli davranmanız önemli.

Bu üç temel ihtiyaç çerçevesinde geri kalan her şeyi bunların üzerine inşa edebilirsiniz. Temel ihtiyaçları karşılanan her erkek iyi bir eş, iyi bir sevgili olmaya adaydır.

Kadınların en çok istediği şeyler

Bir kadının en temel ihtiyaçları:

- Duygusal yakınlık
- Anlaşılmak ve açık iletişim kurmak
- Bağlılık ve adanmışlık

Kadınlar duygusal olarak yakınlığa ve sıcaklığa ihtiyaç duyarlar. Erkekler yakınlık denince sekse odaklansa da kadın için yakınlık demek sarıp sarmalanmaktır. Hiç nedensiz yere alınan bir buket çiçek, sürpriz bir akşam yemeği, beraberce koltukta sarılarak televizyon izlemek kadın için önemlidir. Kadın kavranmak ister, yanındaki erkeğin onunla temas kurmasını, dokunmasını, öpmesini ister ve sever.

Sadece seks dışında temas kurulmaması bir kadına kullanıldığı hissini verir, bir birey olmaktan çıkıp kendisini nesne olarak gördüğü bir ilişki kadını soğutur. En az erkek kadar kadın da yeteneklerinin övülmesini ve takdir edilmeyi bekler. Ancak bunu bir şeyler yaptığında bir ödül olarak almak istemez, bir kadın her haliyle olduğu gibi kabul edildiğinde ve sevildiğinde mutlu hisseder. Kadın erkeğin boşluklarını doldurup eksiklerini tamamlama konusunda destek kuvvet gibidir ancak bu bir görev değildir. Bunun bir görev gibi kadına yıkılması yakınlık bağının zayıflamasına yol açar hatta kadını öfkelendirir.

Tıpkı erkeklerin sırtına yüklenmiş yükler gibi kadınlar da bazı yüklerin taşıyıcısıdır. Evi dişi kuş yapar söylemi kültürel olarak bilincimize yerleşmiştir. Kadın anadır, toplayandır, pişirip taşırandır, besleyendir beklentisi erkeklerde çokça bulunur. Dahası erkek, doğduktan sonra anne ile olan yaşadığı bağı ve kompleksleri hayatındaki kadın üzerinden bir şekilde sürdürmek ister, doğasında bu eğilim vardır. Ancak bir hizmetçi ya da anne olarak görülen kadın kendi dişi potansiyelini açığa çıkaramaz. Bu sadece cinsellikle ilgili bir olgu da değildir, ilerleyen bölümde eril ve dişil enerjilerden söz ederken bunu detaylandıracağız.

Kadınlar, beyinlerindeki iletişimle ilgili bağlantıların daha yoğun olmasından dolayı daha açık ve etkin bir iletişime ihtiyaç duyarlar demiştik. Ancak kadın olarak bu gereksinimlerini doğru yönetme konusunda sıkıntı yaşayabilirler. Erkekler de iletişim kurmak isterler ancak kadınlardan farklı olarak bu iletişim ihtiyaçlarını giderirler. Örneğin maç izleyen ya da başka bir şeyle meşgul olan bir erkek konuşmak için uygun zamanda değildir. Zamanlamayı iyi tutturmanız gerekir.

İlişkideyken ya da evlilik içinde kadınlar hayatlarına aldıkları erkeğin ona bağlanmasını ve adamasını bekler. Mutlu aile tabloları kadınların rüyalarını süsler, bu sıcaklığı hissettiren erkeklerle kendilerini tamamlanmış ve mutlu hissederler. Birlikte geçirilen zamanların doluluğu, anlamlı olması her iki taraf için de önemlidir. Her an büyülü oldukça ilişki daha da güzelleşir. Kadınlar cinsellikten sonra da hormonal olarak bağlanmaya yatkınlaşırlar. Ancak erkeğin bağımsız olma isteği kadının bağlılık isteğiyle çatışma yaratır sıklıkla. Kadın her şeyi birlikte yapmak isterken erkek kendini daha özgür hissetme arzusundadır.

Erkek Neden Soğuk, Kadın Neden Sıcak Sever?

Erkekleri cinsel cazibenizi kullanarak ilişkide ancak bir yere kadar tutabilirsiniz. Bu etkili bir silahtır ancak erkeği heyecanı üzerinden bir ilişkide tutmanın güçlükleri olacaktır. Erkekler cinsel olarak doyduklarında uzaklaşma eğiliminde olurlar ve siz sıklıkla bir gelgitle uğraşmak zorunda kalırsınız.

Erkeklerle daha etkili ve uzun bir şekilde ilişkide kalmak için cinsel cazibenize ek olarak başka stratejiler geliştirmelisiniz. Onun güçlü yanlarını ve sınırlarını keşfetmek ikinci adımdır. İlişkiye derinlik kazandırmak iki tarafın da ortak çabasına bağlıdır, yüzeysel bir ilişkide kalmak isteyen ve çaba göstermeyen birini zaten ilişkide tutmanız zordur. Ancak karşınızdaki eğer buna gönüllüyse o zaman dikkat etmeniz gereken şeyler olacaktır.

Erkekler sadece güçlü görünmenin kadınlar tarafından sevilmek için yeterli olduğunu düşünebilirler. Bu sıklıkla görülen bir hatadır. Bir erkeğin bir kadın tarafından sevilmesinin önkoşulu bu güç gösterisi değildir sadece, bir insan olarak duygularını daha kolay ifade etmekten, kırılmaktan korkan ve bu yüzden yakınlaşmaktan kaçınan erkeklerin sayısı hiç de az değildir.

Erkekler kadınlara göre daha dış dünyaya odaklıdırlar. Onlar için dış dünyadan gelen yansımalar onların varoluşları için bir ihtiyaçtır, kariyer, başarı, güçlü bir fiziksel görünüm, yüksek standartlar onların hedefleri arasındadır, benzer şekilde dış dünyanın sorunları da onlar için daha önemlidir. Şimdi birkaç dakikanızı ayırıp sosyal medyanızda erkeklerin yaptığı paylaşımlara bir göz atın. Kendilerini en çok ne üzerinden pazarlamaya çalıştıkları dikkatinizi çekecektir. Spor salonunda kaslarını gösterenler, yeni arabasının önünde poz verenler ya da son derece şık takım elbisesi ve ağzında purosuyla güç de para da bende diyenler... Hal böyle olunca bir erkeğin konsantrasyonunu uzun süre ilişkisine ya da ailesine odaklaması zorlaşıyor.

Kadınlar erkeklere göre daha kolay yardım isterken erkekler bu kabiliyette olmazlar. Onlar sorunlarını da kendi başlarına ve yalnız kalarak çözme eğilimindedirler. Bu kaçınma davranışı nedeniyle sorunlara körleşebilir, çözüm üretme konusunda çaresiz kalabilirler çünkü dediğimiz gibi odak noktası olarak kendilerine bir mağara yani çemberin dışında bir yer seçmişlerdir. Sizse çemberin ortasını işaret edersiniz ısrarla, çemberin içinde buluşmak istersiniz. Ancak farklı yönlere baktığınızdan dolayı onları duygusuz ya da umursamaz olmakla suçlarsınız.

Erkekler bir nedenle anlaşılamadıklarını düşündüklerinde kendilerini suçlamaya başladıkları bir mekanizmanın içinde kalırlar. Yeterince anlaşılamayan şeyin ne olduğunu bile anlamak onlar için zor olabilir, size çok basit gelse de sorunu algılama konusunda sıkıntı yaşarlar. Kadınlar sıklıkla "Bunu nasıl görmezsin, bunu nasıl anlayamazsın?" cümlelerini kullanırlar. Onlar için ortada aşikâr olan şey erkekler için nasıl olur da görülmez bir türlü anlayamazlar.

Erkekler mantıkla hareket etme eğilimdeyken kadınlar daha duygusal varlıklardır. Kadın yakınlık için çabalarken erkek uzaklaşmak ister, çemberin dışına gözlerini dikmesinin nedeni de budur. Kadın her zaman çemberin içinde ve sıcak hissetmek isterken erkek mümkün olduğunca çemberin dışında ve soğukta kalmayı tercih eder.

Kadınlar stres altındayken dış dünyaya açılmak ve anlatmak isterler, bunun altında da anlaşılma arzuları vardır. Erkeklerse tatları kaçtığında suskunlaşmaya, içe kapanmaya ve iletişim ihtiyaçlarını yok saymaya eğilimli olurlar. Suskunlaşan ve içe kapanan bir erkeği kendi haline bırakan kadın görecek ki bir süre sonra erkek *geri dönecektir.*

Erkekler denetleyemediği alanlarda durmak istemezler, korku ve güvensizlik nedeniyle kendilerinin yok sayıldığını hissettiklerinde uzaklaşır, kaçarlar. Erkek korku ve güvensizliğini öfkeyle, katı tutumuyla, aldatmayla ve hiddetli bir saplantıyla gösterirler aslında. Tüm bunların temelinde korku ve kendilerine olan güvensizlik duyguları vardır. Kendini kusurlu ya da reddedilmiş hisseden erkek bu nedenle araya bir duygusal mesafe koyar. Uzaktan bakıldığında bencil ve hiddetli görünen erkek aslında içten içe duygusal yakınlık için çaba harcamaktadır ancak bunu ifade ederken çoğu zaman kırıcı yollara başvururlar.

Tüm bu olup bitenlerde hep bir neden ararız. Duygusal ihtiyaçlarımızdan yola çıkar her şeyi mantıklı bir düzleme oturtmak için çaba harcarız. Aslında işin sırrı doğamızın altında çalışan gizli mekanizmalarda saklıdır. Niyet okuyarak hiçbir şey çözülmez. Çözüm soğukkanlı bir şekilde erkeğin ve kadının doğasının işleyişini anlamakta yatar.

Dişil ve Eril Enerjilerin Ne Kadar Farkındasınız?

Dişilik nedir erillik nedir?

Dişilik sadece seksi kadın olmak olmadığı gibi erillik de maço ya da fazlasıyla erkek olan erkek demek değildir. Dişilik aslında kadının özünde olması gereken temel özelliklerdir. Kadınsılık, hassaslık, nahiflik, bazı şeyleri isteme konusunda talepkâr olmak dişilikle ilişkili konuşabileceğimiz şeyler arasında.

Erillik dediğimiz şey ise sahip çıkan, verici olan, koruyan, kollayan özelliklerdir, kıskançlık, sertlik gibi özelliklerden söz etmeyiz erillikte.

Erkekler ya da kadınlar neden eskisine göre daha az âşık oluyorlar?

İlişkiler neden kısa ömürlü oluyor?

Neden herkes daldan dala atlıyor da yakaladığı ilişkide derinleşmekten kaçıyor?

Tüm bu soruların merkezinde yer alan problemlerin en önemli nedeni bana göre dişil ve eril enerjilerin dengesinin kaymış olmasıdır. Bu ne demek derseniz tarif edeyim, bugün kadınlar daha erkek enerjisinde, erkeklerse daha dişi enerjisinde demek istiyorum.

Örneğin bir kadın olarak erkek peşinde koşmak eril enerjisi yüksek bir kadını tarif eder. Takdir etmeyin, sevgisiz olmayın demiyorum. Kolay ulaşılır olmamaktan söz ediyorum. Erkek peşinizde koşan olmalı sözünü kötü anlamda anlamayın. Kitaplarımda hem kadınlara hem de erkeklere yönelik tavsiyeler veriyorum, anlattığım konular ayrımcılık yapmakla da ilgili değil. Evrimsel psikoloji olarak böyle gelişmişiz ve bunları vurguluyorum aslında.

Güçlü kadın olmakla erkek
kadın olmak farklı şeylerdir.
Erkek kadın olmayın.

Günümüz dünyasının çalışma şekilleri ve yaşam döngüsünün değişmesinden dolayı haliyle eril ve dişil enerjilerde dengeler bozulmuş durumda olduğunu görüyoruz. İş hayatına katılan, kendi ayakları üzerinde durmayı başaran kadın güçlü olmak zorunda ancak tehlike şu ki güçlü oldukça kadınların dişil özellikleri kayboluyor. Burada dengelenmesi gereken şey güçlü kadın olurken dişiliği kaybetmemektir. Çünkü bu dengenin bozulması bir süre sonra iki tarafın da birbirinden uzaklaşmasına yol açıyor. Hatta özellikle geçmiş temizleme çalışmaları yaptığımda bu enerjilerin fazlasıyla değiştiğini görüyorum.

Örneğin nazlı erkek olmaz diyorum ama bugün baktığımızda nazlı erkeklerle karşılaşıyoruz. Nazlı erkek dişil enerjisi yükselmiş bir erkeği tarif eder. İşte bu şekilde günümüzde bu kavramlar yer değiştirdiği ve bu yüzden dengeler değiştiği için ilişkilerin ömrü daha da kısalıyor, aldatmalar çoğalıyor. Kısacık bir özetleme yaptıktan sonra şimdi konuyu etraflıca anlatmak istiyorum.

Dişil ve eril enerjiler nasıl dengelenir?

Önce dişiliği tanımlamakla başlayalım. Kadın olarak dişil enerjilerimizi daha yükselttiğimiz zaman ilişkilerimizi de daha dengede götürebiliyoruz, karşı tarafı daha çok kendimize çekebiliyoruz.

Dişil ve eril enerjinizi yükseltmenin adımlarını sayalım.

◆ Dişil enerjinizi yükseltmek bedeninizi, özünüzü yani ruhunuzu, özetle kendinize dair her şeyinizi sevmekle başlar. Kendinize dair her noktayı sevmek dişil enerjinizi yükseltir. Hepimizin kendimizde sevmediği, hoşlanmadığı pek çok şey olabiliyor, kozmetikten, estetikten hepimiz faydalanıyoruz. Ancak tüm bunlara rağmen hiçbir şekilde kendini beğenmeyen, sevmeyen pek çok kadın da var.

Dişilik kendi özünüzü
ve bedeninizi
beğenmenizle başlar.

- Hemen her konuda altını çizdiğimiz bir noktanın altını yine burada çizmemiz gerek. Kendi alanınızı korumak ve hayatınızın merkezinde durmak dişil enerjinizi yükseltir. İlişkiniz olsa da olmasa da kendi hayatının merkezinde duran bir kadın dişi olarak güçlüdür. İlişkinizin yaşamınızdaki ağırlığını abartmanız sizin kendi enerjinizin düşmesine neden olur. Elbette ilişkinizi önemseyin ama kendinizi daha fazla önemseyin. İlişkiniz hayatınızın odak noktası olduğunda dişilik enerjinizi kaptırırsınız.

- Dişilik için suyun çok önemli olduğunu biliyor muydunuz? Sağlıklı olmak isteyen herkes için su çok önemlidir ancak kadın fizyolojisi için su özellikle çok değerlidir. Gün içinde en az 2,5 litre su içmeniz hem enerjisel anlamda hem de bedensel olarak dişiliğinizi artıracaktır. Suyu sadece içecek olarak algılamayın, günlük ılık duş almak, imkânınız varsa küvetinizi köpüklü ya da tuzlu suyla doldurmak, yoksa da üzerinize tuzlu su dökmek, su sesi dinlemek, cildinizi nemlendirmek, bakım ve masaj yaptırmak önemlidir. Hem içsel hem de dıştan suyu tutabileceğiniz uygulamalar dişilik enerjinizi yükseltir. Dişil enerjinizi yükseltmek için suyla ilgili hayatınıza katacağınız diğer şeyler su sesi dinleyerek meditasyon yapmak ve su sesiyle dans etmek de olabilir. Dans etmek özellikle dişil enerjiyi çok yükselten bir şeydir.

- Dişi güç ne demektir? Dişilik güç, rekabet ve mücadele demek değildir. Bu üç kavram da eril enerjilere ait kavramlardır. Dişil enerjinin bileşenleri yumuşaklık, esneklik ve farklı durumlara uyum sağlamadır. Dişilikte nahiflik, duyarlılık ve hassasiyet vardır.

Suyla ilgili kısımda söz ettiğimiz tuzlu su özelikle bunun için de gereklidir. Tuzlu su enerjinizi nötrler, haftada bir kendinize tuzlu suyla bakım yapmanız daha dengeli bir enerjide kalmanıza yardımcı olur. Özellikle eril enerjinin yoğun olduğu fazlasıyla güç, mücadele ve rekabet gerektiren işlerde çalışıyorsanız bu dediğimi mutlaka yapın.

◆ İhtiyaç duyduğunuz alanlarda yardım alın ve ihtiyacım var demeyi öğrenin. Kim olursanız olun, isterseniz kendi paranızı kazanın, isterseniz malınız mülkünüz olsun ihtiyaç duyduğunuzu dile getirmekten çekinmeyin ve bunu özellikle söyleyin. İstemekten korkmayın, bu sizi zayıf ya da zavallı yapmaz, aksine karşınızdakinin eril enerjisini artırır, bu da sizin dişil enerjinizi yükseltir.

Eril Enerji ←-------→ Dişil Enerji

Vermek ←-------→ Almak

Eril enerji verme, dişil enerji de alma üzerine kuruludur. Bir insana emek olarak, sevgi olarak, zaman olarak ne kadar çok yatırım yaparsanız ona o kadar değer verirsiniz. Erkek için geçerli olan nokta da budur aslında. Bir erkek manevi anlamda kadına ne kadar çok yatırım yaparsa -ki bunun maddi boyutunun olmasında da sorun olmamalı- ne kadar çabalarsa erkeğin eril kadının da dişil enerjisi yükselir. Kadın olarak hayatınızdaki erkeğin sizin için çabalamasını sağlayın, bundan çekinmeyin. "Bunu yapamadım benim için yapar mısın?" ya da "Şu kavanozu açamadım benim için açar mısın?" gibi ister büyük isterseniz küçük bir yardım isteme talebi bile mucizevi dokunuşlardır aslında. "Hiçbir şeye ihtiyacım yok!" kuyusundan çıkın.

◆ Eklemem gereken diğer madde bir şeyleri isterken takdir etmeyi ve teşekkürü unutmamanızdır. Erkekler için takdir ve onaylanmanın hayati olduğunu artık öğrendik. Kadın erkek hepimiz bunlara ihtiyaç duyarız ama erkek özellikle takdire kadından daha çok ihtiyaç duyar. İltifat başka takdir başkadır. Onu beğenmeniz, sevmeniz, ondan etkilenmeniz üzerinden iltifatlar yağdırmanızda hiçbir sakınca yok ancak asıl yakıt her zaman takdir etmektir.

- Dişil enerjiler sadece tamamen yumuşak ve uyumlu olmazlar aynı zamanda sınır çizmek de dişil enerjinin bir parçasıdır. Hatta hayır demek ve nazlı olmak dişiliğin bileşenleridir. Nazlı erkek olmaz diye ısrarla vurguluyorum. Her şeye küsen, alınganlık yapan, her şeyde tavır yapan erkeklere özellikle sesleniyorum. Nazlı olmak dişilik enerjisine yakışan bir şeydir. Geride durmak, sınır çizip hayır demek de öyle. Erkek daha verici, daha çok ilgili ya da daha çok koşan durumunda olmalıdır.

- Bir kadının öfkesi çok yüksek olmaz. Tartışma anında daha sakin ve sessiz konuşmak dişiliğe aittir. Daha alçak tonlarda konuşmak sizin dişil enerjinizi yükseltir. Yine tartışmalarda "Sen benim için özelsin, seni kırmak istemiyorum" gibi iyi niyet cümleleri kullanmak sizin dişil enerjinizi yükseltecektir.

- Kadın olarak beden dilinizi iyi kullanmak da dişil enerjinizi yükseltir. El sıkışırken hafifçe sıkmak, konuşurken gülümsemek, başınızı hafifçe yana yatırmak dişil davranışlardır. El sıkışırken daha sert sıkmak maskülendir, eril enerjinizin yüksek olduğunu gösterir. Yürüyüşünüz, otururken bedeninizin hali her daim yumuşak olmalı.

Dişil enerji neleri saklar?

Bugün yine değişen dengelerden dolayı ilgi göstermek de daha çok kadınların yaptığı ya da yapması gereken bir şey haline geldi. Aslında ilgiyi göstermesi gereken erkektir. İlgi ve alaka göstermek de eril enerjiye ait bir davranıştır. Bu yüzden ilgiyi de daha fazla gösterecek olan erkektir. Bir kadın olarak öğrenmeniz gereken şeylerden biri geride durmayı bilmektir. Geride durmak derken kastettiğim yine yanlış anlaşılmamalı, burada kastettiğim çabalamaktır.

Gerektiği zaman kadın ilgiyi kesip geride durmalıdır. Bunu da öfkeyle ya da satırlarca yazdığınız mesajlarla yapmamalısınız. Gerçek bir geride durma hareketinde bir duruş vardır. Nazik ve sevecen bir yolla da bunu yapabilirsiniz. Sessiz kalmak, kırıldığınızda kabuğunuza çekilmek dişiliğe aittir. Kadın narin ve hassastır.

Ne yazık ki bugün eril enerji denince akla hemen maço tavırlar, vurmalar kırmalar geliyor. Eril enerjinin kesinlikle bununla ilgisi yoktur. Eril enerji daha koruyucu, kollayıcı ve hiçbir şekilde kadına zarar vermeyen enerjidir. Kadına şiddet, aşağılama, zarar verme kesinlikle erkeklikle alakalı değildir. Aksine erkek kadına herhangi bir zarar gelmesin diye koruyan ve kollayan olmalıdır. Maçoluk ya da şiddet gösterme gibi eğilimler patolojik yani hastalıklı davranışlardır, bunların eril enerjiyle ilgisi yoktur.

Geride durmak surat yapmak, küsmek demek değildir. Daha çok içe dönmek ve kendini çok ifade etme çabasına girmemek demektir. Kırılıp geri çekilmek aksine büyüklüktür, bunu yapamayan çok fazla insan var. Bu geriye çekilme ezirlik değildir, tam aksine kızıp bağırmak eziklik olur. Kırılıp geri çekilmek asıl güçlülüktür ve bu çok daha zor bir harekettir. İçe dönmek karşı tarafın sizin gönlünüzü alması için alan açmaktır aksine. Kırıldığınızda bunu yapmanız bu yüzden önemlidir.

Dişiliğin özelliklerinden biri hep konuşmak olarak bilinir ama aslında dinlemek dişiliğe daha yatkın bir özelliktir. Kadın sinirli ve öfkeli olmamalı. Zor olanı seçin ve kırgın olmayı tercih edin. Gizem yaratmak yine dişil bir yatkınlıktır. Her şeyiniz çok belli olmasın. Her dakika nerede olduğunuz da çok belli olmasın. Karşı tarafta vicdan yaratmak ve az bulunur olmak yine dişil özelliklerdendir.

Eril enerji neleri saklar?

Eril enerjiye gelirsek, erkeğin daha avcı olması gerektiğini söylemiştim. Erkeğin avcı olması demek kadını elde edenin erkek olması demektir. Eğer bir flörtte erkeğin yerine kadın avcı olursa bu otomatik olarak ilişki dinamiklerini bozmaya başlar.

Erkeklerin öğrenmesi gereken şey bir kadın için çabalamaları gerektiğidir. Çabalayacağınız bir kadınla karşılaştığınızda ve onun için gerçekten çabaladığınızda âşık olmanız da kolaylaşır.

Bir evi hayal etmek, nasıl dizayn edeceğini tasarlamak dişilken o evi nasıl alacağınızı planlamak erildir. Tabii hayatın getirdiği şartlar söz konusu olduğunda eşit yerlerde buluşabiliyoruz, kadın olarak böyle bir plana maddi anlamda katkı sunabilirsiniz ama tek başına bu görev bir kadına ait olmamalı.

Eril enerjinin ateş başındayken daha yükseldiği gözlemlenmiştir. Belki de avcı atalarımızın bir mirasıdır bu erkeklere. Erkeklerde siyah, kahverengi renkler eril enerjiyi, kırmızı ve turuncu tonları da dişil enerjiyi yükseltir. Arayıp soran, daha çok sahiplenen enerji eril enerjidir. Eski şairlerimizi bir düşünün, neden çoğu erkektir? Romantik ve kadını elde etmeye çalışanlar erkekler olduğu için elbette. Duygusal olarak romantik ve kadını elde etmesi gerekendir erkek çünkü... Kadınları şımartmalıdır erkekler. Güç gerektiren işleri de erkekler yapmalı, tamir etmek, arabada bir sorun varsa çözmek erkeklerin işi olmalı. Kadınlar da erkekleri sevmeli ama fazla ilgi göstermemeli, ilişkide her şey dengede olmalı. Erkek sorumluluk almalı, kadınlar da erkeğe sorumluluğu teslim etmeli.

Dişiliğinizi sevin,
erilliğinizi de sevin.
İlişkinizde dengeye
gelmek için eril ve dişil
eğilimlerinizin farkında
olmak ve dengelemek
önemlidir.

Güvenli Yalnızlık Nedir?

İş hayatı, sosyal yaşam ve çocuklar gibi zorunluluklara ayrılan vaktin dışında kalan zamanlarda, kendimize ve partnerimize ayırdığımız zamanın farkında mıyız? Her şeyde olduğu gibi birlikte ve ayrı geçirilen vakit de ilişkide dengeye tabidir. Birbirine hiç zaman ayırmamak da, mümkün olan her an dip dibe olmak da kötüdür. Yakınlık ve uzaklık dengesi sadece fiziksel anlamda düşünülmemeli. Uzaktayken hiç durmadan mesajlaşmak, her saat aramak da bağımlılığın başka göstergeleridir.

Her insan güvenli yalnızlık alanına ihtiyaç duyar, bu ekmek kadar su kadar temel bir ihtiyaçtır. Ancak hız çağının getirdiği ve bugün içine hapsolduğumuz sosyal mesafeli ortamda daha çok yalnızlaştığımız da açık. Ancak ilişki içindeyken bu yalnızlığa ihtiyaç duyabiliriz, yan yanayken de güvenli bir şekilde alanımızı koruyabilir, içsel ihtiyaçlarımızı doyurabiliriz.

Peki, güvenli yalnızlık nedir?

Güvenli yalnızlık, insanın kendini dinlemesi, duygusal ihtiyaçlarını tespit edebilmesi, ruhunu dinlendirmesi için gereksinim duyduğu bir alandır. Sürekli insanlarla iç içe olmak, dış dünyanın taleplerine bir şekilde kapılmak herkes için yorucudur. Özellikle erkekler söz konusu olduğunda güvenli yalnızlık onlar için daha gereklidir, bu yüzden sıklıkla mağaralarını ziyaret ederler.

Yalnızlık esasen korkutucudur, hatta psikolojide bunun adı monofobiadır. Monofobia, yalnızlık korkusudur ve insanın kendine olan özgüvenini kırarak sürekli endişeli hissetmesine yol açar. Bu korkunun temelinde kendi kendine yetememe düşüncesi vardır. Travmalar, terk edilme, sevilmeme gibi yaşam deneyimleri bu korkuyu tetikler.

Güvenli yalnızlık söz konusu olduğunda önemli olan hayatınızın merkezinde siz varken, partnerinizle de yakınlık kurabiliyor ve sürdürebiliyor olmanızdır. Hayatınızın merkezinde olmanız için kendi ihtiyaçlarınızla, kendi değer yargılarınızla, hedeflerinizle ve hayallerinizle temas halinde olmanız gerekir. Ancak bu tek taraflı yapılacak bir iş de değildir, en az sizin kadar beraber olduğunuz insanın da bunu öğrenmesi ya da böyle bir taleple karşılaştığınızda bunu anlayışla göğüsleyebilmeniz gerekir. Çünkü ayrı vakit geçirebilmek, güçlü bir kaygı yönetimine ve iletişime bağlıdır.

O halde bu denge nasıl kurulabilir?

Neden yalnızlığa ihtiyaç duyarız?

Öncelikle neden yalnız vakit geçirmeye ihtiyaç duyduğumuzu inceleyelim. Bazen ihtiyaçlarınızı bilmediğiniz için, bazen de kaybetme korkusuyla, partnerinizle sürekli iletişim halinde ya da birlikte olmak istersiniz. Sürekli iletişim çabası bazı ilişkilerde kaçan kovalanır durumu yaratırken, kimilerinde ise karşılıklı bağımlılık haline gelir. Sürekli birlikte olan çiftler, normal yaşamsal faaliyetlerini devam ettirmek ve mutlu olmak için zamanla birbirine muhtaç hale gelirler. Bireyselliklerini kaybederler. Bir zaman sonra bu insanlar kendileri nerede bitiyor, partnerleri nerede başlıyor bilemezler. Sınırlar kaybolmaya başlar.

Sınırlar kaybolduğundaysa bağımlılık ve iç içe geçme oluşur. Basit bir uzaklaşma talebi bile kaygı ve korkuya yol açar. Bu kaygıyı kontrol etme ihtiyacıyla partnerinize daha da yakın olmaya çalışmanız hatta yapışmanız, aslında sizin için çok kaygan bir zemin oluşturur. Çünkü ilişkinin bozulma tehlikesinden doğan kaygıyı yönetmek için kendinizi unutur ve kaybedersiniz. Bu yüzden sürekli kendinizden ödün vermek zorunda kalacağınız durumların içinde bulursunuz kendinizi. Gittikçe birey olarak gücünüzü ve psikolojik dayanıklılığınızı kaybedersiniz.

Kendinizden uzaklaştığınızda ilişkiden aldığınız tatmin de düşmeye başlar. Birbirinden sıkılmaya başlayan çiftlerin ana problemlerinden biridir bu. Çünkü enerjiler farklı ortamlarda yenilenmediği için ilişki rutine bağlanır ve birbirine benzeyen günler tekrar etmeye başlar. İlişkideki yenilik ve heyecan ihtiyacı karşılanmaz olur. Bundan en çok etkilenen alanlardan birisi de cinselliktir.

Cinselliğin canlı kalması ve hormonların sağlıklı çalışması için, uzaklaşma ve yakınlaşmalara ihtiyaç duyulur. Sıkıcı bir rutinin hâkim olduğu bu koşullarda partnerinize karşı tahammülünüz de düşer. En sonunda ne kendinizi ne de ilişkinizi toparlayacak enerjiniz kalır. İçinden çıkılması zor bu kısırdöngüye kapılmamak için ihtiyacımız olanlar güvenli bir şekilde yalnız kalabilmeyi öğrenmek ve pratik etmektir.

Yalnız kalma talebi bazen hem siz hem de karşınızdaki kişi için korkutucu gözükebilir ve doğal olarak kaybetme korkusu uyandırabilir. Bu korkuların uyanmasını sağlıklı bir şekilde idare edememek ilişkiye zarar verecek bazı davranışlarla tepki vermenize yol açabilir. Erkekler tartışma ya da stresli anlarda güvenli yalnızlığa özellikle ihtiyaç duyarlar demiştik ancak bu talep kadın tarafında bir tür cezalandırma ya da umursamazlık olarak algılanır.

Talep kimden gelirse gelsin bu ihtiyacın temelinde yatan şeylerden açıklıkla bahsetmek iyi bir çözümdür. Mağarasına çekilmek isteyen bir erkek ya da konuşma arzusuyla kendi bahçesindeki arkadaşlarının yanına gitmek isteyen bir kadın olmanız fark etmez, temel ihtiyaçlarınızı birbirinize izah ederek kendinizi tanıtmak için bir alan açmalısınız.

Karşınızdakini korkutmadan nasıl yalnız kalırsınız?

Yalnız kalma ihtiyacınızdan öncesinde bahsetmek iyi bir seçenek olabilir. Bir anda uzaklaşmak ve sırra kadem basmak yerine önce ona durumu anlatmak, onun fikrini almak sonra bunu uygulamaya geçirmek karşınızdakini hazırlayacağından ilişki için faydalıdır. Konuşmaya başlamadan önce tam olarak ne istediğinize karar verin. "Şu gün şu zaman şunu yapmak istiyorum" gibi somut şeyler söyleyin. Ayrıca "Beni yoruyorsun, sıkıldım, sürekli birlikteyiz" gibi cümleler suçlama olarak algılanır, dahası bu sözler inciticidir. Bunu önlemek için yalnız kalmaya duyulan ihtiyacınızı güzel ve nazik bir dille anlatın. Örneğin "İşler nedeniyle bu ara kendimi biraz gergin hissediyorum, biraz dinlenmeye ve bazı şeyleri zihnimde sakince toparlamaya ihtiyacım var", "Uzun zamandır kendime vakit ayıramadım, bu benim için içsel bir ihtiyaç, biraz arkadaşlarımla vakit geçirmek, kitap okumak, hobilerime zaman ayırmak istiyorum" gibi cümlelerle bu ihtiyaçlarınızı belirtin.

Yalnız kalma isteğinizi belirtirken bunun ilişkinize iyi geleceğini, birbirinizi özlemenin birlikte kalacağınız vaktin daha kaliteli geçmesini sağlayacağını anlatın. Birbirinizden ayrı geçirdiğiniz vakti konuşmanın ya da ayrıyken öğrendiğiniz şeylerin ilişkinize renk katacağından bahsedin. Bunun ilişkinizin ve kendi ruh sağlığınızın iyiliği için olduğunu vurgulayın. Bunları konuşurken mutlaka onu takdir edin ve onu ne kadar sevdiğinizi anlatın. Şefkatli ve yumuşak olun.

Tabii ki herkesin yalnız kalma ihtiyacı farklı olabilir. Yalnız kalmak istemenizden dolayı kendinizi suçlu hissetmeyin. Bu yakınlaşma ve uzaklaşmalar sağlıklı bir ilişkinin en doğal halidir. Ayrıca sizden çok uzak duruyor ya da asla ayrılamıyor diye onun durumunu anormalleştirmeyin, bunun temelinde doğal ihtiyaçlar olduğunu bilin, anlayışla karşılayın. Onun ayrı kalma ihtiyacı ya da becerisi hakkında olumsuz konuşmak yerine kendi ihtiyaçlarınızdan bahsedin.

Son olarak bu yalnızlığa bir limit koyarak da onu rahatlatabilirsiniz. Örneğin 3-4 gün kendinize vakit ayırdıktan sonra onunla birlikte yapacağınız bir etkinlik planlayın. Uzun kopuşlar yerine aralıklı bir rutin yaratın. Böylelikle yalnız kalma isteğinizin bir kaçış ya da ayrılık işareti olmadığını ve onu tekrar görmek istediğinizi ona belli etmiş olursunuz.

Birlikte yaşayan çiftler, evli olanlar güvenli yalnızlığa daha çok ihtiyaç duyabilirler. Üstelik aynı evde yaşadığınızda bunu sağlamak daha zordur. Başka bir yere gitme gibi bir opsiyonunuz yoksa bir iki saat de olsa odanıza çekilebilir, yürüyüşe çıkabilir, kendinizi iyi hissettirecek neye ihtiyaç duyuyorsanız onu yapabilirsiniz. Bunu bir rutine oturttuğunuzda zaten kendinizi açıklama ihtiyacı içinde olmadan ilişkinin doğasını da belirlemiş olursunuz. Esasen güvenli yalnızlık alanı ilişkinin en başındayken kurulması gereken bir alandır. Siz kendi alanınızı belirlediğinizde ve koruduğunuzda bu sizin ilişkinizin de ritmini belirlemiş olacaktır. Evet, yan yanasınız, birlikte seviyor ve seviliyorsunuz ama her birinizin de akıp giden bir yaşamı, hedefleri, idealleri ve beklentileri var.

Bir diğer dikkate değer konu da tekrar bir araya geldiğinizde nasıl hissettiğinizdir. Bu ayrı kalmalardan sonra aranızda normal olmayan şeyler varsa bunları mutlaka konuşun. Fakat ilk başlarda bu konuyu fazla uzatmamaya çalışın. Çünkü bu bir alışma süreci olabilir. Partneriniz, kaygılarının gerçekte bir yansımasının olmadığını zamanla anlayacaktır. Ona zaman verin. Bu süreçte şefkatli ve sakin olun. İstediğiniz şeyin bir ihtiyaç olduğunu unutmayın.

Üçüncü Bölüm

İlişkiyi Doğru Tanımlamak

İlişki Nedir, Ne Değildir?

İlişki, insanların ortak kararları doğrultusunda, belli paylaşımlar yapmak için bir araya gelmesiyle oluşan karşılıklı bağlar, temaslardır. Ruhsal gelişimimiz için konuşmak, ilgi görmek, sevmek, sevilmek, onaylanmak, takdir edilmek, yalnızlığımızı paylaşmak, güven duygusunu tatmak temel ihtiyaçlarımızdır. Çevremizde türlü çeşitli bağlar kurduğumuz insanlar var. Arkadaşlarımız, sevgilimiz, eşimiz, anne babamız, kardeşlerimiz, iş arkadaşlarımız, komşularımız hatta bakkalımız, manavımız...

Farklı insanlarla kurduğumuz bağlar da farklılaşır. Ailemizde koşulsuz sevgiyi deneyimleriz örneğin, iş arkadaşımızla kurduğumuz bağ ise başkadır. Bazı ilişkilerde bu bağ tamamen sevgi üzerine temellenir. Yani iki insan sevgi bağıyla bir arada kalarak pek çok şeyi paylaşır.

Çevremizle nasıl bağ kurduğumuzun tohumları ilk çocukluktan itibaren ailede atılır. İlerleyen yaşlarda değişimler söz konusu olsa da genellikle dış dünyayla kurduğumuz bağ daha bizler çok küçükken öğrenilmiş olur. Kendi anne babamızın ilişkisine bakarak kendi ilişki deneyimlerimizi yaratırız. Yaşamda her şeyi deneyimlediğimiz ilk yer ailemiz olduğu için de tüm öğrendiklerimiz bizim ilk "normalimiz" olur. Bunlar bizim şemalarımızdır, bu konuyu detaylı olarak anlatacağım. Fakat bu ilk öğrenilen deneyimler her zaman sağlıklı bir model olmayabilirler ve bunu fark etmek, kırmak bazen çok güç olabilir. Eğer sorunlu bir ilişki modeli öğrendiysek bunu diğer insanların ilişkileri üzerinden gözlemleyerek değiştirebiliriz.

Öğrenilmiş ve işe yaramayan bir ilişki modelinde ısrarcı olmak hem kendiniz hem de ilişkinin diğer ucundaki insan için sağlıksızdır. Peki, sağlıksız ve hayatınızı güzelleştirmek yerine zora sokan bir ilişkinin esiri olmaktan nasıl kurtulursunuz? Tabii ki gerçek bir ilişkinin ne olduğunu kavrayarak...

Temeli doğru atılmayan her ilişki eninde sonunda sarsılır ve yıkılır.

Sağlam ve sağlıklı bir ilişki inşa etmek için dayanaklarımız olmalıdır. Şimdi bu dayanakların neler olduğuna bakalım.

İlişki paylaşmaktır. Her ilişkinin doğası farklıdır, dolayısıyla beklentiler ve paylaşımlar da farklılaşır. Temel olarak erkek ve kadın doğasından bağımsız her birimizin hayata bakışı başkadır çünkü her birimizin ihtiyaçları değişir. Her ilişki kurduğumuz insanda yeni bir ilişki modeli deneyimleriz. Model ne olursa olsun iki kişi arasında bir alışveriş söz konusudur. Bu alışverişe neler dahil olabilir derseniz pek çok şey sayılabilir, duygularımız örneğin, sevgi, şefkat, güven ya da somut dokunuşlar, fikirler, yardıma ihtiyaç duyulduğunda verilen bir destek... Paylaşım odaklı bir ilişki yaratmak için hayatınıza aldığınız kişiyle neleri paylaşacağınızı tespit etmekle işe başlayabilirsiniz. Zamanınızı, emeğinizi, sevginizi, maddiyatı ve diğer şeylerin sınırlarını belirlemeye ve bunları ihtiyaçlarınıza göre yönetmeye gayret edin. Çok şey paylaşmak iyidir demek her zaman doğru olmaz. Bazen karşınızdaki insan alma-verme konusunda sizden daha cimri olabilir ya da daha açık. Beklentiler ve tavırlar ne olursa olsun ince bir dengede paylaşmak ilişkinizi sağlıklı hale getirir. Bunun sınırlarını siz belirleyin, ilişkinizi başka ilişkilere göre kıyaslamayın. Bunun yerine kendinizin ve partnerinizin ihtiyaçlarını anlamaya ve buna göre bir paylaşım haritası belirlemeye çalışın.

İlişki rızadır. Her ilişki rızaya dayalıdır. Hiç kimse rızası olmadan bir paylaşımda bulunmaya zorlanamaz. Buna cinsellikten maddiyata, kişisel bilgiden zamana kadar her şey dahildir. Eğer rızanız olmadan bir paylaşım yapmaya zorlanıyorsanız orada yanlış bir şeyler var demektir. Rızanız olmadan paylaşım yapmak kendinize olan saygınızın yok olmasına ve kaygı seviyenizin artmasına sebep olur. Bir şeylerin sizden zorla ve kontrolünüz dışında alınması hayatınızın iplerinin elinizden alınmasıdır, kendinizi akıntıya kapılmış bir kayık gibi hissedersiniz. Bu durumun sürekliliği kontrol kaybına yol açar, yaşamınızın iradesi sizden çıkıp bir başkasının eline geçer, bu da çaresizlik yanılgılarını artırır. Diğer yandan bir şeylere rıza gösterip sonradan hep pişman oluyorsanız, hatta paylaşımı yaparken de içinize sinmeden yapıyorsanız bir manipülasyon içinde olmanız da muhtemeldir. Manipülasyonla ve baskı altında gösterdiğiniz rıza gerçek rıza değildir. Kendinizi sıklıkla bu tarz hislerle boğuşuyor buluyorsanız partneriniz tarafından kontrol altına alınmaya çalışılıyor olabilirsiniz. Eğer böyle hissediyorsanız açık bir şekilde konuşun ve rahatsızlığınızı dile getirin. Çünkü başkasının kontrolü altına girmek, kendini partnerine teslim etmek gerçek bir ilişkinin doğasında yoktur.

İlişki güvendir. Güven, bir insanın en temel ihtiyaçlarından, bir ilişkininse temel yapıtaşlarındandır. Kendimizi güvende hissetmediğimiz hiçbir yerde durmak, hiçbir ilişkiyi sürdürmek istemeyiz çünkü güvenin olmadığı yerde mutsuzluk vardır. Güven birine tereddüt etmeden bağlanmaktır. Birine kolaylıkla "Seni seviyorum" diyebiliriz ancak "Sana güveniyorum" diyebilmek her zaman daha zordur.

Peki, güvenin esasında neler vardır?

Kandırılmamak, aldatılmamak, yalansız riyasız bir ilişki sürdürmek elbette. Sürekli şüphenin hâkim olduğu ilişkiler yıpratıcıdır. Bazen şüpheler dayanaksız olduğu halde kendi kendinize boğulabilir ve içinden çıkamadığınız bir duygu durumuna hapsolabilirsiniz. Bunun yerine bu şüphelerin ne kadar gerçeği yansıttığını iyice incelemelisiniz, eğer eminseniz de konuşmalı, düşüncelerinizi net bir şekilde ifade etmelisiniz. Ortada gerçekten bir aldatma varsa ya da aldatma davranışı tekrarlıyorsa, ilişkinizi ciddi bir şekilde gözden geçirmelisiniz.

Öte yandan partnerinizden birlikteliğinizin maddi ve manevi sorumluluklarını almasını, sırlarınızı ve her türlü özelinizi korumasını, sizin olmadığınız ortamda bile size saygı duymasını beklemeniz de güven bağlamı içindedir. Birbirlerine güven veren insanların ilişki ve gelecek hakkındaki kaygıları azalır, birbirlerini iyileştirirler. Hepimiz yol arkadaşımıza sırtımızı yaslayabilmeyi, bize destek olmasını isteriz. Sürekli güçlük çıkaran, annesi babası yerine geçtiğimiz, güvenmediğimiz için yanında kendimiz gibi olamadığımız kişilerle ilişki sürdürmek çok yorucudur. Sağlıklı ilişkiyse hayatımızı kolaylaştıran, yüklerimizi hafifleten ilişkidir.

Güven denince en önemli noktalardan biri de kendinizi gerçekten güvende hissetmenizdir. Tehdit edilmek, şiddet görmek, sindirilmek, kısıtlanmak, ilişkide sürekli bir korkunun hâkim olmasına neden olur ve bu normal bir durum değildir. Bir şeyler değişir diye beklemek çoğu zaman problemlerin daha da büyümesine neden olur. Erken müdahale koruyucudur. Fakat hangi aşamada olursa olsun mutlaka destek alınmalıdır.

İlişkilerde güven inşa etmek önemlidir ancak olumsuz deneyimlerden sonra insanlara olan güvenimiz zedelendiğinde, birilerine tekrar güvenme konusunda zorluklar yaşarız, korkarız kısacası. Ancak birilerine tamamen güvenmemek bizi yorar ve kırar. Belki tamamen güvenmek olmasa da dikkatlice güvenmeyi öğrenebiliriz. Bazı insanlara çok güveniriz, bazılarına çok güvenmeyiz ama bu güvenmeyeceğimiz insanları hayatımızdan uzaklaştırmak anlamına da gelmesin. Kimiyle gezmek güzeldir, kimiyle sohbet etmek güzeldir, kimi de biliriz ki bizim sırrımızı tutar. Kimiyle alışveriş yapmak güzeldir, kimiyle ders çalışmak güzeldir, kimiyle sadece geyik yapmak güzeldir yani herkesle farklı bir güven çerçevesinde iletişim kurar, kendimizi açarız. Güven konusunda endişe duyduğunuz insanlara şöyle bir bakın. Basit bir gözlemle bu insanlarla nasıl bir sınır çizebileceğinizi kolaylıkla görebilirsiniz. Eğer biri başkası hakkında konuşuyorsa örneğin, bu kişi emin olun sizin hakkınızda da konuşacaktır. Bu tip insanlara sırrınızı vermeyin. Unutmayın birinin başkalarıyla ilgili yaptığı şeyler size yapacakları hakkında da büyük ipuçları verir. Başkasının dedikodusunu yapan başka bir gün sizin de dedikodunuzu yapacaktır. Birini tanımanın en net yolu o kişinin başkalarıyla ilgili yaptıklarına, söylediklerine bakmaktır. Elbette yanılgılar olabilir ama temkinli olmak adına tüm bunlar önemlidir.

İlişki dengedir. İlişki içindeyken dengede kalmak, yalnızken dengede olmaktan çok daha zordur. Çünkü ilişki iki kişinin değişen durumlarının etkisiyle sürekli değişir. Kendi içinde dengesini sağlayan her kişi ilişkinin de dengede kalmasını olanaklı kılar ancak bu tek taraflı olarak mümkün olmaz, ilişkide her iki tarafın da bu sorumluluğu alması gerekir.

Bunun için öncelikle kendi içinizde ihtiyaçlarınızı biliyor ve karşılayabiliyor olmalısınız. İlişkinin sağlıklı devam edebilmesi için bireyselliğin ve özgürlüğün korunması önemlidir. Kendi düzeninizi kurmalı ve buna olabildiğince sadık kalmalısınız. Çünkü ilişkide sağlıklı sınırların olması önemlidir. Bir tohum ancak yeterli alana sahip olabildiğinde filizlenir, kökleri de yaprakları da buna bağlı olarak rahatça gelişir.

Siz köklerinizi derinleştirmek, yapraklarınızı, çiçeklerinizi olabildiğince geliştirmek için yeterince alan açabiliyor musunuz kendinize?

İşleriniz, sosyalleşmeniz, hobileriniz, kendinize özenle hazırladığınız sofralar, bakımınız, kişisel gelişiminiz için yeterince vakit ayırıyor musunuz?

İlişkide olmak demek her şeyinizle, tüm enerjinizle partnerinize odaklanmanız demek değildir. İlişki çok yoğun duygular hissetmek, aşırı sahiplenmek ya da çok emek vermek de değildir. Ne aşırı fedakârlık ne de bencillikle sürekli talepkâr olmak ve sınırlamak dengeli bir ilişkinin doğasıyla ilişkili değildir. Her şeyinizle başka birine entegre olmuş bir yaşam dengenin bozulduğunu gösterir. İlişki kendinizi arkadaş ve ailenizden soyutlayıp, sevdiğiniz kişiyle birlikte izole bir hayat sürmek anlamına gelmez. İlişkide karşılıklı alışverişin dengede olduğu bir akış vardır. Alma-verme dengenizi iyi koruyun. Fedakârlığın aşırısının ilişkiyi en çok bozan durumlardan olduğunu unutmayın. Haklı olmak ya da fedakârlığınızla iyi olan olmak ilişkinizi kurtarmaz. Bunun yerine kendi kişiliğinize daha çok yatırım yapın ve kendinizi güçlendirerek ilişkideki dengeyi sağlayın.

İlişkide dengenin bir diğer yüzü de, ilişkinin hızı konusunda uyumlanmaktır. Kadın ve erkek doğası gereği aynı hızda bağlanmaz. Üstelik herkesin bir şeylere hazır olma hızı da farklıdır. Genel olarak, ilişkide bir şeyleri ilerletme konusunda, acele etmemek, ağırdan almak önemlidir. Özellikle kadınlar ilişkilerinin başında yaşadıkları belirsizlik süreçlerindeki kaygıyı yönetememelerinden dolayı her şeyi hızlıca netleştirmek isteyebilirler. Flörtle başlayan ilk heyecanınızı bu panik duygusuna feda etmeyin. Bırakın talep karşı taraftan gelsin. Üstelik bu aceleciliğin erkek tarafında kaçma şeklinde kendini göstermesi de muhtemel. Aynı şekilde kimsenin sizi bir şeyler için acele ettirmesine de izin vermeyin. İlişki sırf o üzülmesin diye hazır olmadığınız şeylere evet demek değildir.

İlişki anlamak ve anlaşılmaktır. Farkında olalım ya da olmayalım tüm ilişkilerimizi anlamak ve anlaşılmak üzerine kurarız. Özellikle bugün yaşadığımız dünyada hızlı bir hayata kapılan bizler için bu çok daha büyük bir ihtiyaç. Birini anlamanın yolu onunla empati kurmaktan geçer, onun duygularını içimizde hissedebilmek, kendimizi bir başkasının yerine koyabilmekten. Az çok o insan gibi olabilmekten kısacası. Duyguların ve düşüncelerin anlaşılması ilişkiyi ileriye taşır. Çünkü anlayış beraberinde sevgiyi ve dayanışmayı da getirir. Anlamanın ilk şartı kabuldür. Karşımızdakini olduğu haliyle, parlak taraflarıyla ve karanlık taraflarıyla kabullenmekle başlar. Dinlemek, saygı duymak, sadece kendi isteklerimize odaklanmak değil karşımızdakinin ihtiyaçlarını da duymak, gerçek anlamda tanımak, korumak kollamakla örülüdür anlayış. Anlaşılmadığınızı düşündüğünüz bir ilişkide kendinizi yalnız hisseder, çaresizlik duygularına kapılırsınız. Bu yalnızlık duygusu da sizin öfkenizi besleyip iyice uzaklaşmanıza yol açar. Sağlıklı bir iletişim her iki tarafın da duygu ve düşüncelerini ifade etmesine ve bu ifadelerin karşılığında ilişkinin güçlenmesine yardımcıdır.

İlişki destek olmaktır. Kimi zaman desteğe ihtiyaç duyduğumuz anlar vardır, kimi zaman bizden destek istendiği anlar. İlişkide alma-verme dengesi gereğince kendinizi konumlandırdığınız yer önemlidir. Ne tamamen destek veren ne de sürekli desteğe ihtiyaç duyan biri olun. Elbette hayattaki eksiklerimizi, gediklerimizi kapatabilmek için birilerine ihtiyaç duyarız. Ancak ruhsal boşluklarımızı doldurmak için sürekli birilerinin desteğine bağımlı kalmak yaşam hikâyenizin eksik kalmasına yol açar. Destek karşılıklı olmalı, her şeyde olduğu gibi burada da altın oran korunmalı.

İlişki cinsellik konusunda rahat hissettiğimiz yerdir. Genelde çiftlerin birbirine açık olmakta en çok zorlandıkları alan cinselliktir. Bunun en büyük sebebi karşımızdakini kırmaktan ya da reddedilmekten korkmamızdır. Cinsel ilişkiyi başlatabildiğimiz, çekinmeden reddedebildiğimiz, istediğimiz zaman durdurabildiğimiz, farklı isteklerimizi ifade edebildiğimiz yani kısaca cinsellik hakkında konuşabildiğimiz ilişki iletişim açısından da sağlıklı ilişkidir. Bunu sağlayabilmek için suçlayıcı ya da baskılayıcı bir dilden kaçınmak gerekir. Ne olursa olsun kimse istemediği bir şeyi yapmak zorunda kalmamalıdır.

İlişki aidiyet ve bağ kurmaktır. İlişkide karşılaştığımız bir diğer ihtiyaç ise aidiyet ve bağ kurmadır. Bir çift olmak, aile olmak yani bir takım gibi hissetmek insanı hayata karşı motive ve hazır hissettirir. Zorluklar bu şekilde daha rahat aşılır. Ayrıca takım halinde çalışmak hayatın diğer alanlarında da gerekli bir beceridir. Kendi ilişkilerinde sorunlarına "Bu sorunumuzu nasıl çözebiliriz?" diye yaklaşan çiftler hayatın diğer alanlarında da daha rahat hareket ederler. Aidiyet duygusu hissetmek demek mutlu olmak demektir.

İlişki eğlenebildiğimiz yerdir. Yukarıda anlattığım şeyler ne kadar önemliyse bir ilişkide eğlencenin olması da en az o kadar önemlidir. İlişki eğer doğal ve sağlıklıysa içimizdeki çocuk oyunlar oynayacağı bir alan bulur ve dışarı çıkar.

Hepimiz kendimizi iyi hissettiren insanların yanında olmak isteriz. Sürekli şikâyetlenen, negatif duygular taşıyan, hayatta sürekli siyaha odaklanan, diğer renkleri görmeyen kimseyle uzun vakit geçirmekten hoşlanmayız değil mi? Bu durum elbette zaman zaman başımıza gelir, hepimiz dönemsel olarak kendimizi biraz depresif hissederiz. Ancak yapmamız gereken üzerimizdeki bu kara örtüyü kaldırıp atmak, hayata biraz renk bulaştırmaktır.

Aslında ilişkileri yürütmenin en vurucu noktası kendi yaşamınızı yaşayabilmenizde saklı. Kendi kendine yeten her insan, etrafına da mutluluk saçar, mutluluk saçan biri de her zaman daha çok tercih edilir. Aksi, mutsuz, yaşamında çaba ve gayreti olmayan, ilişkiyi sadece sevdiği insanı hayatının merkezine oturtmak olarak algılayan her insan eninde sonunda problem yaşayacaktır.

İki yarımdan bir tam
olmaz diye bir söz vardır,
sağlıklı ilişki her bireyin
kendi tamlığına ulaşmış
olmasından doğar.

Kendi merkezinde güçlü, mutlu olan biri mutlu olmak için başkalarına da bağımlı olmayacaktır. Kendine yeten biri tüketici bir ilişki yerine dengeli ve uyumlu bir birlikteliğin doğmasına hazırdır. İlişki bir tarafın ihtiyaçlarına yönelik şeyleri çekip tükettiği bir şey olmamalıdır, aksine ilişki her iki tarafın da bir şeyler kattığı ve gitgide büyüttüğü bir şeydir. İnsan olarak temel gereksinimlerimiz olan barınma, beslenme, cinsellik haricinde insani gereksinimlerimiz ve duygularımızı tatmin etmektir ilişkilerdeki muradımız. Yıpranmak, kendimizden vazgeçmek, aşırı fedakârlık değil... Bencillik, aşağılama ya da kalp kırmak da değil...

Bu kitapta anlatılacak olanlar bir ilişkide oyunlar oynamanıza yönelik tavsiyeler değildir. Tüm söylenenler zaten özgüven ve özsaygıya sahip olan her bireyin gerçekleştirmesi gerekenlere dair bir hatırlatmadır. Bu hatırlatmalar kendi öz-benliğinize ve doğanıza dönmenize yönelik bir çağrıdır. Bu çağrıya kulak verdiğinizde kendi eşsiz ruhunuza adapte olmanız imkânsız olmayacaktır.

İlişkiniz Güvenli mi?

İlişkilerimizde ne yazık ki yanlış şablonlara sahibiz. Kıskançlığı sevgi, aşırı kontrolü ilgi, değersizleştirmeyi fedakârlıkla takas ettiğinizde güvensiz bir ilişkinin içine hapsolursunuz. Kişisel zaaflar ve sahip olduğunuz şemalar normal olmayan davranışları normal gibi algılamanıza yol açar. Dahası bu şemalar size çocukluktan itibaren yerleşik olduğu için siz de bunları tekrarlama eğiliminde olursunuz. Öğrenilmiş yanlış ilişki şablonlarımızı tespit etmek güvenli bir ilişki inşa etmek için gereklidir.

Güvenli ilişkide:

Karşılıklı saygı vardır, çiftler birbirini kısıtlamaz. İletişimde çatışmalar olsa da açık bir şekilde dürüstlükle birbirlerine istek ve ihtiyaçlarını ifade ederler. Güvenli ilişkide güven esastır, yalan ve aldatma yoktur. Bitirilecek ve noktayı koyacak olsanız da bunu açıklıkla yaparsınız. Eşitlik hâkimdir, cinsiyetler ya da toplumsal roller üzerinden güç devşirilmez. Kimse kimseyi ezmez, buna hakkı olduğunu da zaten düşünmez. Herkesin kendine ayıracağı kişisel zamana saygı duyulur, bunun yemek gibi su gibi temel bir ihtiyaç olduğunun farkındadır çiftler. Ortak kararlar konusunda birlikte hareket edilir, bu illa büyük kararlar anlamına da gelmez. Basit bir sinema filmine giderken bile birlikte seçim yapmaya ve her iki tarafın da ortak heves ve isteklerine dikkat etmeye özen gösterilir. Çiftler birbirlerini onaylar ve takdir ederler. Onaylamak zaten o kişiyle ilişkinin en temel basamağıdır, onaylamak demek kabul etmek, iyisiyle kötüsüyle beraber bir yol yürümektir.

Güvensiz ilişkide:

Baskı hâkimdir ve eşitsizlik vardır. İlişkinin sallantılı, dengeyi tutturamayan bir ritmi vardır. Sıklıkla iletişim sorunları yaşanır, çatışmaların ana kaynağına ve çözüme inmek yerine sadece tartışmaya odaklanılır. Güvenin ortadan kalktığı, çiftlerin birbirine yalan söylediği ilişkide kimse birbirine güvenmez. İlişkinin ritmini sarsan şeylerden biri de tarafların güç savaşına girmesi, ilişkinin kontrolünü ele geçirme savaşıdır. Eşitsizliğin üzerine kurulan bu anlayışta "Ben haklıyım, sen haksızsın!" çatışması yaşanır. Kişiler karar alma konusunda özgür hissetmezler, baskı ile kararları kabul etme çabası vardır. Değersizleştirme, aşağılama, sınırların ihlal edilmesi güvensiz bir ilişkinin tekrarlayan şemalarıdır.

Şiddet içeren ilişkide:

Aşırı kontrol vardır ve sevgiden bahsedilmez. Çiftler birbirine zarar verir, hem duygusal anlamda hem de fiziksel anlamda şiddet vardır. Kıskançlık sağlıksız boyutlardadır. Aşırı kontrol çabası cezalandırma ile kendini gösterir. Çiftler birbirlerini suçlar ve kimse sorumluluk almaya pek de gönüllü olmaz. Sorunların çözümünü konuşmak için ortak bir dil tutturmak yerine taraflar birbirlerini yalnızlaştırmaya eğilimlidir. Rıza ortadan kalkmıştır, onay dışı ve zorlama içeren davranışlar söz konusudur.

Vazgeçmek Kazanmaktır

İlişkilerle ilgili olarak kaçırılan en önemli noktalardan biri de ilişkinizi iyiye götürmeye yönelik tavsiyelerle kendinizi bitirip tüketmenizdir. İlişki her zaman kazanmak üzerine kurulmamalıdır, bazen de vazgeçmek en iyi tercihtir. Sağlıklı ilişki kurmanın yolu her zaman yapmaktan değil bazen de yıkmaktan geçer. Olmayacak bir şeyi zorlamaktansa kendiniz için en iyiyi tercih edin.

Bu kitabın amaçlarından biri de karşı tarafın doğasını anlamak kadar kendi doğanızın ihtiyaçlarını da belirlemektir. Genellikle toksik bir ilişkinin ağına düştüğümüzde kendi duygusal ihtiyaçlarımızı unuturuz. Farklı bir ruh haliyle belki de sadece egodan kaynaklanan bir kazanma savaşına sürükleniriz. Bir şeyin size iyi gelmeyeceğini bile bile o konuda diretmekten bahsediyorum. Sizi zehirlese de yemeye devam ettiğiniz o meyveden...

İlişkide kendinize nihai hedefler belirlerken çeşitli kriterleriniz vardır. O kişinin yakışıklı ya da güzel olması, kariyerinin olması, maddi refahı, sosyal çevresi gibi. İlişkinin sürecine göre de çeşitli kriterleriniz vardır, bir vadede evlenmek, çocuk yapmak, belki de o kişiyle yepyeni bir hayata başlamak. Tüm kriterleri belirlerken bazen kendinize asıl sormanız gereken şeyi ıskalarsınız. Amaç bir bilgisayar oyunundaki gibi seviyeleri başarıyla geçmek ve kazanmak değildir, amaç aslında çok daha basittir: Mutlu ve tamamlanmış hissetmek.

Her şeyiyle zorba, size kendinizi eksik hissettiren, narsis birini evliliğe ya da başka şeylere zorladığınızda kendinize dönüp sormanız gerekir:

Burada sorun aslında kimde?

Her halükârda sıkıntılı bir sürece sürükleyecek kişilik özellikleri barındıran birisini ilişkiye zorlamanızın ardındaki temel nedenler neler olabilir?

Aşikâr ki burada sorun sadece o kişide değil. Neden aslında mutsuz olduğunuz biriyle evlenmeye çalışıyorsunuz? Neden mutsuz olduğunuz bir ilişkide kalmakta ısrarcısınız? Bu soruları şimdilik buraya not edelim, bunun altında yatan nedenleri şemalar üzerinden açıklayacağız.

Gerçekten mutlu olacağınız ilişkilerin ısrarcısı olun, size zarar verenlerin değil...

Karşınızdakini ilişkiye zorlarken görmezden geldiğiniz ve sizin asla çözemeyeceğiniz şeyler olabilir. O kişinin ciddi bir kişilik bozukluğu olabilir ya da şiddete eğilimli birisi olabilir bu kişi ya da gerçekten kişisel donanımlarını hiçbir şekilde değiştirmek istemiyor da olabilir. İşte böyle bir durumdayken vazgeçmekten başka şansınız yoktur.

Çıkmaza giren ilişkilerde genellikle evlenerek sorunların yok olacağına dair yanlış bir inanç geliştirmiş olabilirsiniz. Evlenince hiçbir şeyin çözülmeyeceğini unutmayın. Genellikle evliliklerin her şeyi çözeceğine dair yanlış bir algı hâkimdir. Aslında bu algıyı tersine çevirmeli ve gerçek formuna dönüştürmelisiniz: Evlenince her şey daha da kötü olur! Bu düşüncenin daha farklı bir versiyonu da çocuk yaparak evliliği kurtarmaktır ancak değiştirmek istediklerinizi değiştirmeye bu da yetmeyecektir. Üstelik bir çocuğun sorumluluğu, bakımı başlı başına zorlu bir süreçtir, üstüne iyi gitmeyen bir evliliğe bir çocuğun sorumluluğunu getirmek, artan maddi manevi sorumluluklar işleri daha da zorlaştıracaktır.

Vazgeçmeyi öğrenmek sizi
çok güçlü kılar, ilişkinizin
kölesi değil efendisi
olursunuz.

Acı çekmekten korkmayın, cesur olun. Unutmayın hayatta her acı, sıkıntı geçiyor. Olmayacak bir insana sırf aşkınız yüzünden feda etmeyin kendinizi, ona tüm benliğinizi vermeyin. Vazgeçebilmeyi öğrenmek de kendinizi geliştirmeyi öğrenmenin çok büyük bir adımıdır. Bazen vazgeçmek çok daha büyük kapıları açar.

1. Size iyi gelecek ilişkinin peşinde olun.
2. Vazgeçmeyi öğrenin.
3. Cesur olun.
4. İlişkinizin merkezine kendinizi koyun.

Şemalar ve Tekrarlayan Döngüler

Hayatımıza tekrarlayan bazı ilişkileri neden alırız?

Hep ezilen taraf olmak, hep bağımlı olmak bizim kadersel döngümüzde mi vardır yoksa bunu bizler mi yaratırız?

Psikolojide hep kendimizin yarattığı ilişki döngülerinden ve bu zarar verici döngülerden nasıl kurtulacağımızdan bahsediyoruz. Sürekli tekrarlanan döngülerde sorunu sıklıkla karşımızdaki insanda bulmaya meyilli oluyoruz. Burada unuttuğumuz nokta ilişki denen şeyin karşılıklı iki kişi tarafından kurulduğu oluyor. Ancak bizler kendimizi merkeze alıp sanki tüm olan bitenlerden bizden bağımsızmış gibi davranabiliyoruz.

Peki bu körlük nereden kaynaklanıyor?

İlişkilerde karşı tarafı çözümleyebilmeye çalışırken kendimizde göremediğimiz şeyler olabilir mi?

Bütün suç hep karşı tarafta mı?

Hepimizin zihninde dönüp duran bir kaset vardır. Bu kaset çocukluktan itibaren dolmaya başlar. Doğduğumuz andan itibaren kaydetmeye başlayan bu kasete yaşadıklarımız, yaşadıklarımızı nasıl anlamlandırdığımız, hayatta hissettiklerimiz, ilişki dinamiklerini nasıl anlamlandırdığımız ve nasıl tepki verdiğimiz gibi şeyler kaydolur. Anne babamızın bize nasıl davrandığı, bizi hangi sözlerle yetiştirdikleri, genetik geçişlerimiz, toplumda ve ilişkilerimizde nasıl davranacağımızı da belirliyor aslında.

Doğduktan sonra karşılaştığımız her durum, nesne, kişi zihnimizde bir izlenim yaratır. İşte şema dediğimiz şey bu izlenimlerdir aslında. Biz dış dünyayı şemalar üzerinden okuruz, örneğin küçük bir çocuk oyuncak arabasını zihninde edindiği "oyuncak araba" şemasına göre oluşturur ve bu şemayla onu her gördüğünde oyuncak araba olarak tanımlar. Bizler nesneler üzerinden yaptığımızı duygular üzerinden de yaparız. Şema terapinin kurucusu Jeffrey E. Young şemayı şu şekilde tanımlıyor:

"Çocukluk ve ergenlik dönemi boyunca gelişen, anı, duyu, biliş ve bedensel duyumların oluşturduğu, işlevsel olan ya da işlevsel olmayan, bireyin kendilik algısını ve diğer kişilerle olan ilişkilerini olumlu-olumsuz yönde etkileyen ve yaşam boyunca sürekli tekrarlanan kalıp ya da örüntü."

Şemalar erken çocukluk ve ergenlik döneminde edinilse de yetişkinlikte karmaşık bir hale gelebilirler. Hayata olumlu katkıları olabilen şemalar olduğu kadar yaşamı zorlaştıran şemalar da mevcuttur ve bu olumsuz şemaları değiştirmek mümkündür.

Şema terapinin kurucusu Jeffrey Young bizleri şemalar konusunda aydınlatırken çok değerli bir soruyu da ellerimize bırakıverir aslında:

"Niçin kendimize bu döngüleri yaratıyoruz?
Niçin acı çekmeyi uzatıyoruz?
Neden daha iyi hayatlar kurup bu kalıpları kırmıyoruz?"

Yaklaşık olarak 50-60 civarında şemadan söz edebiliriz, elbette bu kitapta hepsinden detaylı şekilde bahsetmek mümkün değil, en belli başlı olanlara değineceğiz. Ancak kendinizde hangi şemaların olduğunu daha derinlemesine öğrenmek isterseniz bunun üzerine okuyabilir ya da özel terapi desteği alabilirsiniz. İnsan ruhu elbette basit değildir ve belli şablonlara sıkıştırılamayacak kadar da derindir. Ama yine de belli eğilimlerinizi keşfetmek özellikle ilişki döngülerinizde tekrarlanan problemleri çözmek için altın bir anahtardır.

Travmatik anılara bağlı kalarak değişime gidemediğinizde tekrarlanan döngülerin içine hapsolmanız kaçınılmazdır. Her an çalışan şemalar nedeniyle sizin farklı bir yaşam potansiyeline adım atmanız çok zordur çünkü yerleşik inançlarınız nedeniyle siz bu seçimlerin normal ve mantıklı şeyler olduğunu dahi düşünebilirsiniz. Hatta hayatın sizin için yaşanmaz bir hale gelmesini bile kanıksayabilirsiniz. Belki de kendiniz için umutsuz bir vakasınız, hiçbir şey daha iyiye gitmeyecek ve hiçbir şey çözülmeyecek diye düşünüyorsunuz. Ancak hatırlayın ki olumsuz bir durumun ortadan kalktığında hissettiğimize benzer bir rahatlık sunar bizlere bu döngülerden kurtulmak, tekrar nefes almaya başlarsınız, sizin için çiçekler artık daha güzel renklerdedir ve her şey sizin için daha aydınlıktır.

Özellikle yaptığım geçmiş temizleme çalışmalarıyla şemaların etkilerini hafifletmek çok mümkündür. Kendinizi tanımaya yönelik olarak atacağınız her adım sadece sizi mutlu etmekle kalmaz, çevrenize de ışık saçarsınız. "Herkes beni aldatıyor, sürekli terk ediliyorum, her şeyi yaptım yine de başaramadım!" cümlelerini sıklıkla kullanıyorsanız emin olun ki yanlış çalışan bir şemadan dolayı böylesiniz.

Zihninizdeki kaseti değiştirmeden farklı şarkı dinleyemezsiniz.

Olumsuz şemalar hangi aile dinamiklerinden doğar?

- Ebeveynlerden birinin sözel, fiziksel veya cinsel tacizde bulunması ve diğer ebeveynin çaresiz kalıp duruma müdahale edememesi
- Ebeveynin duygusal olarak mesafeli olması ve başarılı olmanız için yüksek beklentiler içinde bulunması
- Ebeveynlerin sürekli tartışması, kavga etmesi ve sizin arada sıkışıp kalmanız
- Ebeveynlerden birinin depresyonda, hasta veya yardıma muhtaç olması, diğer ebeveynin eksikliğinden (ölüm, ilgisizlik vs.) sizin bakım veren kişi konumunda olmanız
- Ebeveynlerden biriyle yapışık olmanız ve sizden eşinin yerini doldurmanızı beklemesi
- Ebeveynlerden birinin aşırı korkak ve fazla koruyucu olması ve yalnız kalmamak için size yapışması
- Ebeveynler tarafından sürekli eleştirilmeniz ve yaptıklarınızın beğenilmemesi
- Ebeveyninizin size fazlasıyla serbest bırakması ve sınırlarınızı belirleyememesi
- Akranlarınızın arasında kabul görmemeniz ve kendinizi diğer insanlardan farklı hissetmeniz

İlişkilerde en sık karşılaşılan şemalar

Duygusal yoksunluk şeması:

Çocuğun her türlü ihtiyacını karşılayan, acıktığında yemeğini düzenli yediren, konforunu sağlayan ama duygusal olarak sevgisini iyi hissettiremeyen bir anneyi zihninizde canlandırın. Tabii böyle bir babayı örnek vererek de başlayabilirdim ama anne çocuk gelişimi söz konusu olduğunda bir adım daha önde geliyor bildiğiniz gibi. Çünkü anne, çocukla babaya göre çok daha uzun vakit geçiriyor. Hemen her şeyi kusursuz yapan anne, çocuk sevgi istediğinde bunu onu göstermiyor, onu öteliyor, onunla yeteri kadar vakit geçirmiyor ve oyun oynamıyor diyelim. Böyle zamanlarda o çocuğa neler oluyor acaba?

Böyle bir çocuk her ötelendiğinde değersizliği ve duygusal yoksunluğu öğrenir. Duygusal yoksunluk çocukluk döneminde öğrenilmiş şemalardan biridir.

Duygusal yoksunluk nedir?

Duygusal yoksunluk çeken biri her zaman ilgi bekler, hiçbir ilgi alaka onu tatmin etmez. En ufak bir ilgisizlik ipucunu alır ve "Artık herhalde bu ilişki bitiyor, beni sevmiyor!" der, hatta öfkelenebilir. Duygusal yoksunluk çeken biri sevgisini hiç göstermeyebilir de, yani sevgisinin duygusunu öğrenmemiş de olabilir.

Özetlersek duygusal yoksunluk çeken biri iki eğilim içinde olabilir:

- Hiçbir duygu ona yeterli gelmez.
- Gerçek sevgiyi bilmediğinden duygusunu göstermez.

Daha çok duygunun peşinde koşan insan bir şekilde ilişkinin bağımlısı olur. İlişki içindeyken karşı taraftan ne zaman ilgi göreceğim diye sürekli beklemeye başlar. Eş seçimlerindeyse bunun tam aksine bencil, sevgisini gösteremeyen, hafif narsistik kişileri seçebilir. Bu kişi aslında çok ilgi bekleyen bir kişiyken çok daha negatif, kendini sevmeyen partnerlerin arayışında olur. Burada kendini gerçekleştiren kehanet devreye girer.

Neden biz bir şeyden çok korktuğumuzda, yaşamak istemediğimizde o şeyi hayatımıza çekeriz?

Birincisi enerjisel olarak duygusal yoksunluk şeması taşıdığımız için, yani zihnimizdeki o bahsettiğimiz kaset çalıştığı için, duygusal yoksunluğu hissettirecek kişileri hayatımıza alırız. İkinci olarak duygusal yoksunluk çeken kişi, fazla ilgi arama eğilimini öfkeli olarak dışa vurduğunda, "Neden beni aramadın, neden mesajıma geç döndün?" demeye başladığında karşısındaki insanı da kendisinden uzaklaştırmış oluyor. Tüm iki sonucun sebebi de aslında zihinde dönen kaset yani içselleştirilen şemalar oluyor. Bizler aslında karşımızdaki kişiyi dönüştürebilme potansiyeline de sahibiz. Yoksunluk şemasından hareketle dönüştürülen kişi de aslında istemediğimiz kişi oluyor böylece.

Örneğin sizinle mutsuz bir ilişki yaşayan biri, bir de bakmışsınız sizden sonra çok mutlu bir ilişki yaşamış hatta evlenmiş gitmiştir. Tabii ki karşılaştığımız her insanın farklı ve kendine has bir kişilik yapısı vardır ama bir de bizim yaptıklarımız da vardır. Unutmamalıyız ki sahip olduğumuz şemalar karşımıza çıkan çok düzgün bir insanı bile değiştirebilir. Bunun farkında olmak çok önemlidir.

Terk edilme şeması:

Özellikle sıklıkla karşılaştığımız bir diğer şema terk edilme şemasıdır. Bizim toplumsal olarak korkularımız çok yüksektir, kaybetmekten çok korkarız. Bu yüzden de erkekte de kadında da çok yoğun kıskançlık duyguları görüyoruz. Bunun nedeni altta sürekli çalışan terk edilme korkusudur.

Bu tarz kişiler de iki tip savunma mekanizması sergilerler:

1. Aşırı kıskanç ve sahiplenici olurlar ya da karşı tarafın tüm isteklerini yerine getirirler. Tüm bunların temelinde yine terk edilmekten çok korkmaları vardır.

2. Bir şekilde ıssız adam/ıssız kadın olurlar. Issız adam ya da ıssız kadınlar pek çok kişiyle ilişki yaşayarak aslında kimseye bağlanmamayı tercih ederler. İletişimden kaçarlar, çünkü terk edilince acı çekmekten korkarlar ve yakın ilişki kurmazlar. Bu tip insanlar "Zaten kadınlara ya da erkeklere güvenilmez!" der.

Bu şemaya sahip olanlar derin bir yalnızlık duygusu çekerler. Hiçbir şey onlara yeterli gelmez ve dünyada adeta bir başlarına kalmış gibi derin bir yalnızlık duygusu taşırlar. Bu şemadakiler terk edilme fikrine karşı aşırı bir duyarlılık geliştirmişlerdir. Ancak bahsettiğim kendini gerçekleştiren kehanetin sonucu olarak hayatlarına aldıkları kişiyi de bir şekilde bu döngüye getirmeyi başarırlar. Ya kıskançlık ya da aşırı kontrol ve bağımlılık neticesinde hayatlarındaki kişinin onları aldatılması nedeniyle gerçekten de terk edilirler. Genellikle aldatılanlar terk edilme şemasına sahip olanlardır diyebiliriz. Yoğun baskı ve yoğun korku nedeniyle kendini gerçekleştiren kehaneti hayatlarına almış olurlar.

Terk edilme şemasına sahip kişilerin aile yaşantılarına baktığımızda ya küçük yaşta anne babalarının terk etmesi, anne babanın çok erken yaşta kaybedilmesi ya da başka birinin büyütmesi gibi ihtimaller karşımıza çıkıyor. Yani bir şekilde anne babanın çocuk yaştayken çocukla yeteri kadar vakit geçirememesi oluyor. Terk edilme şemasına sahip olanlar bir şekilde terk edilmiş çocuklar oluyor özetle.

Borderline'da terk edilme şeması nasıl çalışır?

Terk edilme şemasından bahsetmişken borderline kişilik bozukluğundan da söz etmek istiyorum. Borderline kişilikte terk edilmekten korkma şeması görülür. Bu kişiler ilişkilerini çok uçlarda yaşarlar, iyiyken çok iyidirler, sizi yükseltir, yüceltir, göklere çıkarır ancak size kızdığındaysa sizi yerin dibine sokar, size elinden gelen tüm kötülüğü yaparlar. Evinize, arabanıza zarar verebilir, basit bir ayrılık ihtimalinden söz ettiğinizde bile "Sen bana bunu nasıl yaparsın?" diye size zarar vermeye çalışırlar.

Öfkesi de sevgisi de şiddetli olan kişileri borderline olarak tanımlayabiliriz özetle. Borderline, sınırda kişilik bozukluğu olarak da tanımlanır, terk edilme korkusu o denli baskındır ki terk edileceğini anlayan ya da düşünen bir borderline bunu engellemek adına karşısındakini kendini öldürmekle tehdit edebilir, kendine, bedenine zarar verebilir, alkol ve uyuşturucu kullanımına yönelebilir. İntihar girişimleri kendilerini öldürmeye yönelik değildir, manipülasyon ve karşıdakinin dikkatini, ilgisini çekme amacı taşır hatta öyle ki hayatlarına aldıkları insanların peşini kolay kolay bırakmazlar, ailesine ve yakınlarına varıncaya kadar sarabilirler.

Bordeline kişiler içlerinde sürekli bir boşluk duygusu taşırlar, sabit bir kendilik algıları olmadığından sürekli dalgalanırlar. Dürtüsel davranışları hem ilişkilerinde hem de toplumda sorun yaratabilir. Ruhsal dalgalanmalar onlar için de hayli yorucu ve yıpratıcıdır, bu nedenle kendileri için hayatın tahmin edilebilir olması adına aşırı kontrollü olurlar. Borderline'ların en dayanaksız oldukları nokta "terk edilmek"tir, bu nedenle aşırı kıskanç olurlar. Kadınlarda erkeklere göre daha sık görülen bu kişilik bozukluğuna sahip olanlar riskli kişiliklerdir. Uzun süreli terapi ve tedavi programlarıyla kişilerin daha dengeli bir yaşama kavuşmaları mümkün hale gelebilir.

Boyun eğme şeması:

Şimdi gelelim hayatımızda sıklıkla karşımıza çıkan, boyun eğen, hayır diyemeyen, ilişkilerinde çok da doyum sağlayamayan kişilere... Kaybetmekten, öfkeli insanlardan çok korktukları için sürekli söz dinleyen, hayır dediğinde terk edileceğinden korkan boyun eğicilik şemasına sahip olanlara...

Bu şema da ilişkilerde sıklıkla gördüğümüz ve narsislerin özellikle çok sevdiği şemalardan biridir. Boyun eğicilik şeması anne babalarının duygularını hiç önemsemediği bireylerde oluşur. Evin içinde mutlaka dominant bir aile figürü vardır. Onlar her zaman boyun eğmelidir ve kendi isteklerini söylemeleri yasaktır. Bu şemadan dolayı otoriter, yönetmeye meraklı, dominant kişilerle birlikte olurlar ve onlarla hayatlarını sürdürürler. Bu kişiler bağımlı olmaya çok yatkındır ve öğrenilmiş çaresizlik yaşarlar. Çok kötü ve sorunlu bir hayat yaşasalar dahi bağımlılıklarını bir türlü bırakamazlar.

Şemalarınızı nasıl değiştirebilirsiniz?

1. Şemaların pek çoğunda bağımlılık, terk edilme korkusu, ilgi isteği, kıskançlık, çaresiz hissetme, aşırı fedakârlığa savrulma gibi davranışlar vardır. Tüm bunların temelindeki asıl problem ise aslında kişinin kendi alanının olmamasıdır. Hayatta kendi alanınızı kurmak ve çalışır hale getirmek şemalardan kaynaklanan olumsuz sonuçlarla baş edebilmeniz için sizi güçlendirir. İşiniz, arkadaşlarınız, aileniz, hobileriniz ve hedefleriniz kendi alanınızla ilgili eğilmeniz gereken diğer konulardır. Ne olursa olsun, evlenseniz dahi kendi alanınızdan vazgeçmemeniz şemalarınızın size sıkıştırdığı kalıpları kırabilmek adına önemlidir.

2. İletişim becerilerinizi güçlendirin. Şemaların olumsuz sonuçlarını alt edebilmenin yollarından biri de iyi bir iletişim sağlayabilmenizdir. Şemalara bağlı olarak yanlış geliştirdiğiniz iletişim yollarınız ilişkilerin yolunu tıkayabilir. Örneğin alınganlık, küsme, yanlış okumalar yapma, istek ve düşüncelerinizi yeterince ifade edememe, çekingenlik, kaçınma, öfke kontrolü sağlayamama gibi konularda destek alabilir, bunların olumsuz etkilerini minimuma çekebilirsiniz.

3. Sevilme ve değerli hissetme duygularınızı güçlendirin. Yeteneğiniz, başarılı taraflarınız, en parlak özellikleriniz neyse onlara odaklanın. Kendi potansiyelinizi keşfedin, sizin en iyi ve en parlak özelliğiniz ne? Bu alanda yapacağınız çalışmalar şemalarınızı yönetme konusunda kontrolü ele almanızı sağlar. İyi özelliklerinizin farkında olun, hatta bunları defterinize yazarak belirleyin. Ara ara kendinize hatırlatmak için okuyun.

4. Hatalarınızın farkında olun. Kimse hatasız değil, hepimiz hata yapıyoruz. En kusursuz olduğunu düşündüğümüz insanlar bile hata yapıyor. Hatanızı fark etmek şemalarınızı yönetebilmek için gereklidir. "Ben burada fazla bağımlı davrandım, çok ilgilendim ve çok uzun mesaj attım" ya da "Bugün öfkemi yönetemedim ve gereksiz yere sesimi yükselttim" diyebilin ve kendinizi durdurmayı öğrenin. "Bu aralar ilgiyi biraz fazla abarttım ben, birkaç gün geride durayım" şeklinde kendinize hem durum analizi yapıp hem de devamında yeni eylem planınızı yapabilirsiniz. Yeni eylem planınız hatalı davranışın aksini yapmaktır. Bunu sıklıkla deneyimlemek şemalarınızın sizi ittiği davranışların azalmasını sağlar. Hata yapmaktan da korkmayın. Hayat deneyimlenerek alınan bir yoldur. Korkarak, kaçarak yaşayamayız öyle değil mi?

5. Kendinizi ifade etmekten çekinmeyin. Şemalarınızın tekrarladığı döngüler sizi yormuş ya da incitmiş olabilir. Kendinizi çaresiz hissedebilir, hiçbir şeyin değişmeyeceğini düşünebilirsiniz. Kendinizi çaresiz hissetmeyin. Güçlü iletişim için destek almanız kendinizi ifade etme becerilerinizi artıracaktır.

6. Başkalarının değer yargılarıyla hareket etmeyin. Kendi değer yargılarınızı oluşturmayı öğrenin.

7. Planlı ve programlı olarak hayatı kendiniz için daha dengeli hale getirin.

Şemalarınız sizi yönetmesin,
siz şemalarınızı yönetin.

Altın Oran Nasıl Korunur?

İlişkileri bozan dinamikler genelde dengenin sağlanamamasından doğar. Bir ilişkiyi asıl bozan dinamik iyi ilerlerken sıkılmak değildir, erkekteki bazı değişimleri kadının çok anlamlandırıp erkeğin üzerine gitmesi ve ilgisiyle aşırı sıkmasıdır aslında. Burada hassas dengeyi sağladığınızda ilişkiniz de bozulmamış olur ancak ne yazık ki çoğunlukla bu dengeyi korumak kadınlar açısından zordur. Öfke ve korku gibi duygular kadının erkeğin üzerine daha da eğilmesine yol açtığında elbette erkekler de klasik tepkiyi verirler: Kaçmak! Oysa yapmanız gereken ilgiyi azaltmaya tolerans göstermeyi öğrenmektir. En ufak bir ilgisizliğin karşısında gösterdiğiniz daha büyük tepkileri kontrol etmeyi de...

Esasen erkekler kadınlara göre daha kırılgan bir psikolojiye sahiptir. Özellikle yaşamımızda bugünlerde deneyimlediğimiz pandemi sürecinde gözlemlediğim şey içe kapanan erkek sayısındaki artış oldu. Ekonomik kaygılar, belirsizlik süreci ve sağlıkla ilgili endişeler erkeklerde kadınlara göre daha buhranlı şekilde kendisini gösteriyor diyebilirim. Bu psikolojik çalkantı erkekte cinsellikte de kendisini olumsuz bir şekilde gösteriyor.

Erkekte cinsellik aşkla beraber gider. İşlerinin ters gitmesi, kaygı yaşaması kendisini geriye çekmesine neden olabilir. Böyle durumlarda erkeğe alan bırakmalı ve ısrarcı olmamalısınız. İyi giden bir ilişki ufak tefek şeylerden bozulacak diye endişelenmeyin, zaten bozulacaksa da bırakın bozulsun. İlişkiler her zaman risk barındırır ve bizler bu riski göze alıp ilişkiye başlarız demiştim önceki kitabımda. Eğer risk almaya değer bulunmuyorsanız zaten olmamanız gereken bir ilişki içindesiniz demektir. Kaybetmeyi göze almadan kazanamazsınız.

Erkeği yalnızlığıyla da
bırakmayı bilen kadın
çok değerlidir.

Bazen kendini geri çeken erkeğe karşı saf bir merak geliştiririz. Özellikle uzak durmak isteyen birinin tavrı aslında nettir ancak yine kadın olarak bazı dürtülerle "Acaba başına bir şey mi geldi, merak ettim hemen arayayım!" düşünceleriyle biraz da kendinizi kandırarak saf bir çaba içine girebilirsiniz. Ancak unutmayın aramak isteyen arar, gelmek isteyen gelir. Sizi görmek isteyen, sizinle birlikte olmak isteyen bir şekilde yolunu bulur.

Sizinle gelmek isteyen
nedenini, gelmek istemeyense
bahanesini bulur...

Biraz da bırakmayı öğrenin, her şeyi kontrol etme çabası kadınlarda baskın bir özelliktir. Oysa bırakan kadın cesur kadındır, cesur kadınsa cazibelidir. Kaybetme korkunuzu gösterdiğiniz anda ele geçirilmiş olursunuz, bu da evliliktekine benzer şekilde erkekte garantici bir tavırla rahatlamaya neden olur. Rahatlamış bir erkek de asla sizin için savaşmaz. Onun duygularını fazla önemsemeniz, üstüne bunu sürekli göstermeniz kaybetme korkunuzun olduğunun tipik göstergeleridir. Hele ki

"Sensiz yaşayamam, beni sakın bırakma!" gibi cümleleri asla kullanmayın. "Seni seviyorum, seninle olmak beni mutlu ediyor, birlikte çok güzel vakit geçiriyoruz" gibi daha doğal sözler sarf edin. Birlikteliğinizde de yalnızlığınızda da dengeli olmaya özen gösterin. Kimi ayrılıklardan sonra derin duygulara esir olup fazla melankolik davranma eğiliminde olabiliriz. Ancak işler istediğiniz gibi gitmediğinde kederinizi de dengeli yaşamalı ve kendinizi yalvaran pozisyonuna düşürmemelisiniz.

İlişkide bir denge kuralı olmalıdır. Karşınızdaki kişi 50 birim verirse siz de 50 birim vermelisiniz. Bir şeyleri elde etmek adına bu dengeyi bozmanız, 50 birim yerine 70 birimlik verici olmanız, fazla aramanız halinde karşı tarafın vericiliği 30'a düşer. 100'e tamamlama kuralına göre siz ne kadar verici olursanız karşı tarafın size sunacakları o kadar azalacaktır. Çünkü bu durumda siz onun yerine de bir şeyleri yapmış olursunuz. Bu da ben seni çok istiyorum anlamına gelir. Fazla verici taraf her zaman kaybetme korkusunu karşı tarafa yansıtmış olur.

Altın oranı korumak için:

- Kendi alanınızı koruyun.
- Aşırı fedakârlık ve beklentiden uzaklaşın.
- Alma-verme dengesini kurun.
- Kendinize güvenin ve cesur olun.
- Vazgeçmeyi bilin.

Dördüncü Bölüm

Neleri Yapmalı
Neleri Yapmamalısınız?

İlk Buluşmada Neler Yapılmalı?

Her yeni başlangıç heyecan vericidir. Yaşamın olağan akışından farklılaştığı bu zamanlar bizi tazeler. Hayatın renklerinin değiştiği, ruh halimizin, kimyamızın farklılaştığı bu zamanlarda ne yapacağımızı şaşırıp, kendi doğallığımızdan uzaklaşabiliriz.

İlk buluşmalar için altın kural kendi doğanızın farkında olmak ve kendinizi başka biri gibi göstermeye çalışmamak ve biraz da bazı noktalara özellikle dikkat etmenizdir.

1. İlk buluşmanızı biraz erteleyin. İlk buluşmalarınızı olabildiğince öteleyin hatta son dakika çok önemli bir işiniz çıkmış gibi ertelemeniz onun beklentisini daha da büyütmesini sağlar. Bu hem onun heyecanını büyütür hem de tam sizi yakalamışken elinden kaçırma duygusunu verir, bu duygu işlevsel bir duygudur erkek için, onun arzusunu ateşlemiş olursunuz. Ancak iyi ve sağlam bir bahaneniz olsun, örneğin iptal edemeyeceğiniz bir iş toplantısı ya da yakın bir arkadaşınızın özel bir kutlaması gibi. Erteleme haberini verirken de aslında onunla görüşmeyi çok istediğinizi ama bu seferlik başka bir güne buluşmayı yapmanız gerektiğini doğru kelimelerle söyleyin, "Gerçekten seninle buluşmayı çok istiyordum ama şöyle bir işim çıktı ve asla hayır demem mümkün değil" şeklinde söyleyebilirsiniz. İlk görüşmeyi birkaç defa ertelemeniz işe yarar ama bu ertelemelerin çok planlı olduğunu belli etmemelisiniz ve tavrınız da asla saygısızca olmamalı, her zaman nazikçe ve üzüntünüzü hissettirecek bir tonda konuşmalısınız. Öyle bir söyleyin ki gerçekten bir işiniz çıksın ve siz de bu duruma gerçekten üzülün.

2. Uyumlu olmak adına kendi isteklerinizi görmezden gelmeyin. Uyumlu olmak önemlidir ama ilk buluşmalarda kendi isteklerinizi söyleme konusunda cesur olun. Nereye gidelim diye sorduğunda canınız balık yemek istiyorsa ben balık yemek istiyorum diyebilin. Fikrinizi direkt ve net ifade edin, sen nasıl istersen diyen biri olmayın. Bir erkeğin gözünde en hızlı değersizleşmenin yolu o ne derse, isterse onu yapmaktır. Her şeyde tercihi ona bırakmak, onun istediklerini yapmak sizi değersiz hale getirir.

Her erkek hayatında
kendinden feda ederek
onu elde tutmak isteyecek
kadınların olduğunu bilir
ama erkekleri asıl etkileyen
kendi zevklerini, isteklerini,
mutluluklarını önemseyen
kadınlardır.

Kendini önemseyen kadınlar erkekler için çok daha cazibelidir. Erkekler hayatlarındaki kadını sadece sevgili olarak seçmezler, aynı zamanda yakın arkadaş olarak da benimsemek isterler, o yüzden duygusal ve cinsellik dışında arkadaşlık bağı kurmak da çok önemlidir. Asla ilişkinizi takıntı haline getirmeyin, dünya görüşünüz ondan ibaret olmamalı. Diğer türlü siz de takıntılarınızın esiri olur ve bununla baş edemez hale gelirsiniz ve enerjisel olarak da karşı tarafa bunu yansıtırsınız.

3. Dekolte ve makyajı abartmayın. İlk buluşmada dekolteyi ve makyajı abartmanız karşı tarafa "Benim sana aslında verecek çok fazla şeyim yok" mesajı iletir. Nasıl ki duygusal olarak gizemli olmaktan bahsediyorsak görünüm olarak da gizemli olmaya gayret etmeli. Karşı taraf hem sizin duygu dünyanızı hem de fiziksel güzelliğinizi merak etmeli. Sizi merak ettiği gibi bedeninizi de merak edecek fırsatlar yaratın. Bu kıyafetlerin altında nasıl bir beden var sorusu her erkeğin aklından geçer. Aksine fazla açık giyinmek bedenimden fazla bir şeyim yok diye düşündürebilir. Çok hafif bir dekolte sizi alımlı hale getirmeye yetebilir ama abartıdan kesinlikle uzak durmalısınız.

Saklanan şeyler
gösterilenlerden daha cazibe
uyandırıcıdır.

Bedeninizin kıymetli olduğu algısını yaratın. Her şeyinizle çok değerli taşların var olduğu bir kutu olduğu izlenimini yaratmalısınız, öyle ki o kutuyu açtığında ancak değerli taşlar görülebilmeli. Bu kutunun açılabilmesi için de onun çok fazla emek harcaması gerekli. İçinde değerli bir hediyenin olduğu her kutu aynı zamanda göz alıcı bir şekilde paketlenmelidir de. Giyiminiz, tavrınız, kokunuz, bakımınız, makyajınız içinizdeki hazineyi kaplayan paketinizdir.

Bu yüzden sizin bedeninizi fazlasıyla sergilememeniz onlar için olumlu bir mesaj olarak da algılanmış olur, yani sizi onun gözünde daha mütevazı, daha kontrollü ve zarif bir hale getirir.

Olabildiğince doğal olmak, sade ve kapalı görünmek erkekte sizin seksi tarafınızı görme isteği uyandırır. Bedeninizi sergileme konusunda aşırı cömert olmanız sizi onun gözünde tek boyuta indirger, dahası sizinle ilişki yaşamak için değerli biri yapmaktan da uzaklaştırır. Erkekler sadece seksapelliğini ön plana çıkaran bir kadınla evlenmek istemezler. Bundan daha fazlasının olduğunu görmek ve bilmek isterler.

4. Doğal olun. Olduğunuzdan farklı biriymiş gibi gözükmeye çalışmak, bir şey için çok fazla çabalamış gözükmek doğallığınızdan götürür ve bu da karşı taraf için samimi bir mesaj vermekten uzaktır. Özellikle buluşacağınız bir gecede makyajınızı yaparken dudaklarınızı fazla ön plana çıkarmamaya gayret gösterebilirsiniz, dudak özellikle cinsellikle ilgili mesaj iletir. Dudağınızı hafif bir rujla renklendirip gözlerinizi ön plana çıkarabilirsiniz. Gözler dudaklara göre daha duygusal bir mesaj taşıyıcısıdır. İyi bir iletişimin sırrı da yoğun cinsellik veren sinyallerde değil duygularda gizlidir. İlk buluşma için kırmızı ruj seçmek iyi bir tercih değildir bu nedenle. Fazla iddialı fakat iddiasını sadece cinsellik üzerinden konumlandıran bir renktir kırmızı. Bakımlı ve şık gözükmenin detayları sadelik ve bakımda gizlidir. Normal bir günde kendinizi iyi hissettirecek kadar yaptığınız bir makyaj ilk buluşmada sizi kurtarmaya yetecektir. Bunun aksine özensiz ve bakımsız da olmamalısınız. Buradaki altın oranı iyi yakalamalısınız.

5. Güzel kokun. Güzel kokmak her zaman için önemlidir. Günlük duşunuzu almış olmalı ve seçtiğiniz kokuyu hafif bir şekilde üstünüzde taşımalısınız. Koku hafızası güçlü bir hafızadır. İlk günden itibaren aynı kokuyu kullanmaya özen gösterin. Yaşamınızdaki her insanı kokusuyla hatırlarsınız. Her koku bir insanla bağdaşır zihnimizde. Görmekten sonra birini anımsadığımız en güçlü duyumuz koku almadır.

6. Gülümsemenin gücünü kullanın. İlk buluşmalarda en güçlü silahınız gülüşünüzdür. Yapmacık olmayan tatlı bir gülümseme sizi güçlü ve çekici gösterir. Gülüşünüzde masumluk, zekâ ve seksiliği bir arada barındırmalısınız. Sadece seksapel bir görünüm başlı başına sizi çekici yapmaz. Fazla masumiyet aptal izlenimi uyandırır. Zekânıza fazla yaslanmanız da sizi itici gösterir. Hepsinden bir doz alıp yapacağınız karışımsa onu büyüler.

7. Geçmişin kara kutusunu açmayın. Erkekler kendinden önceki yaşantınızda hayatınıza kimlerin girdiğini, onlarla neler yaşadığınızı bilmeye de meraklıdırlar. Her erkek hayatındaki kadın için ilk olma kaygısı taşır. Bu illa cinsellik anlamında değildir. O sizin başınızı döndüren, sizi en mutlu eden ilk erkek olmayı arzular. İlk olmasalar bile hayatınıza aldığınız insanlar konusunda çok seçici olduğunuzu bilmeleri çok önemlidir. Tanışma süreçlerinde sıklıkla yapılan hatalardan biri de geçmişin çöplerinin karıştırılmasıdır. Hemen herkesin yaşam bagajında travmalar, problemler vardır. Ancak flört aşamasında görüştüğünüz birine sürekli dertlerinizden özellikle de yaşadığınız travmalardan bahsetmeyin. Geçmiş ilişki deneyimleriniz, aldatılmanız ya da aldatmanız gibi anekdotlar bir tarlaya mayın döşemekten farksız değildir. Eğer eski ilişkilerinize dair sorular yönelirse geçip gittiğine dair yuvarlak cevaplar verebilirsiniz. Üzüntülerinizden, kalp kırıklıklarınızdan dem vurmak karşınızdakinin zihninde soru işaretleri oluşturacaktır. Hatta "Özel konularla ilgili fazla konuşmak istemiyorum" gibi net bir cevapla konuyu noktalayabilirsiniz.

8. Özgüvenli bir duruşunuz olsun. Yeterli bir özsaygıya sahip olduğunuz izlenimi vermeniz yine hem ilk buluşmalarda hem de sonrasında fazlasıyla önemlidir. Gücünüzü kaybetmeyecek kadar irade sahibi olduğunuzu gösterdiğiniz takdirde sizi kaybetmekten korkar. Yani sizin bazı kurallarınız var ve sınırlar aşıldığı zaman sizi kaybedeceğini bilmeli ve sizin bunu korkusuzca sergilemeniz gerekir.

Kendinize dair şeyleri ilk buluşmada ortaya sermeyin, çok fazla ayrıntıya girip ilk buluşmada karşınızdakini boğmayın. Daha çok dinleyen taraf olmaya gayret edin. Asla eski ilişkilerinizi açmayın, günlük yaşantınızdan, diğer konulardan bahsetmeye gayret edin. Özgüvenli durun ama aşırı özgüvenli imajı vermemeye özen gösterin, bu da itici bir görünüm kazandırır size. Genel olarak vermeye çalıştığınız izlenim hayatta ideallerinizin olduğuna, mutlu olduğunuza yönelik olmalı. Kendini seven, mutlu, eğlenmeyi, hoşça vakit geçirmeyi benimsemiş kendiyle barışık bir kişilik olduğunuzun altını doldurabilirsiniz. Onun söylediklerini dikkatle dinleyin, arada "Anladığım kadarıyla sen şu konuda iyisin" diyerek onu dinlediğinizi de belli edin. Ona dair şeyleri keşfetmeye çalışın, eğer onun kıyıda köşede kalmış bir şeyini keşfedip ona söylerseniz sizi asla unutmayacaktır. İlk buluşmalarda hemen gelecekle ilgili planlar yapmayın, o söylese bile "Tabii güzel olur" diyerek geçiştirin, asla kesin tarihlerle programlar yapmayın. Size güveneceği bir izlenim yaratmaya gayret edin, size güvensin ve bazı sırlarını anlatsın. Siz de ona güvendiğinizi belli edin ama asla sırlarınızı anlatmayın.

9. İlk buluşmayı olabildiğince kısa tutun. İlk buluşmayı saatlerce uzatmayın, iki saat sonra gitmeniz gereksin ki tadı damağında kalsın. Bütün büyüyü ilk geceden bozmayın, her şeyi ilk buluşmada keşfetmek ve paylaşmak zorunda değilsiniz. "Sözüm vardı kalkmam gerek, seninle çok iyi vakit geçirdim teşekkür ederim" diyerek kısıtlı bir zamanınız olduğunu ifade edin. Bu sizi daha değerli yapar. Bir sonraki buluşma için plan yapmayın, eğer o yaparsa da "Gerçekten seninle vakit geçirmek çok güzeldi çok eğlendim ama ne zaman görüşürüz belli değil" diyerek gelecek programı havada bırakın. "Eğlence" lafını işin içine sokmaya özellikle gayret edin.

10. İlgili görünün. İlk buluşmalarda sevecen olun, ona hafif hafif dokunun. Onun fikirlerine önem verdiğinizi hissettirin, bazı şeyleri ona danışın ve fikrini sorun. Size fikrini söylediğinde "Ah ne kadar zekisin, bunu hiç düşünmemiştim" gibi takdir edici ve onaylayıcı cümlelerle onu onore edin. Eğer siz ona dokunduğunuzda arzulu bir şekilde atağa geçerse ters bir tepki vermeden yavaşlatın, sadece sıcaklık göstermek için bir dokunuş yapmak istediğinizi söyleyin. Her şeyin hafif hafif yürümesini sağlayın, acele etmeyin. Eğer acele eden o ise onu da yavaşlatın ki böylece elde edilemez imajınız güçlensin. Aslında dokunuyorsunuz ama bu illa cinsellik anlamında değil, sıcak davranıyorsunuz ama bu illa ilişki olacak anlamında değil, her şey tatlı ve sıcak ilerliyor ama hiçbir şeyin adı konmadı. Yani aslında sizi tam kazandığını düşünüyor ama aslında tam da kazanamadı. Bu belirsizlik boşluğunda kalmak erkeğin sizin için çabalamasını da uzatacaktır.

İlişkinin ilk başlarında kadının eli erkeğe göre daha güçlüdür, bunun farkında olun ve ipleri asla karşı tarafa vermeyin. Erkek yanınızda kendini mutlu ve huzurlu hissetsin, bu süreçte de sürekli bir gelecek hazırlığı içinde olmayın, zihninizdeki "Peki biz ne olacağız?" diyen sesi susturun.

11. Planlayan olmayın ve planları bozun. İlk buluşmadan sonra asla kurmamanız gereken cümlelerden bazıları "Ne zaman buluşuruz, hafta sonu da buluşur muyuz, yarın da buluşalım mı, ne zaman ararsın?" gibi beklenti ve baskı dayatıcı cümlelerdir. Vedalaşırken gülümseyerek çok keyifli vakit geçirdiğinizi söyleyerek öpüp teşekkür edin. Bu vedadaki en güzel cümleniz "Seninle çok güzel vakit geçirdim" cümlesiyle sizin anda yaşadığınız mesajını ona vermiş olursunuz. Ne geçmiş ne de yarındasınız, çok eğlendiniz ve şimdi teşekkür ederek yanından ayrılıyorsunuz. İlk buluşmadan sonra seçeceğiniz her bir kelime önemlidir, büyük büyük laflar ederek ilk buluşmanın büyüsünü bozmayın. Hem böylece yarattığınız mesafe ile onun sizi arzulamasını da kamçılamış olacaksınız. Soğuk ve ulaşılması zor bir kadın imajı çizdiğinizde erkekler sizi fethetmek isteğiyle dolup taşacaktır.

Unutmayın erkekler belirsizlikten beslenirler, belirsizlik ateşini olabildiğince harlayın.

İlk Görüşte Tanımak Mümkün mü?

Hayatınıza aldığınız insanların bir vadede sizi hayal kırıklığına uğrattığı olur. Hatta çoğumuz "Nasıl da tanıyamamışım?" ya da "Gerçek yüzünü bana hiç göstermemiş!" gibi pişmanlık dolu cümleler kurmuşuzdur.

Peki bir insanın doğasını ilk görüşte tamamıyla kavramak mümkün müdür? Hayal kırıklıklarını yok etmenin imkânı var mıdır? Bunları en aza indirmek için bazı ipuçları yakalayabilir miyiz?

İnsan söz konusu olduğunda elbette bu soruların kesin cevapları yoktur ancak yine de büyük pişmanlıklar ve kalp kırıklıklarından korunmanın incelikli yolları mevcuttur. Yaşamınıza almak istediğiniz biri varsa öncelikle onu farklı sosyal alanlarda gözlemleyebilmelisiniz. Acele etmeyin, kimse göründüğü gibi değildir. Gündelik hayatımızda, işyerimizde, aile içinde hepimiz farklı sosyal maskeler takarız. Bu sosyal maskelerin her biri başka bir kişiyi yansıtır adeta. Ailemizin yanında takındığımız tavırla işyerindeki halimiz elbette birbirinden farklıdır. Aslında sağlıklı bir kişilik özelliği olarak hemen her yerde kendi doğamıza uygun davranmalıyız. Toplum, kültür, statümüz ve yaşamdaki rollerimizden dolayı bu maskeleri kullanmaya dolaylı olarak da biraz itiliriz.

Bir erkeği sözlerinden zor tanırsınız, onu en iyi davranışlarından yakalarsınız. Örneğin güzel bir akşam yemeği için şık bir restorana gitmişken basit bir hata yüzünden garsonu azarlayan biri size pek çok şey anlatır. Aslına bakarsanız sözlerinde, kullandığı kelimelerde oldukça nazik olan birinin davranışlarındaki zorbalık, kırıcılık hemen göze çarpar. İşte bu tutarsızlık bir alarm gibi algılanmalıdır.

Kişilikle ilgili ipucu sunan şeylerden bir diğeri o kişinin ailesiyle kurduğu ilişkinin dinamikleridir. Annesine babasına ve en yakınlarına nasıl davranıyor? Onlarla sizin yanınızdayken nasıl iletişim kuruyor? Ya da bir şekilde şahit olduğunuz bir telefon konuşmasında neler söylüyor? Kırıcı mı, kollayıcı mı, umursamaz mı, saygısız mı? Eğer varsa kendi altında çalıştığı kimselere nasıl davranıyor? Annesine babasına iyi davranmayan birinin yaşamına aldığı insana da iyi davranması zordur. Bu nedenle tüm aile dinamiklerine dair edineceğiniz bilgileri sağlıklı bir şekilde akıl süzgecinizden geçirin.

Söz ve davranış tutarlılığına baktıktan sonraki adım kişilik özellikleridir. Örneğin cimri biri sadece malını sakınmaz, sevgisini göstermede de cimri olur. Cimrilik takıntılı bir kişilik yapısının göstergesi de olabilir, parasını bırakmakta zorlanan biri duygularını bırakmakta da zorlanır ve bu takıntılı olmasıyla büyük oranda ilişkilidir. Bir erkeğin cimri olup olmadığını yine basit bir gözlemle ayırt edebilirsiniz. Mesela ilk buluşma için sizi yemeğe götürmek istediği yer neresi oldu? Size hediye alma konusunda cömert mi? Alışverişlerinde tutumu nasıl? Bakiye hesaplayan bir zihin mi yoksa karşılık beklemeksizin hem duygusal zenginliğini hem de somut şeyleri paylaşan biri mi? Gizli bir ajandası var mı ve yaptıklarının karşılığını hemen alma konusunda gözünüze çarpan ayrıntılarla karşılaşıyor musunuz? Çetele tutan bir yapısı mı var? Elbette maddi olarak inişli çıkışlı dönemler yaşamamız normal, parası olmadığında salaş, daha ucuz bir yerde yemek yemenin hiçbir sakıncası da yok. Ancak ısrarla hesabı size ödetmeye çalışması dikkatli olmanız gereken bir ayrıntıdır. Parası olduğu halde hediye almaması, sizi mutlu edecek sürprizlere girişmemesi, yemeğe götürmemesi bir erkeğe cimri denmesi için yeterli olacaktır sanıyorum. Cimri bir erkek sevgisini, ilgisini ve spermini vermekte de zorlanır, bu nedenle cimri erkekler geç evlenirler, geç boşanırlar, karar verme süreçlerinde de bir çeşit cimrilik hâkimdir diyebiliriz. Cimriliğin psikolojisine baktığımızda pek çok şey sayabiliriz. Çocukluk yaşantısına ait bir sevgisizlik, kıtlık psikolojisi, genetik geçişler cimriliğin ortaya çıkmasına yol açabilir. Ancak sebep ne olursa olsun sürekli muhasebe içinde olan biri ilişkide sizi mutsuzluğa sürükler.

Birini tanımanın, o kişinin sizi ne denli ciddiye aldığının göstergelerinden biri de çizilen sınırlardır. Gecenin bir yarısında size bir kız arkadaşıyla buluşmak istediğini söylediğinde "Bu durumdan rahatsız oldum ama sen bilirsin" diyerek hoşnutsuzluğunuzu yansıtabilirsiniz. Böylelikle bu isteğin sizi mutlu etmediğini ama seçimi de ona bıraktığınızı gösterirsiniz yani sorumluluk artık sizde değil ondadır. Ancak böyle bir özgürlük talebiyle gelen bir erkek bu özgürlük talebini size de açmış demektir. Sınırların fazlaca kaybolduğu bir ilişki de çok fazla ciddiyetin olmadığının göstergesidir. Size fazla özgürlük alanı açan birinde ciddiyet yoksunluğu vardır, "Ben aslında çok ciddi bir ilişki istemiyorum" mesajı vermektedir. Bunu doğru okuyun.

Aslında bizler kelimelerimizle, davranışlarımızla ne istediğimizi ve ne beklediğimizi açıklıkla yansıtırız. En gizli eğilimlerimiz bile bir şekilde sızıntı yapar, biraz uyanık olmak bu yüzden gereklidir. "Bunu yaptı ama aslında şöyle demek istedi, bunu söyledi ama aslında çok iyi niyetli biri" şeklinde akıl yürütmeleriyle kendinizi oyalamayın. Kadınlar sezgisel olarak güçlü varlıklardır demiştik. Ancak doğalarından kaynaklanan bir çeşit saflık ve merhamet duygusu da baskındır. Sezgilerinize güvenin. Sizi rahatsız eden, aklınıza takılan ilk izlenimlere her zaman dikkat edin. İlk tanışmalar pek çok yönden size o kişinin kişiliğine dair büyük ipuçları sunacaktır. İpuçlarını iyi okuyun.

İlişkide Cinsellik Nasıl Yaşanmalı?

Cinsellik ilişkilerde daima en zor konuşulan konulardan biridir, hele ki yeni başlayan ilişkilerde bu konuda sıkça yol kazaları yapılır. Heyecana kapılıp olabildiğince erken paylaşılan cinsellik kadın açısından olumsuz sonuçlar doğurur. Çünkü erkek için cinsellik güçlü bir motivasyon sebebidir ve ne kadar geç olursa erkek bunu yakaladığında alacağı ödül duygusu da o kadar büyük olur.

Kolaylıkla elde edilen her şeyin büyüsü çabuk bozulur. Heyecanımızı ve merakımızı diri tutan insanlar genellikle zor elde ettiklerimizdir.

Bu sadece cinsellikte de değil hayatın her alanında böyledir. Emek harcanmadan elde edilen her şeyi savurmada pek maharetliyizdir insan olarak.

Erkek, doğası gereği kadına göre daha fazla cinsellik düşünür. Zaten sizinle buluşma planları yaptıysa bir vadede sizinle cinsellik yaşamak istediğini de göstermiştir. Ancak büyük soru her zaman orada durur: Ne zaman ve nasıl?

İlk cinsel paylaşım ne zaman olmalı?

Bir erkekle cinsellik yaşanmadan önce ne kadar çok vakit geçirirseniz tatmin süresini de o kadar uzatmış olursunuz. Bu arada geçen zaman otomatik olarak bağlanma süresine yansır ve ilişkinizin ömrünü uzatır. Cinsel yönden sizi elde etmesi için geçen süre uzadıkça zihni şöyle düşünmeye başlar: "Bu zor ve seçici bir kadın." Her erkek içten içe kendini diğer erkeklerle kıyaslama ve rekabet duygusunda olduğu için sizin zor ulaşılabilir olmanız onun için sizin avantajlı bir yönünüz olarak değerlendirilir.

İlişkinin ilk başlarında 63 gün ya da en azından 21 gün cinsel olarak yakınlaşmamak alışma süreci açısından önemlidir.

Sizi elde etme sürecinde verdiği emek aşkı doğurur. Sizin için ne kadar emek verirse size yönelik aşk duyguları da o kadar yüksek olur.

Erkeğin amacı sizinle sevişmek sizin yapacağınızsa bu ihtimali erteleyerek uzun vadeli ilişki olasılığını korumak ve uzun vadeli bir bakış açısına sahip olmaktır. Bu nedenle duraklatarak, yavaş yavaş ilerliyor oluşunuz çok önemli.

Bir erkek elbette sizinle sevişmek isteyecektir, hatta bunu ilk fırsatta yapma arzusuyla dolup taşacaktır. "Ay benimle sevişmek istedi, aman beni eve çağırdı!" düşüncelerine kapılıp kendinizi kötü hissetmeyin.

Cinsellik öncesinde dikkat etmeniz gereken noktalar

İlk buluşmalarınızda özellikle cinselliği çağrıştıracak ya da seksiliğinizi ön plana çıkaracak şeylerden uzak durun, konuşmalarınızda da kıyafetlerinizde de cinsellik vurgusu yapmayın. Giyiminizde fazla dekolte taşımamanız sizin kontrol sahibi olduğunuz izlenimini uyandırır. Bedenini gösterirse sadece bana gösterir düşüncesinin oluşmasını sağlayın. Eğer konu açılırsa da sert bir dille reddetmeden nazikçe kapatın ya da geçiştirin. Sanki hiç olmayacakmış imajı vermeden ama buna da dünden razı görünmeden davranmayı tercih edin. Olacak ama ne zaman olacağı hiç belli değilmiş gibi davranın. Süreci belirsizlik içinde götürmeniz gerekli.

Erkek, cinselliği bir an evvel yaşamak adına pek çok şeyi deneyecektir. "Evde buluşalım mı, film izleyelim mi, gel sana gidelim daha rahat ederiz..." gibi davetlerini tatlı tatlı geri çevirerek yeteri kadar zaman kazanmaya çalışın. Sizinle evde buluşmaya çalıştığında çok güzel bir kafe keşfettim gel orada buluşalım gibi taktiklerle ilerleyebilirsiniz. İlk buluşmalarda erken kaçmak, bir şekilde işinizin çıkması heyecanı tetikleyen şeylerdir. Bazen sizi elde edemeyeceğini düşünsün, bazen sizi kaybettiğini sansın, bunlar sizin gizemli görünmenize yol açar. Bırakın sizinle ilgili zannetmeleri çoğalsın, tüm bunlar erkekteki duygusal yoğunluğu büyüten şeylerdir.

"Endişelenme, bana güven" sözlerini çok sık duyacaksınız. ENDİŞELENİN VE GÜVENMEYİN.

Eğer biri sizden gerçekten hoşlanıyorsa sizinle vakit geçirmekten de hoşlanacaktır. Sadece cinsellik değil sizinle vakit geçirmek de onun hoşuna gidecektir. O yüzden sizinle vakit geçirmesine de izin verin. Eğer sizden gerçekten hoşlanıyorsa sizinle nasıl vakit geçirdiğine dikkat etmeniz de çok önemli.

Eğer gerçekten değer görmek istiyorsanız ilk zamanlarınızda özellikle cinsellikle ilgili konuşmalar yapmayın. "En sevdiğiniz sevişme müzikleri, en sevdiğiniz pozisyonlar, en uçuk fantezileriniz" konuşmalarınızdaki konu başlıkları olmasın. "Birlikte dışarıda yemek yemeye gidelim, hadi gel sahilde yürüyüş yapalım, çok iyi bir sergi var hadi birlikte gezelim" şeklinde aktiviteler planlayabilirsiniz.

Cinsel birlikteliğin gerçekleşeceği ana kadar yan yanayken yoğun olarak yakınlaşmaktan, öpüşüp koklaşmaktan kaçınmanız lazım. Ufak öpücükler vermek ve sonrası için acele etmemek en güzel yol. Onu eve davet edeceğiniz zamanlar dışarıya çıkmak için buluşacağınız zamanlar olsun ki evdeki zamanı kısıtlı tutabilin. Örneğin bir akşam yemeğine gidecekseniz "Gel bak bir kahve içelim sonra gideriz" diyerek hem yavaş yavaş hayatınızı, yaşadığınız alanı açabilir, evde varsa kedi köpeğinizle tanışmasını sağlayabilir, yabancılaşmanın da önüne geçmiş olursunuz. Eve sonrasında bir programınız varsa davet edin özetle.

Buluşmalarınızda eski sevgililerinizden bahsetmeyin. Eski ilişkilerinizden, eski sevgilinizin size yaptığı kötü şeylerden söz etmeyin. Sizi zavallı ve değersiz gösterecek hiçbir şeyi anlatmamanız lazım. Eski sevgilinizi sorarsa "Aman uzun ve sıkıcı bir hikâye, anlaşamadık, sonra ayrıldık" diyerek konuyu kapatın.

Bir şekilde sizi öpmeye çalıştığında "Aman bırak beni ne yapıyorsun?" gibi büyük tepkilerle yaklaşmayın. "Dur, kes, bırak!" gibi kelimelerle değil vücut dilinizle durdurmayı bilmeniz lazım. "Hadi kalk geç kalıyoruz" ya da "Ah bak şunu halledelim sonra çıkarız" diyerek uzaklaştırın. Böylelikle hem kontrolü elinizde tutarsınız hem de katı bir sınır çizmediğiniz için bir şeyleri belirsizlik içinde bırakırsınız. Aslında beklemenizin amacı hem size alışmasını sağlamak hem de nasıl biri olduğunu gözlemek için yeterince zaman kazanmaktır. Reddedildiğinde neler yaptığını görmek için tüm bu süreçleri yaşamanız önemlidir.

İlk cinsel paylaşıma kadarki süreçte özellikle üzerinde çalışmanız gereken şey iletişimdir. Ne sıklıkla iletişim kurmalıyız, nelerden bahsetmeliyiz? Whatsapp'ta çevrimiçi olduğu halde mesajınıza dönmediğinde telefonun başında cevap yazmasını beklemeyin. Belki o akşam ya da size yanıt yazdığında siz de mesajını geç görün ve geç cevap verin. Dengeyi korumaya özen göstererek onun sizi bekletmesinin karşılığında siz de onu biraz bekletin. Ancak telefon konuşmanızda ya da yazdıklarınızda herhangi bir kırgınlık havası olmasın, her zamanki tatlı ses tonunuzu, kelimelerinizi kullanın. "Çevrimiçiydin ama dönmedin" cümlesi asla kurulmaması gereken cümlelerden biri, çünkü bunu diyerek aslında tam olarak şunu söylemiş oluyorsunuz: "Benim işim gücüm yok, her şeyim sensin, oturdum saatlerce bana mesaj yazmanı bekledim." Bu cümle doğrudan birisinden duyduğunuzda korkup kaçmanıza yetecek cinsten değil mi? Merakla arzuladığınız birisinin size bu denli açık ifadeler kullandığını kısa da olsa hayal edin. Aslında kadınlar da en az erkekler kadar elde etme güdüsünün peşine düşerler. Ancak kadınlar daha sabırsızdır ve her şeyin hızlıca netleşmesini umarlar. Meseleyi netleştirme çabasında da bazen kontrolü kaybederler. Bu kaçma kovalama serüveninde genellikle işler kontrol kaybedilince bozulur.

İlk cinsel paylaşıma dair yapmanız gerekenler

Cinsellik sırasında biraz çekingen olmanız, utangaç olmanız, vücudunuzu göstermeye çok açık olmadığınızı göstermeniz çok önemli. Eğer seviyorsanız bile seks oyuncaklarınızı, özel kıyafetlerinizi hemen çıkarmamanız lazım. Kaçıncı deneyiminiz olursa olsun ilk seferde her zaman çekingen davranın. Biraz yönetimi karşı tarafa bırakın, siz kadınsınız o erkek. Enerjisel anlamda bu dengeleri korumanız, bir erkeğe dönüşmemeniz çok önemli. O sizi ikna ediyor gibi gözükmeli. Aslında oyunu siz kuruyor olsanız bile oyunu yönetenin o olduğunu düşündürmelisiniz. Sizi avladığını düşündürtmelisiniz, utanıyorsunuz ve o sizi ikna ediyor.

Asla önceki cinsellik deneyimlerinizden konuşmak yok. Yan yana geldiğinizde kıyafetlerinizi bir kenara atıp birleşme pozisyonuna geçmek yok, bırakın sizi o soysun.

Geceniz nasıl geçerse geçsin asla cinsel performansı ile ilgili küçümseyici, incitici bir şey söylemeyin. Hafif kokular ve feminen şeyler çok etkilidir ama abartmayın. Sürekli "Bunu doğru yaptım mı, buna ne dersin?" gibi şeyler de söylemeyin, anın büyüsünü bozmayın. Eğer evinde kalacaksanız ve beraber uyuyacaksanız hazırlıklı gelmiş gibi olmayın, diş fırçası ya da yedek tişört gibi şeylerinizi almayın ve götürmeyin. Hatta kalmasanız ve evinize dönseniz çok daha iyi olur.

İlk birleşmeden sonra "Hep seni bekliyordum, bunun olacağını biliyordum" gibi şeyler söylemeyin, sanki o sizi baştan çıkarmış gibi yapmanız lazım. Çok güzeldi, keyifliydi gibi şeyler söyleyebilirsiniz.

Ona çok deneyimli olduğunuzu hissettirmeyin. Eğer bir erkek sizi cinsel açıdan kendisinden daha deneyimli bulursa sizinle uzun ilişki yerine daha kısa süreli ilişki düşünmeye başlar. Çünkü erkeklerin çoğu bunu kendi erkeklikleri için zedeleyici bulur.

Her erkek sizi cinsellikle çok mutlu etmeyi, çok iyi hissettirecek, sanki ilk defa onunla birlikte olmuş gibi mutlu olmanızı ister. Size muhteşem duygular yaşattığını bilmek ister. Bu nedenle ilişkinin ilk başlarında ben çok hazırım, bunu çok istiyorum ve çok seksiyim havalarında olmamanız önemlidir.

Aranızdaki cinselliğin çok iyi olması, sizinle muhteşem seks yapması aslında hiçbir şeyi garantilemez. Bir erkeğin sırf sizinle iyi seks yapıyor olması sizi önemsediği anlamına gelmez ya da cinsellik sadece başlı başına sizin önemsenmenizi de sağlamaz.

Cinsellik konusunda eğer bu kişi agresif tavırlar sergiliyorsa "Ben sert, agresif durumlardan hoşlanmıyorum" diyebilirsiniz. Eğer bu kişi birlikte olacağınızı ama geceyi sizinle geçiremeyeceğini söylüyorsa sizinle alakalı mesafeli duracağını zaten baştan söylemiş oluyor. Kalamam diyorsa "Zaten kalacağını kim söyledi?" diyerek hatta cinselliği de yarıda kesip bir şekilde onu göndermeye çalışın. Eğer çok çapkın biriyse onunla çok uzun vakit geçirdikten sonra cinsellik yaşayın.

Cinsellik sonrası iletişim nasıl olmalı?

Cinsellik sonrasına dair çok önemli bir nokta daha var. Erkek ilk birleşmeden sonra şöyle bir beklentiye girer: Siz ona çok bağlanacaksınız, çok yüksek duygular hissedeceksiniz, her gün aramaya başlayacaksınız, onsuz yaşayamayacağınızı düşünecek. Hayır, bunları ona hissettirmeyin o yüzden tam tersi gibi davranacaksınız. Eskiden nasıl davranıyorsanız o şekilde davranmaya devam edin. Ne aramalarınızı artırın ne de daha fazla mesaj atın.

Erkekler mutlaka bağlanmayı ertelemek ister o yüzden geri çekilebilir. Siz de bağlanma isteğinizi çok göstermemeli, bir adım geride durmalısınız. İlk birleşmeden sonra onun en çok bekleyeceği şey sizin her an onunla görüşmeye müsait olmanızdır. Sizin cinsellikten sonra üzerine düşeceğinizi, daha fazla ilgileneceğinizi de düşünecektir, asla bunları yapmayın. Sürekli meşgul ve bir koşturmaca içinde olun, her aradığında telefona cevap vermeyin, siz meşgulken ararsa onu geri arayacağınızı söyleyin. Yani siz hiçbir şey yaşanmamış gibi bir hayat koşturmacasının içindesiniz ve kendi hayatınızla meşgul olmaya devam ediyorsunuz. Bir gecede yaşadığınız şey üzerinden sizin bağımlı ve fedakârlık üretici olmadığınızı görmesi lazım. Siz artık bütün her şeyinizi ona bağlamış gibi olmamalısınız. Kendine güvenmeyen biri gibi değil sakin ve havalı bir kadın olarak görünmelisiniz. Sizi asıl bağlılığa götürecek şey budur. Siz bunları yaptıkça erkek ilk birleşmeden sonra "Artık bana ait oldu, tüm gün beni araması lazım, tüm gün benimle ilgilenmesi lazım ama neden diğerleri gibi peşime düşmedi?" diye düşünecek. Onun peşine düşmediğinizi görmeli.

Eğer sakin kalıp kendi hayatınıza odaklanırsanız ister istemez size farklı bakmaya başlar, o zaman da sizinle olan ilişkisini güvence altına almak ister. Çünkü cinsellik yaşandı diye sizin bağlanmadığınızı biliyordur. Sizi bağlamak için daha başka şeyler yapması gerektiğini bilir. Burada aslında sihirli nokta tam da budur. Yaptığı her şeyle sizi bağlamak isteyen erkek siz ne kadar kendinizi teslim etmezseniz o kadar çabalar. Ta ki sizi elde edinceye kadar.

Aslında pek çok kadın erkekle hızlıca beraber olmanın kendi değerini düşürmek olduğunu düşünür. Ancak yine de bu süreç sizin için hızlı geliştiyse ve birlikte olduysanız bundan sonraki süreçte çok bağlanmamış gibi davranmaya özellikle dikkat edin. Taleplerde bulunmayın, biz şimdi neyiz sorusunu sormayın, her an müsait olmayın. Evet cinsellik yaşadınız ama bu çok büyük bir bağlılık geliştirme gerekçesi değil. Cinsellik yaşamaya anlam yükleyen şey sizin ondan sonraki çok bağlı tavrınız oluyor. Bana sorarsanız cinselliği çok erken yaşamayın derim ama bir şekilde yaşadıysanız da sanki her şey normalmiş, ondan önceki iletişiminiz nasılsa öyle devam ediyormuşsunuz gibi davranın. Erkekler çabayla elde ettikleri her şeye saygı duyarlar. Bu yüzden cinsellikten sonra da sizin için çabalamalı. Seksten sonra da aslında her şey yepyeni, bunu düşünüyor olmaları çok önemli.

Erkeğin ilgisini çeken şey tamamen kontrol edemediği şeylerdir. Cinsellik yaşandıktan sonra mutsuz ve keyifsizseniz, ona bağlı ve aramasını bekler gibi davranırsanız sizi kontrol ettiğini düşünür. Aramadan, haber vermeden size gelmesine izin vermeyin, çabalamasını sağlayın. Asla gece geç saatlerde sadece birliktelik için buluşacağı biri olmayın. Sizinle buluşmak istiyorsa uzun vakitler geçirmeli, sadece bir saat için sizinle görüşememeli. Kısa zamanlar için sizinle buluşmak istiyorsa güzelce reddedebilirsiniz. "Kısıtlı zamanlarda organize olamıyorum, daha uzun vaktimiz olduğunda rahat rahat görüşürüz tatlım" diyerek tavır yapmadan ve sizinle daha uzun buluşması için ısrar etmeden görüşmeler ayarlayın. Onunla görüşmeyeceğinizde mutlaka arkadaşlarınızla programlarınız olsun ya da o size vakit ayıramıyorsa sizin de mutlaka başka programlarınız olsun. Eğer özelinizi biraz korursanız, nerede olduğunuzu bilmezse sizi merak etmesini sağlarsınız, böylece onun hayal gücünü harekete geçirirsiniz.

Cinsellik sadece kadınlar için değil erkekler için de bir bağlılık unsurudur ama kadınınkine göre daha hafif bir bağlılık çeşididir. O yüzden sizin cinselliği bağlılık unsuru olarak çok fazla göstermemeniz en önemli nokta. Mutlaka gizeminizi koruyun. Bazen cinselliğin seyrek ve beklenmedik anlarda olmasını sağlarsanız ilişkinize etkisi de yoğun olur. Cinselliği belli bir rutin üzerine oturtmayın, örneğin her çarşamba buluşma gününüz olmasın.

Bu süreçlerde yaşanan iletişim taktiklerine dair bana sıklıkla sorulan sorulardan biri de telefonun geç açılması konusu oluyor. Telefonu geç açma gerekçesi olağan sebeplerden kaynaklanabilir, böyle bir durumda tavır yapmadan belki ertesi gün belki de birkaç gün sonra benzer davranışı yaparak siz de telefonu geç açın. Ancak geri döndüğünüzde yine nazik bir şekilde "Duymamışım hayatım" deyin. Bunu trip atarak, "Sen bana yapmıştın, şimdi ben de sana yapıyorum!" havasına girmeden söyleyin. Böylelikle ona karşılaştığınız durumda hissettiklerinizin bir aynalamasını yaparsınız, çünkü hemen hemen hepimiz özellikle de erkekler sözlerden bir yere kadar etkilenirler. Erkek negatif davranışlarını kadında görmeye başladığında onları düzeltme yoluna gider, zamanla da bu olumsuz davranışlar kaybolur. Bir erkeği olumsuz davranışlarından dolayı eleştirmek yerine ona bunun karşısında oluşan duygularınızı hissettirin. Bu oldukça işlevsel bir aynalama yöntemidir. Sabahları uyandığımızda da, gün içinde de saçımıza başımıza çekidüzen vermek için aynaya bakarız. Siz de zaman zaman bir ayna gibi yansıma yapın.

İletişimin tıkandığı yerlerde sakın tavır, trip yapmayın. Trip kadar insanı uzaklaştıran başka bir şey yoktur herhalde. Erkekler kıskandırmayı severler. Bunu fark ettiğinizde trip yapmayın, oyununu görün ve ona uygun kartlarla devam edin.

Hepimizi bizi sarmalayan, kucaklayan ancak her şeye rağmen de sınırını koruyan insanları hayatımızda tutmayı isteriz. Duygularını net ifade edebilen, bu netlik karşısında kırıldığında da uzaklaşabilen yani sınırlarını koruyabilen bir birey olarak var edin kendinizi. Ancak bunları öfkeyle değil sevgi ve şefkatle yapabilin.

Unutmayın erkekler sizi garantileyeceği ana kadar zorlamak isterler. Bu garantiyi ona ne kadar geç verirseniz ilişkinizin ömrünü de o kadar uzatmış olursunuz.

İlişkiyi Başlatmanın ve Sürdürmenin Altın Değerindeki Püf Noktaları

Eğer hayatınızdaki kişiyle ciddi bir ilişki başlatmak niyetindeyseniz ilk kuralımız şu:

Bu ilişki fikri size ait değil onun istediği bir şey olmalı!

Sizin ilişki başlatma ve bazı şeylerin adını koyma konusundaki telaşınız erkeği korkup kaçıran bir tavırdır. Başka insanların onayını alma konusunda çok endişeli olmanız ya da özgüvensiz bir duruş sergilemeniz erkeğin size duyduğu saygıyı azaltmasına neden olur. Bir erkeği ne kadar görmezden gelirseniz o da o kadar sizin güveninizi ve onayınızı kazanmaya çalışacaktır. Eğer tam tersi bir duruma düşer ve onun onayını almak için çabalayan siz olursanız kör noktaya itilir ve savunmasız pozisyona düşersiniz. Kendi başının çaresine bakabilen, kendine yetebilen, karar alma mekanizmasını ve üstünlüğü erkeğe bırakmayan kadın erkeği evliliğe ikna etme konusunda da elini güçlü tutacaktır.

Bir erkek için ne kadar gizemli olursanız, ne kadar şifreleriniz çözülemezse, güvensiz taraflarınız tespit edilemezse o kadar kolay okunabilir değilsiniz demektir. Erkek sizi keşfetmek için sürekli bir şeyler yapmalı çünkü sizin henüz bazı noktalarınızı bilmiyor, bildiklerinden de emin değil. Sizi yüzde yüz ele geçiremeyeceği için, sizi kazanmak ve ilgisini üzerinizde tutabilmek adına devamlı ve tutarlı bir ilişki sürdürebilmek için ilk adımı atan o olacak. Siz tamamen ilişki kafasında olmadan ona bir şey vermemelisiniz. Daima çabalayan biri olmayın. Eğer sizinle ciddi bir birliktelik niyetindeyse sizin çözülemez taraflarınızı görüp bir adım atacaktır.

Bir şekilde erkek kadının zayıf, yapay ve güvenilmez olduğunu düşündüğü zaman o ilişki için çaba gösterme ihtiyacı hissetmez. O yüzden kendi eğlencesine dönmeye de meyilli olur ya da isteksiz bir hale gelir. Ya da kadın bir erkek için çok fazla çabaladığını gösterirse erkek bu sefer benim zaten bu ilişki için çok emek vermeme gerek yok diye düşünür. "Zaten beni istiyor, ben hiçbir şey yapmasam da benimle ciddi bir ilişki istiyor, zaten benimle evlenmek istiyor" düşüncelerini erkeğe vermemeniz gerekiyor.

İlişkiniz başlar başlamaz sanki çok iyi bir ilişkinin içindeymişsiniz gibi davranmayın. *Bir Erkek 10 Günde Nasıl Kaybedilir* filmini izlemişsinizdir, izlemeyenlere de izlemelerini öneririm. O filmde ilişki başlar başlamaz kadın diş fırçasını erkeğin evinin banyosuna koyuyor ve ben de bu evde yaşıyorum, buraya yerleştim mesajını veriyordu. Gün içinde defalarca arıyor ve sürekli plan program yapma konusunda ısrarcı oluyordu. Tüm bunlar sonunda da gerçekten de 10 günde erkeği kaçırıyordu. Bağlılık ciddiyeti üzerine konuşmak ve bunu vurgulayan davranışlarda bulunmak erkeğin hızla hayatınızdan uzaklaşmasına yol açar.

Erkek, özgürlüğünün baskı altına alındığını hissettiği an içinden tek bir dürtü yükselir: Kaçmak!

İlişkinizin başında çok hevesli ve mutluluğunuzu sergileme konusunda fazla istekli olarak onu arkadaşlarınızla tanıştırmaya çabaladığınızda da olacak olan yine budur. Arkadaş ve sosyal çevrenizle tanıştırma konusunda aceleci olmayın. Size kendisinden arkadaşlarınıza bahsedip bahsetmediğinizi öğrenmeye çalıştığındaysa şunu söyleyin: "Aslında ben özel hayatımdan bahsetmeyi çok fazla sevmem." Sakın ola ki kız arkadaşlarınıza yaptığınız onun hakkında saatler süren telefon konuşmalarınızdan bahsetmeye kalkmayın. Ola ki bir şekilde arkadaşlarınızla tanıştırmanız gerektiğindeyse erkek arkadaşım diye takdim etmeyin, ismini söyleyerek tanıştırın. Kendisi sizi kız arkadaşım diye takdim ettiğinde aşırı tepkiler vermeyin, "Ne? Senin kız arkadaşın mıyım ben?" gibi saf ve aşırı sevinçli tepkiler vermekten uzak durun.

Ona olan aşırı ilginizi bakışlarınızla ve beden dilinizle de yansıtmaktan biraz kaçının. Kelimeleriniz başka bir şey söylerken bakışlarınız başka şeyler söylemesin, hülyalı bakışlarınızı gizlemeyi öğrenin. Romantik ataklar yapmaktan kaçının, hızlı ve ani romantik sürprizler özellikle ilk başlarda erkekleri korkutur. Bir süre hiçbir şey yapmayın. Telefonlarınız, mesajlarınız kısa ve öz olsun, hemen ilanıaşk havalarına bürünmeyin. Mesajlarınız sıcak olsun ama seni seviyorum ya da sana âşığım gibi şeyler söylemeyin. Mesajlarınız "Selam tatlım, seni özlediğimi söylemek istedim, şimdi kendi işlerime dönüyorum" gibi hem onun hayatınızda olduğunu hatırlatacak hem de sizin kendi gündeminizde olduğunuzu vurgulayacak cinsten olsun. Ayrıca böylece elde edilemez ve ne olduğu belirsiz bir hava da yaratmış olursunuz. Evinde kullanması için hediye almayın, objeler ya da tasarım ürünler hediye etmeniz onun evinde bir yerleri işgal ediyorsunuz imajı yaratabilir.

Aklınızdan çıkarmamanız gereken altın kural şudur: Erkekler kadınları elde etmek için bir şeyler yapmalıdır, kadınlar değil. Kadınlar ne kadar geç elde edilirse ve ne kadar geç bağlılıktan bahsederse o kadar güçlü ve evliliğe giden bir ilişki kurulmuş olur.

Erkek ilişkinin ciddiyeti üzerine konuşmaya başlamadan ailesiyle tanışma çabasına girmeyin. Ailesi hakkında çok fazla soru sormayın hatta bu konuyu dışarıda bırakmanız çok daha etkili olur. İlişkinizi her yerde herkese anlatma gayretinde de olmayın. Heyecanınıza sevdiklerinizi ortak etmek isteyebilirsiniz ama temkinli olmakta da fayda vardır unutmayın.

Kendinize de bu sürecin bir tanıma safhası olduğunu hatırlatın. "Bizi bir araya kader getirdi, ruh eşimi buldum" hayallerine kapılıp gerçeklerden kopup ayaklarınızın yerden havalanmasına engel olun. Belki hepimiz biraz safça hissettiğimiz duyguları yüksek duygularla ve büyük cümlelerle ifade etmeyi severiz ancak özellikle âşıkken kimyamızın değişmesinden kaynaklanan bu yüksek duygular belli bir zamandan sonra puf diye sönebilirler. Hemen hepimiz ilişkilerimizde deneyerek bunu görmüşüzdür, yüksek duygular sürekli ve sonsuza değin kalıcı olamazlar. Bir zaman sonra dönüşürler ve yerini sevgi, şefkat, dostluk gibi daha gerçekçi ve anlamlı duygulara bırakırlar. "Sen benim aşkımsın, ben seninle evlenirim, yıllardır beklediğim o kişi sensin" gibi cümleler bırakın saklandıkları yerde kalsın. Aksi takdirde Pandora'nın kutusundan çıkan kötülüklerden farkı olmayacaktır erkek için ve diğer tüm güzellikleri görmesini engelleyecektir.

İlişkinin başında asla terapi seanslarınızdan, kullandığınız ilaçlardan bahsetmeyin. Olumsuz deneyimlerinizden, yaşadığınız travmalardan da söz etmeyin. Özelikle ilk zamanlarda bundan kaçının çünkü bunları ilerleyen vakitte sizin aleyhinize kullanabilir.

Kendinizi olduğunuzdan fazla büyütecek cümleler kurmayın. "Ben ilişkilerde asla yalan söylemem, ben çok güvenilirimdir, ben hayır işleri yapmayı çok severim, yoksullara her zaman yardım ederim" gibi cümleler kendi üzerinizde gezdirdiğiniz bir büyüteç gibi kişiliğinizi ve imajınızı eğip bükerek çarpıtır ve otantik varoluşunuzun üzerini örter. Hem de itici bir şekilde. Kendinizi olduğunuzdan daha iyi gösterme çabası karşıdakini aksi yönde düşünmeye de iter üstelik. Şöyle düşünün, sürekli samimiyetten bahseden birinin samimiyetten uzak olduğuna denk gelmek ya da insanlara sürekli yardım ettiğini söyleyen birinin sürekli para hesabı yapması bir aynanın kırılması gibi o kişinin imajının sahteliğinin dağılması ile sonuçlanır. Kendinizi övmeye ayıracağınız vakti karşınızdakini dinlemeye ve keşfetmeye ayırın. Bırakın o da sizi keşfetsin ve övecekse de o övsün, siz değil.

Sizi evine davet ettiğinde -ki ilk buluşmalar zaten evde olmamalı ve olabildiğince evine geç gitmelisiniz- evinde eşyalarınızı bırakmayın, evin dekorasyonu ile ilgili düzenlemeler yapmaya girişmeyin, ev eşyası, havlu, çarşaf gibi şeyler almayın. Onunla ilgili kararınızı net vermişsiniz ve her şeyi kafanızda bir yere oturtmuşsunuz gibi davranmayın. Erkekler aşkı ve özel olan kadını ararlar ve bu kadın ne kadar az istekliyse o kadar iyidir. Ne kadar az şansı olduğunu düşünürse o kadar heveslenir, ona şansının az olduğunu bir şekilde hissettirin ve bu his hep canlı kalsın. Kendinizi ne kadar az satmaya çaba gösterirseniz o kadar özgüvenli görünürsünüz, kendinizi satmaya gerek yok, siz zaten varlığınızla çok özelsiniz.

Geceleri sizi arama konusunda çok rahat olmamalı. Uyuduğunuz saatlerde aradığında cevap vermeyin, özellikle ilk zamanlarda. Sürekli ulaşılamaz olmayın ama arada aradığında telefonu açmayın. Geri döndüğünüzde de tatlı tatlı konuşun. Devamlı sizin nerede olduğunuzu tahmin etmesine izin vermeyin. Amacınız kendinizi sürekli açık etmek olmasın, onu çözmek olsun. Bu sırada da kendinizi gizleyin ki o sizi çözmeye vakit harcarken siz yeterli keşfi yapmak için arazide dolanabilin. Bu size vakit kazandırır. Diyelim gündüz aradığında akşam ne yapacağınızı sordu, siz de "Hiçbir şey yapmıyorum, seninle konuşuyorum" dediğinizde tüm güç ona geçmiş olur ve merakını öldürmüş olursunuz. Sizi merak etmeli, daima. Sizi her aradığında sürekli bir şeylerle uğraşıyormuşsunuz gibi yapın, devamlı bir gündeminiz olsun ve siz hep meşgul olun. Onu aradığınızda ve ulaşamadığınızda "Neden telefonunu açmadın, neden sessize aldın, seni çok merak ettim neden saatlerdir aramadın?" diyerek bir avcı gibi beklemeyin. O geç açtığında siz de geç açın ama özellikle ilk zamanlarda sakın zamanlama sorgulamasına girmeyin. "Çevrimiçiydin ama bana yazmadın" cümlesi sizin işinizi gücünüzü bırakıp telefon başında onun aramasını ya da yazmasını beklediğinizi gösterir. Neden onun çevrimiçi olduğunu takip edecek kadar vaktiniz olsun ki? Bunları söylemekten kaçınmak bir yana kendinizi ve gündeminizi onun sizi aramasını bekleyen bir ruh haline sokmamalısınız. Bu duyguyu siz değil o taşımalı.

Kadınlar erkeklere güvendiğini hissettirdiğinde erkekler kendini güçlü ve değerli hisseder. Ona inandığınızı gösterin, söylediklerini didikleyip yalan söylüyormuş gibi bir algı yaratmayın.

Kafanızda soru işaretleri yaratan davranışlar sergilediğinde siz ne yapmalısınız?

◆ Onu belli bir saatte arayacağınıza dair söz verdiğinizde dediğiniz saatte arayın. Siz arayıp da ulaşamadığınızda ve birkaç saat sonra geri döndüğünde siz de onu bir süre bekletin. Onun davranışlarını taklit edin ama bunu kısasa kısas gibi yapmayın. Bedel ödetin ama tavırla değil davranışla yapın bunu.

◆ Yaptığınız bir planı ertelediğinde sınırlarınızı belirleyin. Diyelim 17.00'de buluşacaktınız, sizi aradı ve 19.00'a aldı, hemen sonrasında ise saat 21.00'e çekti. İlk ertelemeyi kabul edin ama ikinci erteleme önerisini sunduğunda "Biz istersen başka bir gün buluşalım" deyip reddedin.

→

- Son dakika planlarına uymak için çabalamayın. Sizi 21.00'de arayıp 22.00'de buluşalım dediğinde erken yatacağınızı ve planları daha erken yapabileceğinizi söyleyin.

- Sizi sürekli geç saatlerde arıyorsa açmayın. Sizinle sadece cinsellik yaşamak üzere belli bir vakit yaratmak istiyorsa kabul etmeyin. Bunu da yine daha çok vaktiniz olduğu bir akşamda buluşmak istediğinizi söyleyerek yapın, dar zamanda organize olamayacağınızı ifade edin. Daha geniş bir vakitte görüşmek istediğinizi söyleyerek geçiştirin.

- Eğer şehir dışına ya da uzaklara gittiğinde sizi aramıyorsa geri döndüğünde de size ulaşamasın.

- Size sürekli huysuzluk yaratıyorsa daha keyifli olduğu bir zamanda görüşmek istediğinizi söyleyin. Ya da yanağından tatlı bir öpücük alıp "Benim eve geçmem lazım" diyerek yanından kalkın.

- Sürekli iletişim halindeyken bile bazı aramalarına cevap vermemeniz sizi çekici yapar.

- Hoşlanmadığınız bir şey olduğunda "Bu beni rahatsız etti" diyerek kendinizi ifade edin.

- Erkekler sizin bir parçanıza ulaşamadıklarında mutlu olurlar. Her zaman hazır olmayın, bazen işim var deyip geri çekilin.

İlişkide Cazibe Yaratmanın Yolları

Erkek hayatındaki kadının yaşam sevincini görmek ister. Yanında sürekli depresif duran, sürekli şikâyetlenen biriyle kimse birlikte olmak istemez. Erkeğin hayatında sabit bir konum elde etmek istiyorsanız onun yaşamına katkıda bulunmalısınız. Bu bazen beraberce bir hobi edinmek olabilir bazen de birlikte özel programlar oluşturmak. Birlikte tenis oynamak, birlikte yeni bir diziye başlamak, hiç bilmediğiniz bir yeri keşfetmek örneğin. Burada biraz da her şeydeki kararlı olma tavrınızı koruyarak onun gelip sizinle plan program yapmasını, bazı konularda size bir şeyler danışmasını sağlamanız gerekir.

Kendi hayatıyla ilgili basit şeyleri bile size danışmak istemesini nasıl sağlayabilirsiniz? En basitinden siyah kravat mı kırmızı kravat mı yönlendirmesi bile sizin ilişkinizdeki konumunuza dair fikir verebilir. Özel alanını ihlal ederek hayatındaki her şeye müdahale etmekten bahsetmiyorum, çünkü bazı erkekler özellikle iş hayatıyla ilgili ya da hayatındaki büyük değişikliklerle ilgili sürekli tavsiye almaktan hoşlanmayabilirler. Erkeğin sizin gözünüzde güçlü, kendi ayakları üzerinde durabilen ve karar alabilen imajınızı zedeleyecek hiçbir şey yapmayın. Size fikrinizi sorduğunda nazikçe fikirlerinizi "Bu konuda şöyle yapsan belki de senin için daha iyi olabilir" şeklinde zorlamadan ifade etmek yeterli olacaktır.

Erkekler takdir edilmekten çok hoşlanırlar. Hoşunuza giden bir şey yaptığında cömert bir şekilde bunu söyleyin. Bu her zaman büyük bir başarı olmak zorunda değil. İçlerindeki küçük erkek çocuğunun başını okşamasını da bilin. Buna bazen yaptığı bir muziplik, ince bir espri de dahil olsun. Giydiği bir gömleği yakıştırmanız, sabah kahvaltısına hazırladığı bir omlet kısaca hayatın doğal akışında karşılaştığınız bu detaylara incelikli yaklaşın ve onları yakalayarak karşınızdakini yüceltecek ve iyi hissettirecek birer yansıtmaya çevirin.

Hayatınızdaki erkeğin küçük zevklerine hizmet etmeyi bilin. Mesela küçük arabalardan oluşan bir koleksiyonu varsa koleksiyonunu genişletmeye yardımcı olun. Her insan özel hissetmek ister ancak bunu sıklıkla yaptığınızda da bir anlamı kalmaz. Arada sırada onu özel hissettirecek şeyler yapmanız sizin de diğerinin gözünde değerli olmanızı sağlar. Üstelik bu yapacağınız hamleler özel ilgi alanlarına yönelik ve onu şaşırtacak cinsten olmalı. Unutmayın bir insan derinliğinin görülüyor olmasından çok hoşlanır. Birinin özellikle hoşlandığı ve kafa yorduğu bir odak noktasına yönelik yapacaklarınız her zaman ilgi çeker ve size o kişinin gözünde cazibe kazandırır.

Takdir etme noktasında eklemem gereken şey kişinin sözlerini değil davranışlarını takdir etmenizdir. Sözler uçar gider, kalıcı olan eylem ve davranışlardır. "Bugün ailenin yanında bana çok sıcak davrandın, bu benim çok hoşuma gitti" ya da "Arkadaşlarının yanında iş meselesiyle ilgili söylediklerimi tatlılıkla yanıtladın, çok teşekkür ederim, çok mutlu ettin beni", "Geçen günkü meselede sinirlerini çok iyi kontrol ettin, seni tebrik ederim" demek gibi... Onun size söylediği "Sana bundan sonra daha anlayışlı davranacağım" cümlesini değil bu cümleyi uygulayarak gösterdiği davranışını takdir edin.

Erkek arkadaşınız kendi arkadaş grubuyla bir gece vakit geçirmek istediğinde, sıklıkla arayıp programını sabote etmeyin. Hatta sizin aramadığınızı gördüğünde kendisi sizi arayacaktır. Tatile ya da iş seyahatine gittiğinde genellikle erkekler hayatlarındaki kadın tarafından aranacağını, kontrol edileceğini düşünebilirler. İşte tam da buralarda ters köşe yapın ve aramayın. Kadın ne kadar kaçarsa erkek de o kadar kovalar.

Bir erkek size ne kadar duygusal yatırım yaparsa onun hayatında da o kadar kalıcı ve uzun soluklu olursunuz.

Sizi arayacağını söyleyip size geri dönmediyse "Aramanı bekledim ama şimdi yatıyorum" diyen kısa bir mesaj yollayın. Ertesi gün sizi aradığında mutlaka ilginizde ve geri dönüşlerinizde düşüş olmalı. Genel olarak sıklıkla yapılan hatalardan biri karşı tarafa ulaşılamadığında kadının daha çok araması ya da mesaj atması oluyor. Arama sıklığı ve mesaj yoğunluğu azaldığında daha fazla arama hatasına düşmeyin. Bu karşı tarafı daha da uzaklaştıran bir şeydir. Tam tersine bu tarz bir durumla karşılaştığınızda siz uzaklaşın. Böylelikle karşı taraf bunun bir "cezalandırma" olduğunu anlayacaktır. Bu uzaklaşmayı öfkeyle ya da söylenerek, "Neredeydin?" gibi laflarla hesap sorarak yapmayın.

Bir davranışın hoşunuza gitmediğini ifade etmenin en iyi yolu ilginizi azaltarak göstermektir.

İlgi azaltma tavır göstermek değildir. Ses tonunuz, kullandığınız kelimeler her zaman sıcak olsun ancak çok da hevesli değilmiş gibi bir tavra bürünün. En ufak bir ilgisizlik gördüğünüzde kendinizi geri çekmeniz gerekli mesajı karşı tarafa iletecektir. Sıkılma duyguları erkeğe çok fazla geçer, eğer o çekiliyorsa siz de geri çekilin. Size karşı isteksizlik gösteren birine "Ne oldu, moralin mi bozuk, neden böylesin?" gibi ısrarlı sorular sormayın. Böyle bir durum karşısında "Eğer bugün pek keyfin yoksa dilersen dinlenebilirsin, kendinle kalabilirsin" demek iyi bir alternatiftir. Erkekler fazla ilgiden sıkılırlar, onların kendi halinde kalma istekleri sizin daha yoğun şekilde ilginizi çekmek amacıyla değildir. Az ilginin iyileştirici karşılığı da az ilgidir. Kuralı unutmayın: Denge! Sizin ilgisizlik karşısında kendinizi biraz geri çekmeniz bile onda panik yaratır ve toparlaması için fitili ateşlemiş olursunuz.

İlişkideki merak unsurunu öldürmemeye çalışın. "Şimdi telefonu açmazsam beni merak eder, bana ulaşamazsa kızar" cümlelerini rafa kaldırın. Bırakın sizi merak etsin. Evet belki de size ulaşamadığı için size kızacaktır ancak kızgınlık da sağlıklı bir duygudur ve bazen yakınlığı göstermenin başka türlü bir ifadesidir. (Burada elbette duygusal ve psikolojik şiddeti kastetmiyoruz.) Sizin bazı anlarda ulaşılamaz olmanız onun zihninde "Nerede şimdi, ne yapıyor, neden açmadı?" sorularının dolanmasına vesile olur. Erkekleri kızdırmaktan o kadar da korkmayın. "Kızdırdım, şimdi bana kötü davranacak" şartlamasından kurtulun, basit kızgınlıklar bağlılığı perçinler. Düşünsenize duygu beslemediğiniz kimseye kızgınlık da duymazsınız öyle değil mi? Bazen şaşırtmak, bazen kızdırmak, bazen ayaklarını yerden kesmek ve farklı duyguları erkeğe yaşatmak onların doğalarına uygun bir toprağa ekilen tohumlar gibidir.

Erkekler farklı duygular hissetmeyi severler, onları şaşırtmaktan korkmayın.

Hatta bu duygu değişkenliğini kıskandırarak da yapabilirsiniz ancak bu kör gözüne parmak şeklinde bariz yollarla olmamalı. Rutin sohbetlerinizde kullanacağınız laflarla sizinle bir şekilde ilgilenen birilerinin varlığından söz edebilirsiniz örneğin. Gerekli duyduğunuz durumlarda bunu hissettirmek de bağlılığı artırır. Çünkü başkalarınca tercih ediliyor olma duygusu sizin elinizi güçlendirir. Örneğin "Bugün ofiste öğle arasında dinlenirken bizi sık sık ziyaret eden bir arkadaşımız da aramıza katıldı, hepimize ufak hediyeler almış, bana da bu çikolataları getirmiş, ne kadar ince biriymiş" gibi bir cümle her erkeğin dikkatini çeker. Burada biraz saf bir tutumu korumaya özellikle gayret edin, sanki aslında birinin size doğrudan olan ilgisini anlamıyormuş gibi bir tavır geliştirmek gerekli mesajı verecektir. Sizi isteyen başkalarının varlığını zaman zaman hissettirin, bu sizi de o kişinin gözünde daha arzulanır hale getirir. "Başkaları da beğeniyor ama ben kazandım" duygusu erkeği iyi hissettirir, çünkü erkek doğasının özünde rekabetçilik vardır. Biraz geçmişinize gittiğinizde hayatınızdan çıkıp gitmiş pek çok erkeğin, siz başkalarıyla beraber olmaya başladığınızda bir vesileyle size geri dönmeye çalıştığını gözlemleyebilirsiniz. Bu yeniden kazanma dürtüsünün altında işte bu rekabet duygusu gizlidir. Bir zaman onun olanı tekrar elde etme arzusu erkekte baskındır.

Kadın olsun erkek olsun her birimizde işe yarayan şeylerden biri de "karizmatik bir duruş" sergilemektir. Karizmatik bir duruşun en iyi göstergesi de netliktir. En basitinden bir akşam yemeğine gittiğinizde dahi "Bugün canım et yemek istiyor" demek, kararınızı net bir şekilde göstermek karşı taraf için güçlü bir duruş anlamına gelir. "Onu mu yesem, bunu mu yesem?" kararsızlığı gelgitli bir imaj görünümü verir. "Sen ne dersen o olsun, sen nasıl istersen öyle yapalım" gibi yanıtlardansa kesin ve net ifadeler kurmak güçlü bir görünüm kazandırır size. "Benim canım bugün dışarıda balık yemek istiyor" ya da "Ben bugün akşam sinemaya gitmek ve güzel bir filmi seninle birlikte izlemek istiyorum" gibi güçlü ve net ifadeler kullanın.

Bağlı ve Mutlu İlişkinin Sırları

İlişkilerde bağlılık ve mutluluk arayışı hem ilişkide olanlar, hem yeni ilişkiye başlayanlar, hem de henüz yalnızlar için araştırılan konulardan bir tanesi. Bu yüzden biraz da ilişkilerin başlangıcından itibaren alarak bu konuyu derinlemesine anlatacağım. Yani sizin ilişkiniz iyi de gitse henüz çok yeni başlamış da olsanız bu uzun yolda her anınıza yarayacak şeyler anlatacağım. Özellikle de ilişkilerinin başlangıç aşamasında olanların özellikle kulaklarını ve gözlerini dört açmasını istiyorum çünkü anlatacaklarım ilk zamanlarda yerleşik hale geldiğinde aslında uzun soluklu bir birlikteliğin kapısını açmış olacaksınız.

Bir ilişkiye başladığımızda karşımızdaki insanı nasıl tanıyoruz? Nasıl sınırlarını belirliyoruz? Nasıl ilerliyor süreçler? Dilerseniz adım adım bir ilişkinin gelişim sürecinden bahsedelim.

İlişkinin ilk başında insanları nasıl tanıyoruz? Biriyle ilk kez yemeğe çıktınız diyelim ya da ilk görüşmenizde ilk sohbettesiniz...

Yemeğe mi çıkıyorsunuz, kahve mi içiyorsunuz artık ne yaparsanız... Bu süreçlerde insanlar sohbet ederek, keyif aldıkları şeylerden, ortak alanlardan bahsederek birbirlerini tanımaya çalışırlar. Ailenizi anlatırsınız, geçmişinizden kısacık söz edersiniz. Özellikle geçmişinizden çok kısa bahsedersiniz değil mi? Bunu hep söylüyorum... Burada zihninizde bir soru belirebilir: Her şeyi anlatmak zorunda mıyız? Hayır değiliz! Her şeyi anlatmak dürüstlük mü? Bence dürüstlük olarak sayılabilse de bu da başka bir soruyu beraberinde getirir:

Çok dürüstlük iyi mi ve gerekli mi?

Fazla dürüstlük iyi değildir. Her şeyinizi, geçmişte buluştuğunuz, görüştüğünüz insanları veya ayrılıklarınızı, terk edilmenizi, aradaki süreçlerde nelerin olup bittiğini kesinlikle anlatmamalısınız. Özellikle yaşadığınız olumsuz deneyimlerden söz etmeyin, anlatmak zorunda kaldığınızı hissettiğinizde de kısacık geçiştirin. Geçmişinize dair azar azar bilgiler vermek çok önemli. Kendinize ait geçmişle ilgili daha az bilgi vermekle hem daha gizemli kalırken hem de ileride bunun kullanılma olasılığını veya bununla ilgili bir problem yaşama olasılığını azaltmış olursunuz. Her şeyi anlatmak değildir dürüstlük. Atlamamanız gereken en önemli şey her insanın, zaten siz birlikte olsanız da evli olsanız da, bir özelinin olmasıdır. Her travmanızı, hayat hikâyenizin her detayını, ilişkinizin her dinamiğini anlatmak zorunda değilsiniz. Küçük küçük anlatın! Hele ilişkinin başında hiç anlatmıyorsunuz! Bu süreçler bağlı ilişki kurmak için çok önemli...

Kendi geçmişinizin anıları arasında gezindikçe aslında kendi zaaflarınızı ve korkularınızı elevermiş olursunuz. Bu da ilişki dinamiğinde sizin gizeminizi kaybetmenize, sizin o güzel özelliklerinizin de kamufle olmasına sebep olur.

Peki bu durum devam eden ve bağlı hissettiğiniz ilişkiler için nasıl olmalı?

Hep diyoruz ki; bağlı ilişkiler mi, bağımlı ilişkiler mi? İlişkide bağımlı olmamanız gerekiyor ki her zaman kendi alanınızı koruyarak karşı tarafın gözünde daha değerli bir hale gelebilin. Böyle ilişkiler daha bağlı olur. İlişkide bağlılığın güçlenmesi için karşı tarafın; size, sizin sahip olduklarınıza, sizin yaptıklarınıza saygı duyması gerekiyor. O saygının da bozulmaması için kendi alanınızın, işgücünüzün, hobinizin, arkadaşlarınızın hep sabit bir şekilde korunması çok önemli.

Kişiler birbirlerinin alanlarına ne kadar saygılıysa, karşıdakinin o alanda da mutlu olduğunu bilip saygı duyarsa veya o alanı her halükârda bırakmayacağını biliyorsa o zaman karşı tarafa daha saygı duyuyor, bu da ilişkinin daha sağlam olmasına yol açıyor. Eğer karşınızda çok kıskanç veya hafif narsistik biri varsa sizin alanınıza girmek için sizi zorlayacaktır. Bunun için de sizi deneyecektir!

Peki bu nasıl bir deneme olur?

Şöyle bir zihin sesi bu denemenin nasıl olduğunu özetleyecektir: Ayşe vaktini benimle geçirmek istemiyor, kendi alanı da varmış, işle vakit geçiriyor... Benimle vakit geçirsin! Ayşe bugün arkadaşlarınla buluşma! Ayşe şu işi bırak, bak ben sana bakarım..." Alanınızı işgal etmek isteyen birinin zihin sesini dinlediniz. Kısaca size tekliflerle gelir. Eğer siz direkt olarak ya da dayanamayıp ikinci teklifinde pes ettiğinizde onun için arkadaşlarınızla buluşmaktan vazgeçtiğinizde ya da işinizi, sevdiğiniz şeyleri yapmayı bıraktığınızda başarılı olur ve amaçladığını kazanır. Bunun sınırları aşılabilir bir hale gelmiş olur o kişi için. Siz böylelikle nasıl bir sinyal vermiş oldunuz:

"Bu benim için kendi alanını bırakır."

Bu sinyali alan biri her zaman mutlaka daha fazlası için de sizi zorlamaya devam eder. "Bu kıyafet açık biraz, bunu giyme!", "Ben annenlerle senin çok sık görüşmeni istemiyorum!", "Bence sen hiç arkadaşlarınla buluşma artık!"

Ne oluyor sizce?

İş tamamen sizi kendi alanınızdan çıkarana kadar devam ediyor. İlk başta nasıl başladı? "Aşkım, bugün buluşmasan olur mu?" ile başladı ancak sonra daha dikten ve net sınırlamalar şeklinde devam etti.

İlk sınırınızın zorlandığını hissettiğiniz o anı yakalayın ve o kapıdan girmesine izin vermeyin. İlişkinin başlarındaki masum görünen bu denemeler aslında çok şey anlatır. Sizin ilişki dinamiğinizin nasıl şekilleneceğinin en önemli ipuçları buralarda gizlidir.

İlk o denemelerde bile karşınızdakini hiç kırmadan kendi alanınızı bırakmazsanız alan savunmanızı yerleşik bir hale getirmiş olursunuz.

Birlikte zaman yaratmak, ortak keyif alacağınız şekilde zamanı paylaşmak mutlu ve bağlı ilişkinin bir diğer sırrı... Birlikte zaman yaratacağınız şeylerin olması, ortaklaşa geçireceğiniz vakitler aranızdaki bağı güçlendirecektir... Bu film seyretmek olur, birlikte yürüyüş olur, balık tutmak olabilir, birlikte yoga yapmak olabilir... Birlikte aktivite yapan çiftler birbirine daha bağlı olurlar ve bir şekilde ilişkileri de daha iyi şekilde ilerler.

Bir diğer madde, ilk zamanlardan itibaren güler yüzünüzü kaybetmemektir. İnsanlar sizinle birlikte olduğu zaman, sizin iyi vakit geçirdiğinizi, birlikte eğlendiğinizi, ayrıca sizin onunla olmadığınızda da mutlu bir insan olduğunuzu düşünmek isterler. Hiçbir zaman sadece ilişkilerde ya da flörtlerde değil, evlilikte de lütfen mutlu insan olmanın getirisini kaybetmeyin...

Güler yüzlü olmayı, birlikte mutlu olmayı, birlikte keyifli vakitler geçirmeyi bırakmayın.

Hayatta insan olarak en başta kendimiz dahil kimsenin dört dörtlük olmayacağını kabul ederek işe başlayalım. Etrafımızdaki herkesin tam da bizim gibi olmasını istemek mantıklı bir düşünme tarzı da değildir. Bu konuda ısrarcı olmak bizi yalnızlaştırmaktan başka bir işe yaramayacaktır. Bu yüzden iletişimin incelikli bir yolu olan politik olmayı öğrenmeliyiz, bu bir iletişim becerisidir. Evet bunu yapmak zorunda olmadığınız insanlarla iletişiminizi kesmeniz, mesafenizi açmanız sizi içinde bulunduğunuz olumsuz duygu durumundan korur ancak bu insan anneniz, kayınvalideniz, eşiniz ya da belki patronunuzsa ne olacak?

Sınırımızı çizeceğiz, gerektiği yerde sesimizi çıkaracağız elbette ama özellikle bazı aile mecburiyetleri söz konusu olduğunda, kayınvalide, eltiler, görümceler gibi kimselerle kötü olmak evliliğinize de zarar getirebilir. O yüzden bu ilişkileri dengelemek önemlidir. Bu sadece aile yapısıyla ilgili ilişkilerde de geçerli değildir. Hangi insanın size ne zaman, nerede, ne faydası olacağını bilemezsiniz, o yüzden ben bunu sevmedim, ben bunu istemiyorum diyerek insanlarla ayrılmak veya çatışmak yerine onların iyi noktalarını alıp zayıf noktalarını veya zaaflarını, negatif olabilecek taraflarını da kendi hayatınıza odaklamaz, kendi hayatınıza katmazsanız en azından zarar görmeden o ilişki dinamiklerini yürütebilirsiniz.

Bağlı ilişkilerin bir başka sırrı tavır yapmamaktır. İlişkilerde bağlılığı sarsan şeylerden biri tavır yapmaktır. Bir şeye kızdıysanız söylemelisiniz. Onun üzerine devamlı konuşmak, devamlı tavır yapmak, küsmek, ilişkilerdeki bağlılığı azaltan bir şeydir. Nasıl olsa bu bana surat asar, nasıl olsa tavır yapar, nasıl olsa gittiğim yeri zehir eder dedirttirmeyeceksiniz kendinize. Kişi bilecek ki sizinle birlikte bir yere gittiğinde, sizinle birlikte olduğunda çok eğleniyor ve çok mutlu. İncindiğinizde ya da kızdığınızda tavır yapmak yerine bunu söyleyip hafifçe uzaklaşmak mesajınızı iletmek için yeterlidir. Özellikle eşlerin tavır yapıp yatağa ayrı gitmesi, küslüğün çok uzun süre devam ettirilmesi bağlılığı bozuyor. Eğer aranız bozuksa, "Gel bak ben sana bir kahve yapayım... Gel, seninle konuşalım biz bu konuyu..." şeklinde bazen adım atıp konuyu açabilir ve sohbet edebilirsiniz. Bu konu hakkında konuşabilirsiniz ama tavır yapıp uzatmak her türlü ilişki dinamiğinde ilişkiyi yıpratan şeylerden biri... Kırıcı olmadan, tavır yapmadan size ulaşabildiği zaman hoşgörüyle tatlı tatlı konuşarak uzaklaşacaksınız.

Altın değerinde olan başka bir sırrımız ilişkilerimizde mutlaka sık sık teşekkür etmektir. Teşekkür etmek ilişkileri besleyen bir davranıştır. Yaşamın dinamiği ve koşturmacası içinde her gün birlikte olduğumuz kişilere teşekkür etmeyi bırakıyoruz ne yazık ki. Birisine yemek yaptığı için teşekkür etmek, bir şey uzattığı için teşekkür etmek, su getirdiği için teşekkür etmek, bir hediye aldığı için sevgilinize teşekkür etmek... Teşekkürü çok kullanırsanız karşı taraf yaptığı pozitif davranışları çoğaltmaya çalışacaktır. Bir takdir gibidir ama takdiri ayrıca söyleyeceğim

İlişkilerdeki bağlılığı en çok azaltan şeylerden biri karşımızdakini sürekli eleştirmektir. Düşünün, saçın şöyle olmuş, kıyafetin yakışmamış, yemek kötü olmuş, neden sen getirdin, niye o götürdü?... Eleştirmek kadar karşı tarafı bizden uzaklaştıran az şey vardır ve ne yazık ki ilişkilerin ilerleyen süreçlerinde çok fazla eleştiri yapma tuzağına düşüyoruz. Bunun yerine eleştiriyi azaltıp takdiri çoğaltın! Sürdürdüğümüz ilişki dinamiklerinde takdiri de unutuyoruz. Beraberlik yaşadığımız insanların birçok iyi özelliği olabiliyor ama o iyi özellikler bir süre sonra zaten yapması gereken şeylermiş kabulü yerleşik hale geldiği için hiç kimsenin aklına o özellikleri takdir etmek gelmiyor. İşten eve erken geldiği için takdir edin onu mesela... Eşiniz eve erken gelen biri ama siz başka şeylerine kızmaktan hiç eve erken geldiğinden bahsetmiyorsunuz bile. Veya akşam eşiniz tabakları mı topluyor ya da çocuklarla mı ilgileniyor, neyse onun iyi özelliği onu o anda takdir edin. Eleştiriyi dozunda tutup takdir etmeyi alışkanlık haline getirin. 2 eleştiri sunacaksanız 4 kez takdir edin, takdir hep daha fazla olsun ki hayatınızdaki insan değerli hissetsin ve size bağlansın.

Olaylara karşı tarafın açısından bakmak çok önemlidir. Karşı tarafın duygularını anlamak, onu anladığınızı ifade etmek bağlı ilişkilerde, bağlılık için gereklidir. Mesela size gelip bir şey anlattığında veya bir şeye kızdığında "Bence buna kırılmışsın... Tabii o konuda anlaşılmamak seni üzmüş bence..." veya "Çok yakın arkadaşının böyle yapması... Sanki ihanete uğramış gibi hissettin bence..." gibi onun hissettiği duygular üzerinden empati yapmak bağlılığınızı güçlendirir. İnsan olarak hepimiz anlaşıldığımızı hissetmek isteriz, bu bizim için zorunlu bir ihtiyaçtır. Bağlılığın olduğu bir ilişkide kişi şunu der: "O beni anlar! Zor durumdayken benim duygularımı hisseder." Ne kadar kıymetli ve değerli bir ihtiyaç ve duygu aslında, bunu dedirtebilmek de bir o kadar değerlidir.

Duygularımızı sorgulamayı çoğu zaman beceremiyoruz. Çocukluğumuzdan beri duygularımız pek sorulmaz bizlere. Herkes bize şunu sorar, aynı evin içinde: Yemeğini yedin mi, dersini çalıştın mı, ödevlerin bitti mi? Çocukken bunu soruyoruz. Ama ne hissettin bugün, kırıldın mı, arkadaşın sana öyle yaptığında nasıldın üzüldün mü, üzdü mü bu seni gibi soruları atlıyoruz.

Bir diğer sırrımız kendine güvenen bir birey olabilmektir. Kendine güvenen bir birey nasıldır? Hem ilişkinin en başında hem ilişkinin ilerleyen süreçlerinde duygularını, düşüncelerini rahatça söyleyebilen, gerektiği yerde sınır çizebilen biri kendine güvenen bir bireydir. O yüzden ilişkilerimizde de kendimize güvenmeli ve bunu da karşı tarafa belli etmeliyiz. Bazen gerektiği yerde sınır koyarak olabilir bu, bazen gerektiği yerde dur diyerek, hayır diyerek olur, gerektiği yerde ben burada kırıldım diyerek olabilir...

Bağlı ilişkilerin diğer önemli dinamikleri uzlaşmacı olmak, karşı tarafı dinlemek ve çözüm yoluna odaklanmaktır. İlişkilerde tartışma her zaman olabilir ama biz uzlaşmacı ve çözüm yolunu gösteren, haklı haksız kavgasından uzak durup, bu konuyu nasıl çözümleyebiliriz noktasına odaklanmalıyız. "Nasıl çözeriz bu konuyu?" sorusunu dile getirmek zaten büyük bir adım atmaktır.

Başka bir anahtar nokta sevginizi hissettirmektir. Hepimizin hayatta sevgiye ihtiyacı var. O yüzden ben diyorum ki birlikte olduğumuz anları güzel geçirmek çok kıymetli ve eşsizdir. Karşı tarafa sevginizi, dokunarak, temas ederek, sarılarak, sevginizi ifade ederek, onun sizin için anlamını ifade ederek gösterin. Ancak burada da dengeyi gözetin.

Dengeyi nasıl kurabilirsiniz?

Bunu henüz ilişki safhasında olan bir çiftin bir günü üzerinden örnekle anlatalım isterseniz. Diyelim sabah günaydınlaştınız, gün içinde seni çok özledim, çok tatlısın diye tatlı mesajlar yolladınız veya bir konuşma geçirdiniz ama sonra gün içinde kendi alanınıza yönelip kendi alanınızla ilgili işlerinize odaklanın, sonra tekrar sohbete geçin. Yani birini sevdim diye yüz kere aramak, o güzel söz söyledikten sonra devamlı ilgi göstermek dengeyi bozmaktır.

Nasıl yapacağız?

Dengeyi sağlayarak.

Güzel sözümüzü söyledik, takdiri yaptık ama sonra birazcık kendi alanımıza yönelmeyi bildik. Burası bize aslında önemli bir noktanın ayrımını yapmaya da itiyor:

Bağlı ilişkiler ve bağımlı ilişkiler.

Bağımlı ve bağlı ilişkiyi ayıran şey şudur, bir kişi eğer onsuz nefes alamıyor gibi oluyorsa, vaktini sadece o kişiyi düşünmekle geçiriyorsa o kişi o ilişkiye bağımlıdır. İlişkinizde karşı tarafı iyi hissettirdikten sonra geri çekilebiliyorsanız bu ilişki bağlı bir ilişkidir. O yüzden ilişkilerde geri çekilmeyi, geride durmayı da bileceğiz. Zamanı geldiğinde hem güzel hissettireceğiz ama geride durmamız gerektiği yerlerde duracağız.

Burada bana sıklıkla yöneltilen sorulardan birisi bu noktada kadınlar ve erkekler aynı şekilde mi davranmalı oluyor. Hayır kadın ve erkek aynı şeyleri yapmamalı elbette. Burada altını özellikle çizdiğim şey bir davranışın aşırı ve sürekli şekilde yapılmaması. Erkeğin de kadının da ilişki içindeki rolleri çok farklı. Mesela ilişkinin ilerleyen süreçlerinde ilişkiye ikna eden kadın olmamalı erkek olmalı. O yüzden bu süreçlerde de erkek bir tık daha üst ilgi gösterme seviyesinde, bir tık daha üst isteyen konumda olabilir. Bu davranış bir erkeğin egosunu zedelemez. Kadın ikna edilmesi gereken olduğu için bir kadının hep ikna etmeye çalışıp evlilik isteyen, ilişki isteyen, görüşme isteyen olması evrimsel olarak da onu değersizleştiren bir şeydir. Burada kadın ile erkeği çok iyi ayırt etmek lazım.

Erkek ve kadının aynı şekilde davranması taraftarı değilim. Bazı şeylerde aynı olmazsak ilişkilerimiz daha iyi ilerliyor emin olun. Bazı şeylerde aynı değiliz bunu kabul etmemiz lazım. Burada yanılgıya düşüp kadın daha güçlüdür ya da erkek daha güçlüdür tartışması yaratmak değil niyetim. En başından beri altını ısrarla çizmeye çalıştığım şey iki tarafın da doğasının, eğilimlerinin ve ihtiyaçlarının farklı olmasıdır.

Erkekler ilişki dinamiğinde kadınsı ve aşırı kadın rolüne bürünmemeli, kadın da bir erkek olmamalı. Güçlü kadın olmakla erkek kadın olmak aynı şey değildir.

Tabii ki biz kadınların güçlü olmasından hep bahsediyoruz ama erkek kadın olursanız o zaman karşı taraf için itici olmaya başlıyorsunuz ve karşı taraf sizin için yapabileceği hiçbir şey olmadığını düşündüğü zaman kendini o ilişkinin içinde hissetmiyor. Eğer siz her şeyi yapan bir kadın olursanız, sizin yanınızda erkek kendini iyi hissetmez. Gerçekten erkeksi dürtüleri olan bir erkekten bahsediyorum. O yüzden buradaki dinamikte kadın ve erkek çok eşit değildir. Birazcık ihtiyacı olan konumundaki kişi kadın olmalı. Yani çok güçlülük, çok erkek gibilik, çok çok iyi bir şey değil. O dengeyi korumanız çok önemli.

Geçmiş temizleme çalışmalarında özellikle kadınların şemalarına baktığımda orada sıklıkla gördüğüm şey maskülen şeması fazla yükselmiş çok sayıda kadınla karşılaşmak oluyor. Maskülen şeması olan kadınlar bir türlü ilişki yaşayamıyor. Neden yaşayamıyor biliyor musunuz? Çok yükselen erkeksilik, çok yükselen güçlülük de bir şekilde dengeleri bozuyor ve ilişki içinde erkek kendini iyi hissetmediği için başka şekilde aldatmaya yöneliyor. Bu yüzden bir kadının dişiliğini kaybetmemesi önemli.

Bunu bir bölümde özellikle açacağız ama şimdi burada özellikle tekrar anlatmamın nedeni dinamikler üzerine konuşurken erkeklerin ve kadınların farklı şekilde davranması gerektiğini unutmaması. Kitaplarımı okuyan erkekler "Ben de mi aynısını yapacağım?" diyorlar. Hayır. Siz aynısını yapmayacaksınız!

Erkekler kadınlar gibi davranmamalılar. Örneğin bir erkek çok nazlı olamaz, erkek okurlarım şimdi bana kızabilirler. Nazlı erkek olmaz ama nazlı kadın olabilir. Bir erkek kendini çok değersizleştirip yapışıp durmayacak ama bir kadın da kırılgan bir dişi olarak daha nazlı olabilir. Ama erkek nazlı, kaçan konumunda olamaz! Erkekteki bu tavır hem negatif bir iletişimin gelişmesine yol açar hem de ilişkileri bozar. Neden günümüzde ilişkiler bu kadar kötü gidiyor diyorsanız işte tam da bundan.

İlişkinizi Evliliğe Nasıl Taşırsınız?

Hayatınızdaki kişiyle evlenmek istiyorsanız altın kural şu olmalı:

Evlilik niyetinde değilmiş gibi davranarak onun gardını düşürün ama bunu soğuk davranarak değil onu gördüğünüzde neşenizi ve mutluluğunuzu yansıtarak, onunla bir şeyler yapmaktan keyif aldığınızı hissettirerek yapın.

Öyle ki bu iyilik hissini o yokken de sürdürün ve ona bir şekilde yansıtın. Kendi hayatınızdan bahsederken hayatınızdan her zaman memnun bir kişiymiş gibi konuşun ve bu izlenimi sabit bir şekilde onun algısına yerleşik hale getirin. Kendi hayatınızdan, zekânızdan, güzelliğinizden, işinizden, sosyal çevrenizden memnun olmanız ve bu yaşamdan, alanınızdan vazgeçmiyor olmanız lazım. Ayrıca kendinizi ne kadar yükseltmeye odaklanırsanız hayatınızdaki kişi de sizin için önemli olan şeyler listesinde üst sıralara tırmanmak için çaba harcayacaktır. Yani sizin her zaman yapmanız gereken önemli şeyler var, değerli zamanınızı ayıracağınız şeyler belli ve o kişi de o programın içine dahil olmak için çabalamalı.

Ayrıca çok takıntılı görünmemeli ve zor kadın olmamalısınız. Çünkü her şeyi kafaya takmayan rahat bir insan izlenimi vermek de gerekir. Çünkü erkekler mutluluğunuzdan tamamen sorumlu oldukları hissini sevmezler, yani hayatınızdaki kişiye mutluluğunuzun sorumluluğunu vermemelisiniz.

Mutluluk sizin kendi
yaratımınız olmalı,
hayatınızdaki kişi de bu
mutluluk hissine dahil olan
biri olmalı sadece.

Bağımlılık ya da alışkanlıklar neticesinde yaşamınızdaki kişinin varlığına odaklanmış bir mutluluk beklentisi ilişkilerin kötü seyretmesinin nedenlerindendir. Bu hem o kişiyi korkutur hem de stres yaratır. Mutluluk beklentisi içinde olmak onda zaman zaman yetersizlik duygularının açığa çıkmasına da neden olur. Yapmanız gereken hayatından iyisiyle kötüsüyle memnun olan bir kadın imajı vermenizdir. Bir erkek onunlayken mutlu olduğunuzu ve onsuzken de mutlu olduğunuzu gördüğü zaman yanınızdan ayrılmak istemeyecektir. Mutlu olmak bir kadını her zaman çekici yapar.

İlişkinizde yaratmaya çalışacağınız en baskın algı bağlılığın onun fikri gibi sunulması olmalıdır. Ciddi ilişki sanki sizin değil de onun fikriymiş gibi hissettirmelisiniz, evliliği sizin istemediğinizi onun istediği fikrini vermeniz lazım. İçsel olarak her kadının bir erkeği memnun etme güdüsü vardır ama erkekler derinlerde bir kahraman olmak isterler. O yüzden de bir erkeğin kadının peşinde koşma içgüdüsü vardır. Bu nedenle bir kadının her zaman gizemli, sisler içinde bıraktığı şeyleri olmalıdır. Kolay avlanmayın, bırakın peşinizden koşsun ve sizi elde etsin. Erkekler her zaman avcı kadınlar da erkeklerce elde edilmek istenen bir avdır, bunu negatif bir anlamda düşünmemek gerekir. Çünkü evrimsel olarak bu şekilde yükselen bir tabiata sahiptirler. Erkek bir kadını elde etmeye çabalarken âşık olur. Sizi elde etmek için ne kadar uzun vakit geçirirse size o denli tabi olacak ve aşk duygusu o denli yükselecektir. Erkekler bir kadını merak etmekten, ne yaptığını düşünmekten hoşlanırlar ve bunları düşündükçe de aşk duyguları yoğunlaşır. Her erkek sıradan bir hikâyede bile bildiğinden daha fazlasının olduğunu hissetmek ister. Ancak saflıkla ve iyi niyetle her şeyi pirüpak halde ortaya dökmeniz onun gözündeki cazibenizi söndürür. Basit ve kolay çözümlenebilir olmak, öngörülebilir olmak bir erkek için tüm çekiciliği bitirir.

Kuytularınız olsun, derin bir orman olun, bazı taraflarınız karanlıkta kalsın, her şeyinizle kendinizi açık etmeyin.

Erkek aslında sizin onu ne denli sevip sevmediğinizden emin olamamak ister. Bu düşünceyi onun zihninde devamlı gezdirmelisiniz. Eğer bir erkek sizi tamamen elde ettiğini düşünürse evlilikle ilgili olumlu düşünceleri de azalmaya başlar. Eğer kadın olarak kendinizi hayatınızdaki kişiye tamamen kaptırır ve onu çok sevdiğinizi de belli ederseniz artık sizi ilginç ve değerli kılan hiçbir şey de kalmaz. Bu gibi bir süreçte erkek de sizden kolayca vazgeçebilir.

Erkekler herkesin beraber olmak istediği ama kolayca ele avuca gelmeyen kadını kazanmak isterler. Siz özel olduğunuzu kendinizi zar zor kazandırarak, zar zor ilişkiye sürüklenerek hissettirebilirsiniz. Hiçbir erkek evlilik için aşırı gönüllü olan bir kadını çekici bulmaz. Kolayca koca bulma peşinde olan bir kadın imajı yaratmamalısınız, ulaşılmaz ve fethedilmesi zor bir insan olduğunuz izlenimini onun algısına iyice yerleştirmelisiniz.

Kullanılmaması gereken sözcükler sözlüğüne eklemeniz gereken bazı sözcükleri sıralayalım dilerseniz: *bağlılık, ciddiyet, evlilik, güven arayışı, özel olmak, sadakat.* İşte bu sözcükleri duyan bir erkek için alarm zilleri çalmaya başlar. Bu konular hakkında ne kadar az konuşursanız aslında tam da bu istediklerinize daha çok yaklaşmış olursunuz. Siz ne kadar az soru sorarsanız o daha çok anlatmak isteyecektir. Tüm bunlar sizin fikriniz değilmiş gibi konuşmaya başladığınızda tüm bunlar onun fikri olmaya başlar, çünkü erkek kendini güçsüz hissetmeye başlar, gardı düşen bir erkek de kendini güçlü kılmak için sizin kaçındığınızı düşündüğü şeylerden kendine bir zırh yapmaya girişir.

İlgi ve alakanızla yanınızda değilken onu boğmayın hatta şunu dedirtmeyi başarın: "Benimleyken çok iyi ama ben yokken beni o kadar da aramıyor." Erkekler doğaları gereği özgürlüklerini de koruma ihtiyacında oldukları için vıcık vıcık bir iletişim modeline geçmeyin. Sabahları günaydın, geceleri iyi geceler mesajları erkekleri bir yerden sonra boğar ve uzaklaştırır. Özellikle ilişkilerin ilk birkaç ayında bu ilişki nereye gidecek konuşmaları yapmayın. "Geleceğimizle ilgili ne düşünüyorsun, niyetin ciddi mi, aile kurmak istiyor musun, evleneceğimizi düşünüyor musun, ben güven arıyorum, sen ne arıyorsun?" gibi soruları ilk aylarda rafa kaldırın. "Sana ne ifade ediyorum?" diye sorduğunuz anda ilişkide tüm gücünüz kaybolur. Erkeği alarma geçiren bu sorular zihninde şu düşünceyi üretmesine neden olur:

"Bu kadın beni kafese tıkmaya çalışıyor!"

Erkek bu düşüncenizi bilir ve savunmaya geçerse âşık olmaktan uzaklaşır. Bir erkeğin size bağlanmasını istiyorsanız önce onun gardını düşürmelisiniz. Gardını düşürmek de şu düşünceyi onun zihninde uyandırmakla olur: "Benden ne istediği belli değil." Bunu diyen bir erkek "İlişki ilerliyor ve ne olacağı da belirsiz!" hissine yaslanarak aslında size kendini teslim etmiş olur. Erkekler bağlılığın ve evliliğin hızlı gelişmesi fikrine karşı dirençlidirler, bünyeleri bunu reddeder. Kendilerinin vereceği kararı onun yerine sizin vermenizden hoşlanmazlar.

Erkek ve kadın ilişkilerindeki dengeden bahsederken, erkeğin daha ilgili, elde etmek için daha fazla çaba sarf etmesi gereken kişi olarak görünmesi gerekir hatta öyle bir pozisyon yaratılmalı ki sanki evliliğe ikna eden erkek olmalı gibi görünmeli. Günümüzde ilişkilerin kolayca bozulmasının sebebi sanki evliliğe ikna edenin kadın oluyor gibi gözükmesidir. Bu da erkekleri aslında evlilikten soğutan bir şey. Onun için özellikle ilişkinin henüz başlarındayken "İlişkimizi nasıl görüyorsun, senin için ben neredeyim?" gibi sorular yöneltmek ya da "İlişkimiz ciddi mi?" anlamında sorular sormak çok yanlıştır. Oluşturmanız, yaratmanız gereken pozisyon şu olmalı: "Biz birbirimizi henüz yeni tanıyoruz, uygun biriyle evlilik düşünüyorum ama sen o musun bilmiyorum..." gibi alt mesajında kapıları tamamen kapatmayan sözcüklerle kendinizi ifade edebilmelisiniz.

Karşınızdaki
kişiye kendinizi
altın tepsiyle sunmayın.
Bu sizi değersizleştirir.

Diyelim size evlilikle ilgili fikrinizi sordu, cevabınız şu duygu tonunda olmalı: "Evlilik mi? Yani düşünebilirim ama gerçekten beni ikna etmesi lazım, özgüveni olan, kendine güvenen biriyle neden olmasın?" Sözlerinizle ona hiçbir garanti vermemeniz lazım.

Onunla birlikteyken sıkça vurgulamanız gereken şeylerden biri de birlikteyken ne kadar güzel vakit geçirdiğiniz olmalı. "Seninle birlikteyken ne kadar güzel vakit geçiriyoruz, birlikte ne kadar eğleniyoruz" cümleleri ile üç tane şeyin altını çizmiş olursunuz. Birincisi baskı kurmuyorsunuz, ikincisi beklentiniz yok, üçüncüsü de talebiniz yok.

İlişkinizi evliliğe taşıma yolunda ilerlerken vermeniz gereken mesajlardan biri de "Senden gerçekten hoşlanıyorum ama yüzde yüz emin de değilim, hâlâ birbirimizi tanımaya devam ediyoruz" mesajıdır. İlişkinin içindeyken her zaman yüzde yüz emin olmadığınız fikrini ona vermelisiniz. Erkekler ilişkilerini güvence altına alma ihtiyacına ancak hiçbir şeyin garanti altında olmadığını hissettiklerinde yeltenirler. Çünkü erkeklerin gözünde evlilik bir "kapanma, sınırlandırılma, bloke edilme" olarak görüldüğü için sizin her an gidebileceğinizi düşünürse sizi ancak evlilikle bağlayabileceği düşüncesine kapılır ve ilişkinizi buna götürmeye çalışır. Ayrıca peşinizden koşan başka erkeklerin de olduğunu düşünürse bu çok daha iyidir. Sizin beğenildiğinizi, başka erkeklerce de arzulandığınızı düşünsün.

Bir erkek için en değerli
şey uğruna mücadele ettiği
ve çabaladığı bir kadını
elde etmektir.

İlişkinizin ciddiyetini sorgulamaya yönelik her türlü sorudan kaçınmalısınız. Elde eden ve daha çok ilgilenen taraf bir şekilde erkek olmalı, tabii ki kastedilen kadın olarak ilgi ve alakanızı tamamen kesmeniz değil ama bir erkeğin gözündeki değeriniz onun çabalamasıyla doğru orantılı olarak artar daha önce de dediğimiz gibi. Sizin için harcadığı en ufak bir çaba ve emek sizin değerinizi yükselten bir şey olur.

Eğer evlenmek istediğiniz kişinin ailesi sizi sevmediyse ve bu ilişkiyi onaylamıyorsa burada bu ilişkinin sorumluluğunu karşı tarafa vermelisiniz. Siz onun ailesine iyi ve politik davranmayı bileceksiniz ama her şeye rağmen aile bu konuda ısrarcı ise tüm sorumluluk karşı tarafındır. Hayatınızdaki kişi zaten bu ilişkinin sorumluluğunu alamıyor ve sizi koruyamıyorsa evliliğin getireceği diğer şeylerde de sorumluluk almaktan kaçınacaktır.

Erkeğe bir şey yaptırmak istiyorsanız gideceğinizi bilmeli, yoksa yapmaz.

Uzun ilişkilerde de evliliklerde de sıklıkla dile getirilen meselelerden biri de erkeğin gözünün dışarıda olması ve kadını ihmal etmesidir. Erkeğin bu tavrının nedeni kadının evde oluşu yani bir anlamda onu garantilemesindendir. Bu nedenle kadın olarak bireyselliğin farkına varmak, kendi yaşam alanını ve sosyal düzenini kurmak önemli. Kendine değer veren, özbakımına dikkat eden, sadece eşi için değil kendisi için güzel görünen her kadın erkek için cazibe uyandırır. Monotonlaşmış ve ilginin azaldığı evliliklerde kadının kendi hayatına odaklanması ve mutlu görünmesi erkek açısından ilgi çekecektir.

Evlenince erkeklerin doğalarının değişmesinin en temel sebebi artık kadını garanti altında hissetmesidir.

Evliliklerde ve uzun ilişkilerde esnek olmak çok önemlidir. Kaçınılmaz olarak monotonlaşma tehlikesi her ilişki için söz konusu olabilir. Özellikle çocuklu ailelerde programların daha da rutine binmesi muhtemeldir. "Saat sekiz olunca çocuklar yemek yer ve uyur, çocuklar uyuduktan sonra da hiçbir yere gidilmez" pek çok aile için yazılı olmayan bir kanun gibidir. Bazen "Çocukları anneme/arkadaşıma bıraktım, hadi bir şeyler yapalım" cümlesini kurmaktan kaçmayın. Aşırı kontrollü olmamak, evliliğinizde nefes alacağınız esnek alanlar açmak gereklidir.

Evliliğe giden yolda birkaç önemli uyarı

Evliliğe taşınmak istenen ilişkilerde yapmanız gereken birkaç önemli notu özellikle paylaşmak istiyorum.

Kadının kendi parasını kazanıyor olması, kendi alanını yaratıyor olması evlilik için erkekler açısından cezp edicidir. Çünkü kadının edindiği bu özgürlüklerden dolayı erkek her zaman tetikte olur. Bir erkek beni ben olduğum için mi seviyor yoksa ona sunduğum imkânlardan dolayı mı seviyor sorusunu kendisine sıklıkla sorar. Sizin zaten imkânlarınızı sağlıyor oluşunuz hem erkeğin zihnindeki bu sorunun cevabını bulmasını sağlar hem de para ya da diğer imkânların sizin için tek seçenek olmadığını göstermenize yarar. Özetle finansal bağımsızlığınızı kazanmış olmanız önemli.

Dişli ve kendi ayakları üzerinde duran kadın erkekler açısından caziptir, çünkü bu tarz kadınların erkeği tercih etme sebebinin onu sevmeleri olduğuna iknadırlar. Bu tarz kadınlar erkeklere daha gerçek gelir. Erkekler aşka bir iş anlaşmasıymış gibi yaklaşırlar. Cinsellik haricinde kadının ortaya koyduklarına da bakarlar. Başarı, maddi kazanımlar ya da diğer başka şeyler erkeğin her zaman ilgisini çeker. Erkekler kendi emeğiyle bir yere gelmek isteyen kadınlara aslında hayranlık duyarlar, kendilerini kullanarak statüsünü yükseltmek isteyen kadınlardansa korkarlar aslında.

Kendi hayallerine, kendini gerçekleştirmeye odaklanan bir kadın erkeğin evlilik konusunda kendine daha güvenmesini sağlar. Böylelikle onun elinden alacaklarınız konusunda endişeli hissetmez kendisini. Artık erkekler eskisine göre kadınların da yaşama maddi katkıda bulunması fikrine hiç olmadığı kadar sıcak bakıyorlar. Sizin maddi gücünüzü elinizde tutmanız sizin için önemli bir avantajdır.

Erkekler derinliği olan bir kadınla evlenmek ister. Evi geçindirebilmek ve bunu başaramazsa kadınlardan alacağı tepki konusunda da her zaman endişe duyarlar. O yüzden bu konuda destekçisi olacak ve derinlikli düşünen bir kadınla beraber olmak onlar için rahatlatıcıdır. Erkekler yetersiz olma ve zayıflıklarını göstermekten korkarlar. İlişkide sizi kazanan bir erkek evlilikte de bunu sürdürüp sürdüremeyeceği endişesini taşır.

Hatta olduğu halini yeterli bulmayacak ve ayrılacaksınız diye korkarlar da. Aslında erkekler de kadınlar gibi hayatlarını birleştirebileceği o özel kadını ararlar ama erkekler için en önemli şey güvenmektir.

Eğer evlilik ve düğün konuşuyorsanız kadın olarak çok yüksek beklentiler içinde olmamanız lazım. Nasıl bir yüzük alındı, ne kadarlık gelinlik alındı, nasıl bir düğün organize edildi gibi konularda para odaklı konuşmayı erkekler itici bulurlar. Bu yüzden evlilik planlarınız üzerine konuşurken meseleyi tamamen para ve gelir-gider hesapları üzerinden konuşmayın. Evlilik planlarından konuşurken erkeklik ve kadınlık enerjilerini iyi yönetebilmek, "Ben şunu hallettim ama benim gücüm diğerini halletmeye yetmiyor, sen neler yapabilirsin?" şeklinde tatlı dille yardım istemek, öfkelendiğinizde sesinizi çok yükseltmemek, sakinliğinizi korumak ve takdir etmek çok önemli. Teşekkür etme ve takdir etmenin altını ısrarla çiziyorum. Ciddi ilişkinizin evliliğe evrilmesi sizin ona yaptığınız yemekten, cinsel açıdan mutlu etmenizden daha çok takdir duyguları ile ilişkilidir. Erkek için saygı ve güven kelimesi eşanlamlıdır. Erkek saygı duymuyorsa güven de duymayacaktır.

Erkeğin kalbine giden
yol kendisinin takdir
edilmesinden geçer.

Bir erkek bir kadının ona saygı duyduğunu ve hayran olduğunu görebilmek, hissedebilmek için dünyanın öbür ucuna bile gidebilir. Erkeğin övülme ve onaylanma ihtiyacı diğer tüm şeylerin önünde gelir. Hayatınızdaki erkek çok basit bir şey bile yapsa örneğin lambanızı taksa, çiçek alsa, ufak bir sürpriz yapsa bile teşekkür edin, takdirde bonkör olun. Takdir ederken size aldığı hediyeyi değil onun inceliğini, nezaketini takdir edin. Nasıl ki kadınlar iltifat almaktan sıkılmazlarsa erkekler de benzer şekilde iltifattan usanmazlar.

Erkekler kadın tarafından değerli bulunmak ister. Değerli bulunduğunda da kadına dünyaları verecek kadar motive olurlar. "Lambamı tamir etmen nasıl işime yaradı, geçen gün gittiğimiz yer ne kadar güzeldi, bana sarılman bana nasıl iyi geldi, ne kadar güzel bir film seçmişsin tekrar teşekkür ederim, ne kadar cömertsin, ne kadar düşünceli ve şefkatlisin" minvalindeki cümleleri sıkça kullanın.

İlişkide özellikle ilk zamanlarda erkeğin hesabı ödemesi önemlidir. Cimri erkeklerden biraz geride durun çünkü cimri erkekler sevgisini paylaşma konusunda da cimridirler.

Eğer gerçekten evlenmek istiyorsanız ve evliliğe gerçekten ihtiyaç duyduğunuzu düşünüyorsanız yüzükler alınmadan önce kesinlikle evine taşınmayın ve evcilik oyununa başlamayın. Sizinle ilgili her konuda o evde oturmaya hazır olmadan aynı evde yaşamak için, yanına taşınmak için sakın çabalamayın.

İz Bırakarak Nasıl Ayrılırsınız?

Ayrılıklar yıpratıcıdır, hele ki uzun bir ilişki noktalanıyorsa. Genelde ayrılıklarda ortak bir uzlaşma ile yolları ayırmak nadir rastlanan bir finaldir. Çoğunlukla ilişkiler sancılı bir şekilde biter, bir taraf artık noktayı koymak ister ve kalan için hayli zorlu bir süreç başlar.

Ayrılıkları ertelemek mümkün müdür?

Ya da sağlıklı bir ayrılık süreci yaşamak olası mıdır?

Yoğun duygular içindeki biri için bu soruların yanıtı bellidir aslında. Duygularına yapışan herkes ayrılığı ertelemeye çalışır ancak sonunda olan olur. Dahası devamında da sağlıklı bir ayrılık süreci yürütülemez. İlişkiden gidenin yarattığı boşluğun içine hapsolur kişi.

Ayrılık süreçlerini yürütmek de en az ilişki yönetmek kadar maharet ister. Özellikle iz bırakarak ayrılmak istiyorsanız incelikle işlemeniz gerekenler var.

Diyelim terk edileceğinizi sezdiniz ya da ayrılmak istiyorsunuz, nasıl davranacaksınız?

Kötü sözler sarf etmeden ayrılmak ya da her şeyi bir şekilde belirsizce bırakmak her zaman net bir ayrılık konuşmasından çok daha etkilidir.

Mesela biri size "Ara verelim!" dediğinde ne demek gelir içinizden?

Belki biraz paniklersiniz, kendinizi suçlar ve neden bunu istediği konusunda partnerinizi sıkıştırırsınız. Böyle bir anla karşılaştığınızda kesin cevaplar vermekten kaçının. Bir insana kesin ve net olarak bir şey söylemediğiniz zaman iz bırakırsınız. Yani ilişkide ne ara verdiğinizi bilecek ne de bittiğini bilecek. Bir şeyleri biraz muallakta bırakın özetle. Bu bir süreliğine uzaklaşmak gibi bir şey olmalı... Ayrılık süreciyle ilgili en çok ayrılırken iz bırakacak şeylerden biri karşı tarafı çok zorlamamak aslında... Tatlı tatlı kabulleniş yaşamak... İyi bir şekilde gidiyor olmak. Ama karşı tarafın da hatalarını objektif olacağımız bir şekilde söylemek. "Bu ilişki gidebilirdi ama bu noktaları düzeltemedin, belki ben de hatalıydım burada... O yüzden bu ilişki belki bu çözülemez duruma geldi..." demek ama yine de bitti lafını kullanmamak.

Hatta direkt karşı taraf ayrılalım dediğinde bile peki deyin, bitti diyen siz olmayın.

Burada göstermek istediğiniz şey belirsiz bir kabulleniştir ve bu karşı taraf için sizin öfkelenmenizden daha umulmadık bir tepkidir. Partneriniz ayrılık konuşması yaparken sizden öfkelenmenizi, üzülmenizi hatta ağlamanızı yani uç tepkiler vermenizi bekler. Oysa siz sakince olan oldu tavrıyla karşısında durduğunuzda etkileyici bir karakter duruşu ortaya koymuş olursunuz. Yarattığınız bu belirsizlik onun zihninde "Niye bu kadar çabuk kabul etti, ne oluyor?" sorularının dolanmasına vesile olur.

Yani ava giden avlanır özetle.

Aşırı duygusal tavırlar ayrılmak isteyen bir erkekte nefret duyguları uyandırabilir ya da karizmanız onun gözünde hepten sönebilir. Kuyruğu dik tutun. Kaybetme pahasına da olsa asla geri atmayın ki sizin geri adım atmayan tavrınız aslında size çok şey kazandırır hatta gitmek isteyen kişiyi bile! Belirsizlik duygusuyla baş başa kalan erkek kendine döner ve nerede hata yaptığını sorgular.

Erkek kadın olmayın... Evet, güçlü kadın olun ama bazı rolleri de erkeğe vermeyin. Erkek zaten yönetici olmak ister. Bırakın erkek sizi elde etsin. Ona hep siz elde etmeye çalıştığını düşündürtün, hatta bu olabildiğince uzun bir süre sürsün. Eğer erkek sizi kazanmak istiyorsa sizi elde etmeli, elde etmek için de sizi ikna etmeli. Bunu ona siz düşündürtmelisiniz. Erkek her zaman avcı olmak ister, bırakın sizi avlasın.

Beşinci Bölüm

İlişkide Vazgeçilemeyen Olmak

Talep Etmekten, Talep Edilmeye Nasıl Geçilir?

Talep, ilişkide önemli bir denge faktörüdür. Sağlıklı ilişkilerde talep karşılıklıdır ve asla boğucu değildir. İlişkide karşı taraf boğulduğunu, sıkıştığını ifade eden şeyler belirtiyorsa ya da siz öyle hissediyorsanız ilişkinizdeki talep dengesi bozulmuş olabilir. Bir ilişkideki talep dengesinin bozulup bozulmadığını şu soruları kendinize sorarak anlayabilirsiniz:

Sürekli iletişim halinde olma ihtiyacı mı hissediyorsunuz?

Sürekli görüşmek ve neredeyse her şeyi partnerinizle yapmak mı istiyorsunuz?

Partnerinizle olmadığınız zamanlarda sanki sadece tekrar bir araya geleceğiniz zamanı bekler gibi misiniz?

Onu çok kıskanıyor ve sanki uzak kalırsanız ayrılacakmışsınız gibi korkuyor musunuz?

Kendi kendinize, arkadaşlarınızla ve ailenizle daha az vakit geçirmeye başladınız ve tüm uygun vakitlerinizi partnerinizle mi planlamaya çalışıyorsunuz?

Bazı küçük sinyaller hemen size partnerinizin sizi bırakma ihtimalini mi düşündürüyor?

Bu sorulara evet cevabı veriyorsanız ilişkinizde sürekli talep eden ve ilgi kovalayan bir role kendinizi kaptırmış olma ihtimaliniz çok fazladır.

Sürekli talep eden olduğumuzda partnerimiz için boğucu bir atmosfer yaratmış oluruz. Ayrıca karşı tarafa verdiğimiz muhtaçlık duygusu, kendi kendimize yetemediğimizin sinyallerini ulaştırır. Bu da partnerimizin gözündeki saygınlığımızı ve çekiciliğimizi azaltır. Her kadın, her erkek ayakları üzerinde durabildiği, güçlü göründüğü kadar cazibelidir. Bu elbette hiçbir şey talep etmemek demek de değildir, nasıl ki tenis maçında top bir oraya bir buraya gider, aynı şekilde talep de bir karşı taraftan bir bizim tarafımızdan yapılmalıdır.

Eğer kendinizi bir muhtaçlık döngüsüne kaptırdıysanız bunun nedenlerini kendinizde incelemelisiniz. Bunun altında özgüvensizlik ve kaybetme korkusu yatıyor olabilir mi? Partnerimizin bizi terk etmesinden o kadar çok korkarız ki uzaktayken kaygılanmaya başlar ve kaygımızı onun gidermesini isteriz. Bu yüzden bu döngüyü kırmanın yolu da özgüvenimizi geri kazanmakla, kaygımızla kendi kendimize baş etme yollarını bulmakla mümkün olacaktır.

Bu kaygının nedeni geçmiş deneyimleriniz de olabilir, mutsuz ilişki deneyimleri, aldatılma, terk edilme gibi şeyler yaşamak her ilişkide kendini tekrarlayan korkular yaratabilir. Ya da çocukluğunuzda anne baba ile olan ilişkilerinizdeki bağlanma stilleriniz ve şemalarınız bu kaygı ve korkunun uyanmasında etkilidir.

Bu kaygı ve korkular iki tip davranışa neden olabilir, yapışma ya da uzaklaşma. Muhtaç hissettiğiniz durumlardan kaçmak, bağlanmaktan kaçınmak probleminizi çözmeyecektir. Bunun yerine bağlandığınız insanlarla iletişiminizi güçlendirmek, endişelerinizden ufak da olsa söz etmek ve alışverişinizi dengelemek, kendinizdeki aşırı davranışlara limit koymak yapılması gerekenlerdir.

Fazla talep etmekten talep edilmeye geçmek bir kadın için olmazsa olmazdır. Erkekler zaman zaman kendilerini mağaralarına kapattıklarında onları oradan çıkarmak zordur. Bir erkeği mağarasından çıkarmanın yolu onu boğmak ve ondan sürekli bir şeyler talep etmekle mümkün olmaz. Onu dışarı çıkarmanın başka incelikli yolları vardır.

Talep edilen olmak için öncelikle kendi hayatınızın merkezinde durmalısınız. Sağlıklı ilişkilerde, çiftlerin kendi hayatları da aktiftir. Bunu yapabilmek için de önce özgüveninizi ve özdeğerinizi tazelemelisiniz. Özgüveni olan her insan cazibelidir. Genellikle sıklıkla düşülen hatalardan biri ilişkide rehavete kapılmak, partnerinizle birlikte değil kendi yaşamınıza odaklanmamak ya da ayrılıklarda hayattan elinizi ayağınızı çekmenizdir. Partnerinizle birlikte değilken pasif bir şekilde beklemek, tüm aktivitelerinizi ona göre planlamak, onsuz hiçbir şey yapmamak sizi ilişkinin silik karakteri haline getirir.

Asla yalnız kalamıyor ve hemen sıkılıyorsanız belki de yaşantınızda değiştirmeniz gereken şeyler vardır. Mutsuz, yetersiz hissettiğimizde sıklıkla yaptığımız hatalardan biri insanlara yapışmak olur. Kendinizi mutlu etmek, oyalamak için neler yapabilirsiniz kendinize sorun. Belki yeni şeyler öğrenmek, yeni insanlarla tanışmak sizi hapsolduğunuz bu yerden kurtaracaktır.

Fiziksel ve zihinsel yönlerden kendinizi güçlendirin. Bunun için spor ve meditasyon yapabilirsiniz. Bu tür aktiviteler hormonlarınızı düzenler ve sizi hem daha enerjik ve sağlıklı hem de duygusal açıdan daha dingin yapar.

Ayrı olduğunuz zaman da mutlu olmanız önemlidir. Size iyi gelen, güçlü hissettiren şarkılar dinleyin ve filmler izleyin. Güvenli alanınızdan çıkın ve yeni şeyler deneyin. Kişisel gelişim kitapları okuyun, dil öğrenin, hiç kimsenin bilmediği bir şeyi keşfetmeye çalışın. Hayata karşı merakla yaklaşın ve bilgi hazinenizi geliştirin. Bunlara ilk başta motive olmanız belki biraz sizi zorlayacaktır ama kendinizi motive etmek için kendinize ve partnerinize zaman tanıdığınızı düşünün. Uzaklaşma ve yakınlaşmaların ilişkilerin doğasında olduğunu aklınızın bir kenarında daima tutun, ısrarla ve zorlamayla bazı şeylerin çözülemeyeceğine, bırakmanın ve akışa güvenmenin gücüne inanın.

İlişkide birbirinizi özlemek de kıymetlidir, özlem duygusu ilişkiyi güçlendirir. Sizinle geçirdiği zamanları tekrar hatırlamasına izin verin. Özlem duygusu talep edilmenizi de sağlayacaktır.

Talep edilir olmak için
kendini seven bir insan
olarak gözükmek önemlidir.
Kendini seven bir insan
kendine değer veren insandır,
her şeyin farkında olan,
yanlışlarını da söyleyebilen,
hatalarıyla dalga geçebilen,
kendinin iyi yönlerinin,
rahatsız olabileceği
durumların farkında olan
ve ona net bir anlamda sınır
çizebilen, neyin kendisini mutlu
ettiğini, mutsuz etmediğini
rahatça söyleyebilen insan
kendini seven insandır...

Dinlemeyi bilen, kendini doğru ifade edebilen, doğru zamanda doğru iletişimi bilen insan talep edilen insandır. Çünkü bazen birine gerçekten bir şeyi doğru bir şekilde ifade edersiniz ama yanlış zamandır. Talep edilen bir insansa doğru zamanda doğru bir şekilde kendini ifade edebilir yani bilir ki ben partnerime söyleyeceğimi yemekten sonra söylemeliyim çünkü yemekten önce açken ben ne söylersem öfkelenecek. Doğru yolu bulabilen ve yapacaklarını doğru zamanda planlayabilen biri olun, bu aynı zamanda nezaketinizin de bir göstergesidir.

Gülümseyebilen, cesur bir şekilde gidip birinin elini sıkan, sohbete hemen girebilen, karşısındaki insanı tanımaya çalışan, deşen, nasıl yaptın, ne ettin diye insanı tanımaya çalışan ve onu önemsediğini hissettiren insan daha çok talep edilir. O yüzden iletişimde de ilk başta onu önemseyen, neden, niçin, nasıl böyle bir şey yaptığını sorgulayan insan daha talep edilen olur.

Talep edilen insan kendini diğer insanlara anlatırken herkesin kullandığı kalıp cümleleri değil de başka sözcükleri kullanan insandır. Örneğin bir diş hekiminin kendisini "Ben insanların hayatına gülümseme katıyorum" diye tanımlaması örneğindeki gibi. Kendine göre tatlı kelime kalıpları kullanan, kendini tatlı tatlı anlatan, ifade becerisini geliştirmiş, birazcık daha kalıpların dışına çıkabilmekten geçer talep edilmenin yolu. Kısaca kendine ait şeyleri güzelce tanıtabilmekten yani aslında birazcık pazarlamasını da iyi yapabilmekten... Buranın püf noktası şu: On kişi aynı şeyi yapar ama bir kişi ön plana çıkar ve istenilen kişi olur. Ortalama bir grubun içinde böyle davranan insan daima çekici gözükür.

Tavsiye isteyen insan da talep edilir. "Ya ben bunu yaptım ama sence nasıl fikir?" diye soran insan sempatiktir ve insanlar kendilerini yakın hissederler. Burada hem diğer insanları önemseme hem de büyüklenmecilik yerine bir tevazu vardır.

Talep ediyorsunuz çünkü birilerini önemsiyorsunuz. Talep ediyorsunuz çünkü insanın eksik ve kusurlu olabileceğini görüyor ve kibirli davranmıyorsunuz. Her insan önemsenmek ister. Siz ondan fikir istediğiniz zaman "Bak bu hem bu kadar özgüvenli ama beni de önemsiyor" dedirtmiş oluyorsunuz. Fikir sormak bu yüzden çok önemli. Aynı zamanda empati kurabilmek de... O insanı dinlemek, anladığınızı belli etmek. Bunlar sizi diğer insanlarla daha da yakınlaştırır.

Biri sizin tarafınızdan anlaşıldığını hissettiği zaman siz de talep edilirsiniz.

Merak Uyandıran Kazanır

Partnerinizden ayrıyken duyduğunuz kaygıyla baş etmenin yollarını bulmanız gerekir. Çünkü bazen dürtülerimizi kontrol etmek ve duygularımıza rağmen hareket etmek zordur. Fakat unutulmamalıdır ki duygular gelip geçicidir. Hep aynı yoğunlukta kalamazlar. Zamanla azalırlar. Herkese farklı şeyler iyi gelebilir fakat temel olarak görmeniz ve algılamanız gereken bazı noktalar vardır.

Öncelikle, kaygınızı ve ondan doğan bağımlılığınızı fark etmeli ve kabullenmelisiniz. Reddedilen hiçbir olumsuz duyguyu tersine çevirmek mümkün olmaz. Bir şey varsa vardır, yokmuş gibi davranmak odada oturan koca fili görmezden gelmek olur.

Korku ve kaygılarınızla yüzleşin, hatta bunu kendinize sesli bir şekilde söyleyin. Bunu nasıl iyileştirebileceğinizi düşünün. Bu duyguyla yaşamak sizi mutlu ediyor mu? Bu duygu sizin hangi yönünüzden besleniyor? Bu tarafınızı güçlendirmek ve değiştirmek için değişmeye razı mısınız?

Bunu zihninizde tıpkı bir boksörün ringe çıkması gibi canlandırın. Nasıl ki boksör ringe çıkmadan önce hazırlığını yapar, zihninde ve ruhunda yenilmemek üzere kendini motive eder, siz de korku ve kaygılarınızı alt etmek için aynı motivasyonla zihninizde kendinizi hazırlayın.

Partnerinize sıklıkla yazmak, onunla her gün görüşmek sizin için geçici bir çözümken karşı taraf için bezdirici olur ve onun giderek daha çok mağaraya kapanmasına yol açar. Zihniniz kaygılıyken bulanıktır, sağlıklı düşünme yetisi kaybolduğunda otomatik olarak bazı şeyleri tekrarlamaya başlarsınız. Şimdi defterinizi alın. Şu soruların cevabını lütfen yazın:

- Neden ona yazmak istiyorum? Tam olarak ne olmasını istiyorum? Bu olduğunda ne olacak? Ben nasıl etkileneceğim, nasıl hissetmek için bunu yapıyorum?
- Onunla iletişim halinde olmamamın riskleri nedir? Tam olarak neden korkuyorum? En kötü ne olabilir?
- Tepkimi vermeden önce 1-2 saat bekleyebilir miyim? Beklerken ne yapmak bana iyi gelir?
- Bu durumda kendine güvenen bir insan olsa ne yapardı?
- Bu durumda olmam benim hakkımda ne söyler?
- Bir arkadaşım bu durumda olsaydı ona ne önerirdim?
- Bu olaydan alabileceğim bir ders var mı?

Sonrasında birinci sorunun cevabını tekrar inceleyin. Kendinizle ilgili bir ihtiyacı keşfettiniz mi? Cevabınız "Mutlu olmak için yapıyorum" ise temel ihtiyacınız mutlu olmak olabilir. Şimdi de partnerinize ihtiyaç duymadan sizi mutlu eden ya da edeceğini düşündüğünüz şeylerin listesini yapın. Ayrı kaldığınız zamanda bu listeye bakıp bunları uygulayabilirsiniz. Yanıtınız "Sevilmek istiyorum" ise bu ihtiyacınızı karşılayabileceğiniz arkadaşlarınız ve yakınlarınızla iletişim kurabilirsiniz. Tabii ki burada kendinize olan sevginizi hatırlamanız ve kendinizi şımartmanız da işe yarar. İlgiye ve sevgiye değer bir insan olduğunuza inanmanın tek yolu budur. Siz inanırsanız, herkes inanır.

İç sıkıntınız ve kaygılarınız sürekli ve çok yoğunsa terapi almanız sizin için iyi bir yol olabilir.

İlişki dinamikleri adına önemli bazı farkındalıklar da bize bu konuda yardımcı olabilir. Örneğin her ilişkinin kendi hızı vardır. Bu ayrı kalmaların, birleşmelerin, ilişkinin ciddiyet açısından ilerlemesinin hızını artırmaya çalışmayın. Yeni şeyler yaşamak güzeldir. İlişkinin ya da bu halinizin yeniliğinin keyfini çıkarın. Ayrıca sürekli görüşme isteği ilişkiyi kontrol etme ihtiyacından kaynaklanıyor olabilir. Bu ihtiyacınızı fark edin. Kontrolünüzü azaltmaya ve bazı şeyleri oluruna bırakmaya çalışın. İlişki doğal halinde nasıl ilerliyor izleyin. Zaten ne kadar kontrol ederseniz sorumluluk da o kadar size kalır.

Bir ilişkinin tüm sorumluluğunu üstlenmek ne kadar sağlıklıdır?

Üstelik sorumluluğunuz arttıkça kaygınız ve ilişkideki yükünüz de artar. Üstelik ilişkinin tüm sorumluluğunu almak demek her problemin çözümünün yaratıcısı olmanız demektir. Karşı tarafın sorumluluğunu da siz üstlendiğinizde onun hatalarını çözme alanını da otomatik olarak yok etmiş olursunuz.

Bu tıpkı sürekli ortalığı kırıp döken bir çocuğun peşinden koşarak ortalığı toplamaya benzer.

Bırakın kırılan şeyleri biraz da kıran toplasın.

Partnerimizden bir talepte bulunduğumuzda zamansal açıdan ona seçim hakkı bırakmamamız, bir çocuğun şimdi şimdi diye tutturmasına benzer. Yetişkin olun. Sahip olmak istediğiniz şey her neyse, bekleyebileceğinizi ve partnerinizin de kendine göre biyolojik bir saatinin olduğunu unutmayın.

Bunun yerine, iletişim halinde ya da yan yana değilken yapabileceğiniz en iyi şey onda merak uyandırmaktır. Sizin, o olmadan neler yaptığınızı o sormadan anlatmayın. Sorduğunda da kısaca geçiştirin. Eğer ayrıntıları merak ederse zaten detaylara yönelik sorular soracaktır. Diğer yandan o yokken onun size dönmesini beklemiş olsanız bile bunu belli etmeyin. Görüşmediğiniz gün sayısının hesabını yapmayın. Yaptıysanız bile ona bundan bahsetmeyin, sitem etmeyin. Kendinizi örtün.

Çekici Olmanın Çekiciliği

Her zaman bakımlı ve temiz olun. Güzel, dikkat çeken kıyafetler giymekten imtina etmeyin. Duruşunuz dik olsun, spor yapmayı bırakmayın. Mutlaka güzel kokun. Giysilerinizle, makyajınız ve saçınızla, güzel bulduğunuz yerlerinizi abartmadan ortaya çıkarabilirsiniz. Burada önemli olan ütopik güzellik standartları değil, sizin neyi çekici bulduğunuzdur. Kendinizi çekici bulmanız, fiziksel olarak sahip olduğunuz tüm güzelliklerden daha çekicidir.

Çekici olmak tabii ki fiziksel özelliklerle sınırlı değil. Davranışlarımız ve tavrımız da çekici bulunmamız üzerinde çok etkili. Kibar, enerjik olmak ve gülümsemek insanın çekiciliğini artıran, üstelik yapabileceğiniz en kolay şeydir. Konuşurken karşınızdakinin gözlerine bakın ve onunla ilgilendiğinizi belli edin. Onu bunaltmayacak, anlatmaktan hoşlanacağı şeyleri sorun. Flört etmekten çekinmeyin, doğal bir şekilde ve aşırıya kaçmadan sergilenen flörtöz hareketler karşımızdakini heyecanlandırır ve çekici bir hava katar. Özellikle ilişkinin ilerleyen zamanlarında çiftlerin yaptığı büyük hatalardan biri birbirleriyle eğlenmeyi ihmal etmeleridir. Partnerinizi sanki yeni tanıyormuş gibi tavlamaya çalışın, gönlünü yeniden kazanın. İlk başta şaşırıp tuhaf tepkiler verse de, alışınca bu onun da hoşuna gidecektir. Onu arzuladığınızı hissettirmek onu ve dolayısıyla sizi mutlu edecektir.

İltifat etmeyi unutmayın, küçük de olsa takdir edecek şeyler bulun. Birinin aklında güzel ve özlenecek şekilde kalmak istiyorsanız iç bayıcı konular yerine ilişkinizin güzel giden yanlarından konuşun. Dedikodu yapmayın, dedikodu itici bir davranıştır. Konuşurken onun duygularını da takip edin, nasıl hissettiğini sorun ve ilgilenin. Her şeyi biliyor ve her şeyin farkındaymış gibi davranmayın. Hayata ve partnerinize karşı merakla yaklaşın.

Bir kadın, nasıl ilişkide güvende hissetmek isterse, erkek de partnerinin onu koruduğunu ve ihtiyaçlarını gözettiğini hissetmek ister. Genelde toplum yapımızdan dolayı erkekler sevgilerini maddi bir güç sağlayarak ve koruyarak göstermeyi bilirler, sevgiyi göstermenin başka yollarından bihaber olan erkek çoktur. Eğer erkeklerden sözel sevgi ifadeleri duymayı bekliyorsanız, önce onların koruma ve ihtiyaçları gözetme davranışlarını takdir edin. Buna ihtiyacınız olmasa bile bundan dolayı duyduğunuz memnuniyeti mutlaka ifade edin. Takdir erkeğin ilişkideki benzini gibidir.

Kadınlardan memnuniyet bekliyorsanız, onların anlattıklarını dinlediğinizden ve sevgiyle kabul ettiğinizden emin olun. Kadınlar anlaşıldıklarını hissettiklerinde oksitosin hormonu salgıladığını ve bu hormonun onun size olan bağlılığını ve sevgisini artırdığını hatırlayın.

İnsanlar saygı duyduğu şeyleri çekici bulurlar. Saygı uyandıran kişi de talep edilir. Saygı uyandırmak içinse sınırlar belirlenmelidir. Hayır demeyi öğrenin. Alışkanlıklarınız ve kişilik yapınızdan dolayı bunu yapmakta zorlanıyorsanız kendinize küçük ödevler vererek işe başlayın. Örneğin kendiniz için yaptığınız planları onunla buluşmak için iptal etmeyin, kendi alanınızı korumak sınırlarla ilgili çalışmak için belirlediğiniz ilk şey olsun. Özel durumlar haricinde size değer veren biri zaten sizin planlarınıza saygı duyar ve müsait zamanınızı kollar.

Rızanızın olmadığı hiçbir şeyi yapmaya yanaşmayın, ancak hayırlarınız kırıcı ve sert şekilde olmasın. Her zaman nazik bir dille yapmak istemediklerinizi söyleyin, karşı taraftan hayır duyduğunuzda da konuyu kişiselleştirmeyin. Herkesin kendi özgürlük alanını koruma hakkı olduğunu unutmayın. İlişki demek sorgusuz sualsiz birbirimizin alanını işgal etmek değildir.

Bir talepte bulunacaksanız, ne istediğinizi iyice anlayıp detaylandırın. "Ne olursa, nerde olursa olsun, yeter ki onunla olsun" mantığından çıkın. Kendinizi feda etmeyi seçmeyin. Mesela görüşmek istediğinizde kafanızda nerede buluşmak ve onunla neler yapmak istediğiniz az çok belli olsun. Size fikir sorulduğunda "Fark etmez" demek yerine öneriler sunun. Ne istediğini bilen, konuşmalarında net ve direkt olan insanlar daha çekicidir ve her zaman talep edilirler.

Kendi Alanınızı Koruyun

En önemli noktalardan birisi de kendi alanınızı bırakmamanızdır. Bir savaşta hayal edin kendinizi, cepheyi terk ettiğiniz anda düşman askerleri yerinizi işgal eder. Kendinizi ifade ettiğiniz, var olduğunuz özgürlük alanınızı, mutluluk duyduğunuz sahayı terk etmek mutluluk kaynaklarınızın kurumasına neden olur.

Bir erkek hayatındaki kadını her zaman mutlu ve kendi hayatıyla barışık görmek ister. Ancak sık yapılan hatalardan biri özellikle ilişkinin ilerleyen dönemlerinde yaşamın ortasına hayatımızdaki insanı yerleştirmek ve bazen de sevdiğimiz şeylerden feragat etmemizdir. Meşgul olduğumuz işleri terk etmek, hobilerden vazgeçmek, sosyal çevremizden uzaklaşmak ve hayatı sadece sevdiğimiz insana entegre etmek tuzaklardan bazıları. Her zaman öncelikle kendi programınızı yapın, ona göre programınızı değiştirmeye başladığınızda denge bozulacaktır.

Erkekler program bozmayı severler, siz ne kadar kendinize odaklanırsanız karşı taraf o kadar kendi istekleri ve teklifleri ile gelecektir. Bu erkekler için bir değer biçme yolu olarak görülür, kendisi için programını iptal eden bir kadını benimseyeceklerdir. Ancak her zaman yapmamak kaydıyla elbette. Bu şekilde değerli bir elde etme hissini nadiren de olsa yaşatmak anlamlı olabilir ancak bunu fazlasıyla benimsediğinizde alanınızı başkasına kaptırmış olursunuz.

Aşırı fedakârlık her zaman kıymet yitimi ile sonuçlanır. Siz yaptıklarınızdan feragat ettikçe değersizleşmeye de başlarsınız. Özverili olun ama asla fedakâr olmayın. Özverili olmak verebileceğiniz kadarını vermektir, sınırlarınız çerçevesinde yapabileceğinizden fazlasını yapmaya kalkmayın. Burada içinizdeki hassas teraziye güvenin, eğer sizden beklenen şey düşünmenize yol açıyorsa, içinizden aslında yapmamanız gerektiğine dair bir alarm çalıyorsa buralarda harekete geçmemek daha sağlıklı olur. Kendinizden vermeye başladığınızda o âşık olunan kadın olmaktan uzaklaşmaya başlarsınız. Erkek dönüştürebildiği kişiyi değersiz bulmaya, "Bu kadının ilgi çekici bir yanı kalmadı!" demeye başlar. Erkek sizi devamlı keşfetmeli ve elde etmeye çalışmalıdır. Ele geçmeyen bir kadın bir erkek için her zaman cazibelidir.

Cinsellikten sonra erkek kadının ona çok bağlanacağını düşünür ancak kadın olarak siz ilişkiniz sanki yeniymiş gibi davranmaz ve onun ilgisini artırmazsanız, ilişki yaşamış olmayı önemli hale getirmezseniz bu erkeği şaşırtacaktır. Çünkü erkek özellikle cinsellik yaşandıktan sonra kadının üzerine daha çok düşeceğini, daha sık aramaya başlayacağını düşünür, çoğu kadın da bunu yapar bu arada. Çünkü kadın doğası gereği erkeğe karşı bir bağlılık geliştirme eğilimindedir. Bu bağlılığını göstermek için de daha sık aramaya ve daha çok plan yapmaya yönelir, haliyle bu durum da erkeği uzaklaştırır. Çünkü erkek beyni şunu söyler: Onu elde ettim!

Ancak kadının erkeğe karşı daha soğukkanlı davranması, hemen ertesi gün değil birkaç gün sonraya görüşme talep etmesi ya da daveti ertelemesi kadını daha kıymetli hale getirir. Bu gibi bir durumda eğer karşı taraftan bir davet gelirse hemen olumlu yanıt vermeyin, "O gün bir işim var acaba haftaya mı seninle beraber vakit geçirsek?" demek ve tatlı bir tonla buluşmayı ertelemek erkeğin gözünde sizi daha cazibeli bir hale getirir.

Erkeğe her zaman
bir kapıdan çıkıp
gidebilirmişsiniz gibi
bir hava yaratın.
Hele ki hatalar
söz konusu olduğunda
bu kapının tamamen
kapanabileceğini de bir
şekilde bilmesini sağlayın.

Hayatınızdaki tavrınızı ve fikirlerinizi net bir şekilde söylemekten kaçınmayın. Sırf karşınızdakini memnun etmek için olmak istemediğiniz rollere asla bürünmeyin. O istedi diye fikirlerinizi değiştirmeyin, bu sizi yanardöner bir karaktere çevirmekten öteye gitmez ve asla bu şekilde birini kazanamazsınız. İlişki denen şey karakterli olmayı sever. Kısaca neyseniz o olun!

İlişkinizin ya da flörtün henüz ilk zamanlarında ilgilendiğiniz kişinin sosyal çevresine dahil olmak, onun yakın arkadaşlarıyla bir an evvel tanışma arzusuyla yanıp tutuşuyor olabilirsiniz. Bu isteğiniz de her zaman karşı taraftan yeterince ilgi görmeyebilir ve beklediğiniz tanışma gecikebilir. Bu konuda ısrarcı olmak yerine cazibenizi her zaman koruyun. Talep etmekten talep edilmeye geçmenin diğer yolu da budur. Kendi sosyal yaşantınızda meşgul olmak, erkek arkadaşınızın ya da flörtünüzün arkadaşlarıyla ısrarla tanışmayı istemek yerine bunu akışına bırakıp kendi yaşamınıza odaklanmalısınız. Bırakın teklif karşıdan gelsin, bunun yerine "Ben senin arkadaşlarınla tanışmak istiyorum" cümlesini kuran taraf siz olmayın. Eğer siz de yaşamınıza giren yeni kişiyi arkadaşlarınızla tanıştırmak istiyorsanız bunu tesadüfi şekilde gelişen bir organizasyona çevirin. Planlı tanışma programları bağlılık beklentisi içinde olduğunuzun sinyallerini verir, bu da erkekleri kaçırabilir. Henüz taze başlamış tanışmalarda bu konuda yapacağınız diretme ters tepebilir. "Biz daha yeni tanışıyoruz" diyen bir erkek zihninden bahsediyoruz. Sizin de zihninizi bu şekilde programlamanız, bakalım ilişki nereye giderse şeklinde plansız ve programsız davranmanız erkek zihni için daha iyi bir yaklaşımdır. Özellikle de aile üyeleriyle tanışmaya zorlamak bir şeyleri garanti altına almaya çalıştığınız şeklinde okunacaktır.

Her zaman mesaj atmak monotonluğa neden olur. Her sabah yazmak, her anınızdan karşınızdakini haberdar etmek ilişkideki merak unsurunu öldürür. Ateşi her daim harlı tutun. Uzun vadede sık sık kendinizi hatırlatmanız doygunluk yaratacaktır. Bırakın biraz araya boşluk girsin, sizi merak etsin ve sizden haber almak istesin. İlişkideki rutin bir vadede değersizlik yaratacaktır.

Nadir olan şeyler
daha değerlidir,
kendinizi nadir olan
ve kolayca ulaşılamayan
bir hazineye çevirin.

Kolayca idare edilen ve tatmin olan bir insan profili çizmeniz sizin kolayca idare edilmeniz anlamına gelir. Kademeli olarak karşınızdakinin ilgisi azalır. Nasıl olsa siz oradasınız ve ondan ilgi görmek için hevesle bekliyorsunuz. Hiçbir zaman o hevesi çok göstermeyin. İki kelimelik bir mesaja sayfalar dolusu mesajla geri dönmeniz sizin aşırı hevesli oluşunuzu çok net bir şekilde karşıya aktarır. Kısa cümlelerle iletişim kurmayı keşfedin. Erkekler uzun ve imalı metinleri laf kalabalığı olarak algılamaya meyillidir. Söylemek istediklerinizi direkt ve net ifadelerle söyleyin. Fazla açıklamaya girmekten daima kaçının, yeteri kadar bilgiyi uygun zamanda vermek iletişimin püf noktasıdır. Konuşmak kadın doğasının arzusudur, erkeklerin az kelime kullanmayı tercih ettiklerini unutmayın. "Seni çok istiyorum" gibi cümleler kurmaktan kaçının. Onu istediğinizi hiçbir zaman açık bir şekilde göstermeyin. Bazen geri çekilmeyi, bazen konuşmayı yarıda kesmeyi bilin. Her an iletişime hazır olmayın, bazen işiniz çıksın ve telefonu erken kapatın ya da mesajlaşmayı nihayetlendirin. Kadınlar konuşmaya ve iletişime erkeklere göre daha açık olduğundan bazen sıkıcı olma tehlikesine kapılırlar. Bu noktada biraz yüksek bir farkındalık geliştirmeye gayret gösterin. Bazen susmak en iyi iletişim taktiği olabilir.

Eğer evlilik düşüncesi içindeyseniz ve karşı taraftan bir evlilik teklifi bekliyorsanız dikkatli ilerleyin. Kadın evliliği altın tepside sunduğu zaman erkek bunu almaya tereddüt eder. Erkeğin beyni şu şekilde çalışır: "Zaten tüm kadınlar evlenmek istiyor!" Evlilik genelde kadınların daha fazla talep ettiği bir şeymiş gibi düşünülür erkekler diyarında. Size evlilikle ilgili fikrinizi sorduğunda "Seninle olursa şöyle olur" benzeri bir diyaloğa girmeyin, soruyu soran kişiyi evliliğin öznesi haline getirecek kurgulardan uzak durun. Genel geçer cevaplar böylesi durumları kurtarmak için imdadınıza koşacaktır. Bu tarz cevaplar erkeklere onun sizi bir şekilde ikna etmesi gerektirdiğini düşündürmeli.

İlk günden plan yapmaya çalışmak, pembe düşlerinizden bahsetmek, ocak ayındayken yaz tatili için program yapmak sizin bir şeyleri garantilemeye çalıştığınızın sinyalleri olarak algılanır. Bırakın programı o yapsın. Hatta bu konuda rahat ve yuvarlak cevaplar vermek de iyi bir alternatiftir. Size kış mevsimindeyken yaz tatili için ne yapsak diyen soran bir erkeğe "Yaz gelsin bakarız" demek, rahatlık içinde olmak onun sizin alanınıza daha da çekilmesini sağlayacaktır. Süreç erkek tarafından yaratılana kadar her şeyi belirsizlik içinde bırakın. Özellikle ilişkinin başlarında birkaç aylık bir dinamik olarak bunu sürdürmeniz özellikle önemli, sonraki süreçte de rehavete kapılmadan benzer davranışları takip etmeniz ilişkinizin akıbeti için de olumlu olacak.

İlişkinizin Bir Ritmi Olsun

Her zaman ilişkinizi benzer dinamikler üzerinden ilerletmeyin. Bir gününüz diğer günden nasıl ayrışıyor?

Bu takibi yapmak ilişkinize yaratıcılık ve merak kazandırmaya yarar. Her gün aynı rutin üzerinden değil, sıklıkla değişen döngüsel bir dinamik üzerinden ilerleyin. Elbette burada bahsedilen şey duygu tonunuzdaki sürekli bir değişim değil, bir gün öyle bir gün böyle olmak da... Duygu tonunuz, eğer bunu değiştirecek önemli bir etken yoksa, daima sevecen, samimi ve dürüst olsun. Sadece ilişkinizdeki eylemleri farklılaştırın.

Zaman zaman kaybetme korkusu hissettirin. Kaybetme korkusu ilişkinin kalbinin atmasını sağlar, evliliklerin tökezlemesinin, aldatmaların temelinde garanti altında olma düşüncesi vardır. Kaybetme korkusu illüzyonunu yaratmayı ihmal etmeyin. Sizi seven ve değer veren başka insanların olduğunun hatırlatılması, bunu ima eden ufak sözler bu duyguyu ateşlemenin bir yoludur. Elbette asla hayatınızda başka biri varmış gibi davranmak demek değildir bu. Sizinle ilgilenenler var ama siz kayıtsız gibisiniz aslında. Safiyane davranmak, "Bugün saçlarımı çok beğendiler, aslında hiçbir şey de yapmadım", "Bugün makyajıma ve giyimime o kadar çok iltifat aldım ki" ya da "Bugün işyerinde seni yeni projeye de dahil edelim dediler, geçen sefer projede yaptıklarımı çok takdir ettiler" gibi cümlelerle aslında başkalarının gözünde hem aklınız hem de güzelliğinizle ne kadar değerli olduğunuzu hissettirin. Bu neden işe yarıyor derseniz çünkü başkalarının beğendiğine ilgimiz daha çok artar.

Satış pazarlamanın bir numaralı taktiğidir: Talep gören şeyin satışı da artar. Sosyal medyada yüksek takipçili birini sırf başkaları da takip ediyor diye eklediğimiz olmaz mı? Bir şey alınıyorsa bir nedeni vardır ki insanlar alıyor demez miyiz?

Bu talep edilmenin altını sadece karşı cinsin ilgisini uyandıran şeylerle değil, zekânızla, güzelliğinizle, sohbetinizle, dostluğunuzla, başarılarınızla doldurabilirsiniz. Karşınızdaki şuna iyice ikna olmalı: Patronunuz ya da iş arkadaşlarınız sizi takdir ediyor, dostlarınız sizi seviyor ve sizinle vakit geçirmek istiyor, yeni proje ortağınız zekânıza hayran, komşunuz sizinle bir kahve içmekten bile inanılmaz keyif alıyor çünkü siz çok değerlisiniz ve başkaları tarafından da talep ediliyorsunuz.

Bir şeyin gidebilecek
olmasıdır onu değerli kılan.
O zaman önemsenir hale
gelir çünkü her şey.

Kitaplığınızda duran ve size ait olan bir kitabı okumayı sürekli ertelersiniz ama o kitabın sizden alınacağını bildiğinizde bir çırpıda okumak, içselleştirmek istersiniz. İlişkilerde de benzer durum vardır, sürekli birinin elinin altında olduğunuzu hissettirmeyin. Her an gidebilir ve yitirilebilir olma duygusunu zaman zaman karşınızdakine hatırlatın.

Tüm bunlar birer oyun mu diye soracaksınız belki? Tüm bu öneriler hiçbiri ilişkiyi bir oyuna çevirmek için değildir. Aksine kendi sınırınızı belirlemeniz ve özsaygınızı korumanız için yapmanız gereken "zorunlu" davranışlardır.

Nasıl Vazgeçilmez Olursunuz?

Vazgeçilmez olmak kolay bir şey değildir. İlişkide vazgeçilmezlik demek ilişkide aranılan, önemsenen kişi olmanız ya da sizin ilişkiden gidebileceğinizi düşündürmenizdir aslında. Şimdi bunu nasıl sağlayabileceğinize bakalım.

Özgüvenli olun. Kişiler özgüvenli gördükleri ya da özgüvenli olan kişilere daha çok bağlanırlar ve onlardan vazgeçme konusunda daha çok zorlanırlar. Neyi sevip sevmediğini bilen, güçlü yanlarının farkında olan, zayıf yanlarını bilen, fikirlerini rahatça söyleyebilen, fikirlerini söylemekten çekinmeyen insanları özgüvenli olarak görüyoruz aslında. O yüzden vazgeçilmez olmanın ilk şartlarından biri özgüvenli olmaktır.

İletişim becerinizi geliştirin. İletişim becerilerini bilen, gerçekten kendini iyi ifade eden, gerektiği yerde hayır diyebilen, bağımlı olmayan kişiler vazgeçilmez olmaya daha yatkındır. Burada vazgeçilmezlikten bahsederken şunu da söylemek lazım, vazgeçilmez insanlar gittiği zaman akılda kalırlar. İyi iletişim becerilerine sahip biri her zaman akılda kalır.

Eğlenmeyi bilin. Güzel vakit geçirdiğiniz insan daha vazgeçilmez olur. Yanınızdaki kişi sizinle birlikte eğlenmeli, hep küsen, mutsuz olan, depresif, sadece kötü şeylerinizi anlatan bir insan olursanız o zaman o kişi sizi hatırladığı zaman kötü şeyleri hatırlar. Sizinle eğlenir, mutlu olur, keyif alırsa sizi düşündüğü zaman aklına mutluluk gelir.

Dinlemeyi bilin. Herkes dinlenilmek ister. İnsanların en büyük zaafı dinlenilmektir çünkü buna ihtiyaç duyarız. Siz, karşınızdaki insanı eğer dinler, onu anlamaya çalışır, empati yapar ve onu anladığınızın karşılığını verirseniz o kişide vazgeçilmez hale gelirsiniz. Çünkü onun derdinin dermanı gibi gözükürsünüz ve insanlar kendilerine bu duyguyu hissettirenleri kolay kolay unutmazlar. Özellikle onun ihtiyaç duyduğu insan haline gelirsiniz böylelikle. Vazgeçilmezliğin bir kuralı da ihtiyaç duyulan insan haline gelmek aslında. O yüzden dinlemeyi öğrenmek lazım.

Uzlaşmanın yollarını bilen insan olun. Tartışmaya, haklılık-haksızlık savaşına odaklanmaktansa çözüm üretebilen, bak bunu böyle yaparız deyip onun hayatında da çözüme odaklanan biri olun. Karşınızdaki erkeğin ya da kadının hayatına katkınız olsun. Sadece güldük, gezdik, eğlendik modunda değil, "Bak, sen bunu böyle yaparsan bence çok iyi olur... Biz bunu tartışıp konuşup şöyle yapalım mı, senin için de iyi olur mu?" gibi cümlelerle katkı üretin. Hatta şu bile bir katkıdır: "Bak, şu bilgisayarı kullan, bunun çıktıları daha iyi" ya da "Bak, şu kalem şu deftere çok güzel yazıyor, sen yazı yazmayı seviyorsun, çok daha mutlu olursun!" Onun hayatını bileceksiniz ve ona katkı sunacaksınız. Benzer tavırla kavga sırasında uzlaşma yoluna giden olun. "Bak şimdi sinirliyiz ama bundan sonra hafta sonları o trafikli yere gitmeyelim... Şuraya gidelim! Ne dersin?" gibi çözüm üretebilen, tartışmaları kısa kesen biri olun. Bunlar hep vazgeçilmezliği sağlamlaştırır.

Sevginizi hissettirin. Sevgiyi hissettirmek çok önemlidir. Her insanın sevgiye ihtiyacı vardır nihayetinde. Eğer siz sevginizi iyi bir şekilde hissettirir, dokunuşlarla, temasla, sarılmakla, öpmekle onu önemsediğinizi gösterirseniz, o sizden uzaklaştığı zaman ya da bir tartışma durumunda, hafif kısa ayrılıklar araya girdiği zaman da bunları hatırlar. Unutmayın ilk anda kızgınlık gelse de sonra güzel anlar gelir akla. Zaman geçince geriye hep güzel ve mutlu olduğumuz anılar kalır. Sizi unutulmaz yapacak şeylerden biri de ona sunduğunuz sevginizdir.

Kısıtlamayı bırakın. Eğer karşınızdaki insanın hayatını kısıtlamaya çalışır, stalklamayla ona bunu yapma, şunu yapma diye dayatır ya da ona gitme, onu beğenme derseniz karşınızdaki kişi sizi negatif hatırlamaya başlar ve siz onun hayatını kısıtlayan kişi olursunuz. Bu negatif bir şey, kimse sizi böyle iyi hatırlamaz. "Ben bundan nasıl kurtulsam da özgürlüğüme kavuşsam?" der. Tabii ki bazı isteklerimiz olabilir, bazı konuları yapıp yapmama konusunda hassasiyetlerimizden söz edebiliriz ama özgürlüğü çok kısıtlayan insanlar bıkkınlık yaratan insanlardır.

Hayattan keyif alın. Kendi hayatınızdan da zevk alan, kendi hayatında da mutlu olan, kendi işinde de mutlu olan insanlar daha vazgeçilmez oluyorlar. Çünkü mutlu bir insan hayatından birileri gittiğinde bağımlı ve mutsuz hale gelen değil, her şeye rağmen hayattan keyif alan insandır ve mutlu insanı bırakmak istemez kimse. O yüzden kendi hayatınızdan keyif aldığınızı göstermeniz lazım. "Arkadaşlarımla bir hayatım var... Hobilerim var... Ben mutluyum..." diyebilmelisiniz ve karşınızdaki de buna inanmalı.

Doğal olun. Doğal olmak gerçekten çok önemli çünkü insanlar aslında çok yapmacıktır. Hele ki bugünün dünyasında... Asla olmadığınız biri gibi olmaya çalışmayın. Bazen salaş olun, yanında rahat davranın, tatlı olun, mütevazı olun, şaşırın, yanılın, hatanızı kabul edin... Doğal insan her zaman çok daha etkileyicidir, o yüzden doğal olmak çok önemlidir. Hata yapın, üstüne "Ay ben ne aptallık yaptım..." diye kendinizle dalga da geçebilin. Bu çok daha özgüvenli bir davranış aslında, hiç hata yapmamak tam tersi gözükse de doğallık çok çok daha önemli.

Gizemli olun. Her şeyinizi tıkır tıkır anlatıp, yaşadığınız her negatifliği, başınızdan geçen her şeyi anlatan insan olmayın! Bazen bir anda bir süre yani bir iki saat yok olun! Bazen bir geri çekilin! Bazen arada bu tarz şeyleri yapın... Sorduğunda "Ya biraz kafamı dinledim" deyin ama sonra tatlı tatlı davranın. Öyle ki gizemli keşfedilmeyen bir yanınız olduğunu hissetsin insan. Bu her zaman çok etkilidir.

Gülümseyin. Gülen, esprili, neşeli, bir anda negatif ortamı dağıtabilen, gülümseyen insanlar daha çok vazgeçilmez olurlar çünkü gülümsemek aslında iyi bir şeyi barındırır... Ortada bir şey olmasa bile gülümseyin. Yani illa espriye bile gerek yok. Gülümserseniz iyi hissettirirsiniz karşınızdaki insanı.

"Herkes iyi hissedene
gitmek ister.
O yüzden ona kendini
iyi hissettirin."

Vazgeçilmezliğin Altın Sırları

Vazgeçilmez insanlara ve unutulmayan insanlara baktığımız zaman aslında birçoğunun özgüvenli olduğunu, kendi değerini bildiğini ve kendi değerinin farkında olduğunu görüyoruz, bu uzmanların söylediği. Kendi danışanlarıma baktığımda da benzer bir çıkarım yapabiliyorum. Bana aşk acısı çektiği için gelen danışanlarım genelde benzer tipte kişileri tarif ediyorlar, yakındıkları kişiler genel olarak özgüvenli bir duruşa ve öz-değer farkındalığına sahip kişiler oluyor.

Peki özgüvenden söz ediyoruz da özgüven nasıl bir dinamik içeriyor?

Özgüven inşa etmek için bazı sorgulamalar yapmalı ve cevaplarınızı bulmalısınız. Neyi sorgulayacağız derseniz? Örneğin ben Esra olarak:

Neyi severim?

Ne beni mutlu eder?

Nelerden keyif alırım?

Hangi insanlarla birlikte olmaktan mutlu olurum?

Hangi insanlara sınır koyarım?

Hangi insanlarla asla görüşmem?

Benim keskin sınırlarım nerede başlıyor?

Özgüvenli insanlar bu soruların yanıtlarını en başta bilen insanlar oluyor. Lütfen siz de bugünden hatta şu andan itibaren kendinize bu soruları sorun. Defterinize notlar alın, içsel haritanızı çıkarın. Bu soruları sorduğunuzda belki de kendinizle gerçekten tanışmış olacaksınız. Güçlü ve zayıf yanlarınızı keşfettiğinizde karşılaştığınız sorunları da daha kolay aşarsınız.

"Ben bunu bu noktada kandırılabilirim."

"Ben bu noktada hassasım."

"Yalanı hiç tolere edemem."

"Biri bana bu şekilde davranırsa ben ona inanırım."

Tespit ettiğiniz bu noktalar, güçlü yanlarınız kadar zayıflıklarınızı da aydınlatır. Kendinizi tanıdığınızda sınırlarınızı da belirlemiş ve özgüven kazanmış olursunuz. Özetle zayıf yanlarını bilen, güçlü yanlarını bilen, neyi sevip neyi sevmediğini çok çok iyi bilen, güçlü yanlarını desteklerken zayıf yanlarında kendini korumayı bilen ve fikirlerini rahatlıkla söyleyebilen insanlar bize özgüvenli olmanın profilini gösterir.

Fikirlerinizi söylerken çekimser kalıyor musunuz? Tabii ki fikrinizi söylemek insanlara karşı çıkmak anlamında olmamalı ama fikirlerinizi özgüvenli bir şekilde söyleyebiliyorsanız bu sizin daha beğenilen ve daha talep edilen bir insan olmanızı ve özgüvenli gözükmenizi sağlar.

Özgüvenli olma yolunda sizin kararlılığınızı destekleyen şeylerden bir diğer şey iletişim becerilerini öğrenmektir. Bu konuda desteğe ihtiyacınız varsa kendinize bir çalışma disiplini oluşturun, iletişim becerileriyle ilgili kitaplar okuyun, eğitimler alın. İnsanlarla nasıl iletişim kuracağınızı bilmek sizin 1-0 önde olmanızı sağlar.

Özgüvenli insanlar sınır çizmeyi bilen insanlardır. Şimdi kendinize sorun, sınır çizebilme konusunda başarılı mısınız? İstemediğiniz şeylere cesurca hayır diyebiliyor musunuz? Net bir duruşunuz var mı?

Kimse vazgeçilmez
değildir ancak bazılarımız
vazgeçilmesi zor insanlardır.
Bu da özgüvenli bir
duruştan gelir.

Akılda kalan, her zaman yanı başında tutulmak istenen, ayrılınsa dahi güzellikle her an hatırlanan insanlar aynı zamanda sınır çizmeyi iyi becerebilen insanlardır. Zaman zaman hayır demek ve dik duruş sergilemek çok çekici bir özelliktir. Bazı insanlara bakar ne kadar da karakter sahibi deriz, başka bir hava yakalarız. Hayır derken endişeye kapılabilirsiniz. "Ya onu kaybedersem?" düşüncesiyle kararlar vermeniz ve uygulamanız kolay olmaz. Hele ki yaşadığımız kültürde hayır demek bizler için daha zordur, ayıp ederim düşüncesiyle kendi sınırlarımızı çiğnetmeye kapıları açmış olabiliriz. Kaybetme korkusu kimseye yabancı bir duygu değildir sanıyorum, hepimiz zaman zaman bir şeyleri kaybetmekten ve sonrasında pişman olmaktan endişe duyabiliriz. Ancak kimseyi kırmadan ve incitmeden sınır çizmek de mümkündür.

Unutulmaz olmanın koşullarından bir diğeri de iyi bir dinleyici olmaktır. Dinlemenin öneminden sıklıkla bahsediyoruz. Birinin sizi her koşulda dinleyeceğini bilmeniz çok değerli bir histir öyle değil mi? Kendi hayatınıza şöyle bir dönüp bakın hadi. Kaç kişi için bunu söyleyebilirsiniz? Belki bir elin parmaklarını geçmeyecek, belki sadece tek bir kişi belki de o değerli hissi yakalayabileceğiniz birisi yok henüz hayatınızda. Ama emin olun her zaman ihtiyaç duyduğumuz ve aradığımız bir şey bu. Mutluluk gibi kovaladığımız ve yakaladığımızda da saklamak, korumak istediğimiz bir hediye. Sizin için kıymetli olan bu hediye herkes için değerli, siz dinlenilmeye ne kadar susuyorsanız etrafınızdaki, hayatınızdaki insanlar da en az sizin kadar susuyor bu güçlü ve değerli iletişime. Ne yazık ki artık kimse kimseyi dinlemiyor, yeterince vakit ve enerji ayıramıyor. Dinlenildiğini bilmek, anlaşıldığını bilmek o kişide sizin değerinizi parlatacaktır. İyi bir dinleyici olmanız, o kişiye karşı empati sergilemeniz aranızdaki bağı güçlendirir.

Empati kurduğunuzu gösterecek cümleleriniz şöyle olabilir:

"Bak sen bugün buna kırılmışsın... Demek ki orada öyle hissettin..."

"Sen burada kırıldın sanırım."

"Bence sen bugün o işe üzülmüşsün... O yüzden istersen biraz dinlen... Bak bugün görüşmeyelim..."

"Sen bugün birazcık kırgın gözüküyorsun... Bak sen bugün dinlen veya arkadaşlarınla ol, tatlı, keyifli vakit geçir sonra biz buluşuruz..."

Vazgeçilmez insanların özelliklerinden biri de uzlaşmacı bir iletişimci olmalarıdır. Tartışma anında haklılık-haksızlık tartışmasından ziyade çözüme odaklı olanlar her zaman aranan ve kıymetli insanlar olurlar. Örneğin eşinize "Ben kayınvalideme gitmeyi sevmiyorum dediniz, o da "Hayır ben seviyorum ve annemlere gitmek zorundayız" diyerek ısrarcı oldu. Ben giderim, sen gitmezsin kavgasına tutuşmayın. Bu tamamen ilişkiyi koparır.

Çözüm nedir?

"Her hafta sonu gitmeyelim de bir hafta sonu, bir hafta içi gidelim..." İşte bu çözüm yolu üretmektir. İkisi arasında çok önemli farklar var. "Ya hayır, senin annene gider miyim ben!" şeklindeki konuşmalar nedeniyle çoğu evlilik ne yazık ki bitiyor. "Tamam, sen anneni seviyorsun... Ben onlarla çok iyi anlaşamıyorum ama tabii ki senin de annen ama hafta sonu gitmeyelim istersen, çarşamba gidelim..." şeklinde seçenek üretmeyi, başkaları için çözüm üretmeyi becerebilirseniz, sorunları tatlılıkla çözmeye odaklanırsanız ilişkilerinizde çok daha sevilebilir hale gelirsiniz.

İnsanlara çözüm yolu
sunduğunuz zaman onların
vicdanını ortaya koyarsınız,
karşı çıktığınızdaysa
insanlar size öfkelenir.

Unutulmayan ve iz bırakan biri olmanın en önemli altın kuralı nedir biliyor musunuz? Sevginizi hissettirmek! Her zaman tekrarlıyorum sevgi en önemli besinimiz, dünyada daha fazla ihtiyaç duyduğumuz bir duygu olamaz. Hayatta karşılaştığınız her insanın sevgiye ihtiyacı var, sevgiye ihtiyacı olmayan bir kişi gösterebilir misiniz? Hayatınızdaki kişiyle kopmaz bir bağ kurmanın en güçlü yolu ona sevdiğinizi hissettirmenizdir.

Hayattan keyif alan insanlar unutulmazlar çünkü onlar hayattan aldıkları keyfi size de yansıtırlar. Düşünsenize yanınızda sürekli mızmızlanan, şikâyet eden, olumsuz şeylere odaklanarak anı kaçıran insanları... Bir de her ne şartta olursa olsun her zaman iyimser olan, sürekli gülümseyen, derdin içindeyken bile şen şakrak dolaşanları... Kiminle vakit geçirmek istersiniz? Hepimiz kafamızı dağıtacak insanlarla olmayı isteriz öyle değil mi? Hatta bazen bizimle görüşmek isteyenleri sadece bu özellikleri üzerinden eler, görüşme taleplerini ertelemeye çalışırız. Çünkü hayattan tat alamayanlar sizin de tadınızı kaçırır. Sadece kendinden bahseden, sadece kendi başarılarıyla övünen, ha bire yaptığı işleri anlatanlardan olmayın. Kendi doğal havanızı yansıtın insanlara. Kimseye öykünmeden, taklit etmeden kendi ruhunuzun ritmini bulun. Sözleriniz de tavrınız da bir olsun, ağzınız bir şey söylerken tavrınız başka bir şey demesin.

Kendinizden fazla bahsetmekten söz açmışken kendinize gizem katmaktan da söz edelim. Burada özellikle kadınlara sesleneceğim çünkü kadınların ifade yeteneği erkeklere göre fazla gelişmiş olduğu için bazen bu işin dozunu kaçırabiliyoruz. Aslında anlatmak istediğimiz şey başka bir şey de olsa bu yetenek nedeniyle yorucu ve itici olarak algılanabiliyoruz. Erkekler daha çok davranışlardan öğrenirken kadınlar sözlerden öğreniyorlar demiştik. Davranış odaklı öğrenen erkekler fazla konuşma karşısında hem uzaklaşıyor hem de kadınları fazla konuşmakla suçluyorlar. Burada biraz ayarlama yapmanız gerekiyor, bir şeyi defalarca tekrarlamayın, sürekli söylenmeyin. Bir şeyin üzerine fazla konuşmak sizin tüm gizeminizi bozar. Bir konuda rahatsız olduğunuzu söyledikten sonra o konuyu tekrarlamayın. Eğer hoşlanmadığınız durumla tekrar karşılaşırsanız yapacağınız şey geri çekilmektir!

Son olarak değerli olmak, iz bırakmak adına çok önemli. Ama bunun için önce kendinizi sevmeniz lazım. Siz kendinizi sevmezseniz kimsenin sizi sevmesini sağlayamazsınız. Hayatta iz bırakmak için, karşı tarafta iz bırakmak için önce kendinizi seven, kendinize değer veren bir birey olmanız lazım.

Vazgeçilmez Olmanın Sırları

- Özgüvenli olun.
- Güçlü ve zayıf taraflarınızın farkında olun.
- Sınırlarınızı belirginleştirin ve gerektiğinde hayır diyebilin.
- Dinleme becerinizi geliştirin.
- Uzlaşmacı olun.
- Sevginizi gösterin.
- Empati kurun.
- Hayattan keyif alın ve bunu yaşamınızdakilere yansıtın.
- Gizemli bir hava yaratın.
- Güler yüzlü, neşeli ve eğlenceli olun.

Çekici İnsanın Alet Çantasında Neler Olmalı?

Çekici insanların özelliklerine baktığımızda da aynı vazgeçilmeyen insanlarda olduğu gibi bazı özelliklerle karşılaşırız.

Tarzınız olsun. Kendine ait tarzı olan insanlar çok çekici olan insanlardır. Bazen bazı insanlara bakar ve ne karizmatik deriz. Karizmatik olmakla güzellik-yakışıklılık farklı şeylerdir. Pek de güzel-yakışıklı olmayan birinin pekâlâ karizmatik olması mümkündür. Bir tarzı vardır karizmatik insanın, kendine ait bir havası vardır... Farklı giyinir, farklı davranır, farklı bakar, dünyayı farklı algılar... Kalıp insanı değildir! Buradakine belki vazgeçilmezlikteki gibi özgüven diyemeyiz ama kendine ait bir aurası vardır. Başkalarının ne dediğinden uzak, onların dokunulmazlık alanına girmiş insanlardır.

Mesafeli ve az bulunur olun. Yani her zaman ulaşılabilir olmamak! Belli bir şekilde bir programı olan, ancak ona adapte olursan onu görebileceğin, her zaman ortada gözükmeyen, her zaman ortalarda olmayan insanlar daha çekici bulunurlar. O yüzden her zaman az bulunur olmaya, birazcık uzakta kalıp mesafeyi de koruyabilmeye özen gösterin. Bir mesafesi var diyebildiğiniz, her şeyini bilemediğiniz insanlar çekici olurlar.

Kendinizi geliştirin. Çekici insanlar meraklı ve devamlı kendini geliştiren insanlardır. Bu insanlar bir şekilde kendi alanında kalmayıp başka alanları da araştıran; hatta çoğu insanın hiç merak etmediği alanlara dalan, her konuda kendini geliştirmiş, meraklı, sorgulayan ve bu konuda da kendini tatmin edebilmiş insanlardır. Bunun yanında bir de tabii ki kitap okuyan... Araştırmalara göre kitap okuma saatim vardır diyen insanları aslında çekici buluyormuşuz.

Bir şeyde derinleşin. Çekici insanlara baktığımızda ortak bir nokta da bir konuda çok derinleşmiş olmaları. Örneğin kitap yazıyor, psikoloji alanında iyi ama aynı zamanda çok iyi tırmanış da yapıyor gibi... Derinleşilen konuya ek olarak ayrı bir hobide de derinleşmek sizi çok çekici hale getirir.

Mizah yeteneğinizi geliştirin. Mizah yönü güçlü olanlar her zaman çekicidir. Güzel, tatlı bir espri ortaya atmak hatta fıkra öğrenmek, bu tarz şeylerle mizah yeteneği olması insanı çekici hale getirir. Gülümsemenin yanında güldürmek de size ayrı bir karizma katar.

Empati yapın ve bu yönünüzü geliştirin. Karşınızdakiyle konuşurken "Ya sen buna gerçekten kırılmışsın... Haklısın aslında..." diyebilen insan olun. Onun neye kırılıp üzüldüğünü bir konuşmasından anlamaya özen gösterin. "Sen bundan etkilenmişsin gerçekten..." dediğinizde çekici olursunuz. Anlayış ve empati yeteneği insanı çekici hale getirir.

Hikâyeleriniz olsun. Çekici olmak için mutlaka ortamlarda sohbet edebileceğiniz üç dört tane hikâyeniz olsun. Kendi anılarınızla ilgili, tarihi bir olayla ilgili, örneğin meşhur bir padişahın hayatından enteresan bir kesitle ilgili anlatacağınız hikâyelerinizin olması, sizi aslında çekici hale getirir. O yüzden bir şey anlatırken, sohbet ederken mutlaka kendinize böyle hikâyeler, etkileyici şeyler biriktirin.

Konuşandan çok dinleyen insan olun. Hepimiz aslında konuşmayı dinlemekten daha çok seviyoruz, dinlemeyi pek sevmiyoruz. Ama dinlemek sizi çekici gösterir çünkü insanlar size bir şeyler anlattığı zaman rahatlarlar ve siz onları dinlediğiniz zaman kendilerini iyi hissederler. O yüzden çekici olarak sizi akıllarına kazırlar. Dinlemek çok önemli bir meziyettir. Aynı şekilde ne düşünüyorsa söyleyebilen, rahatça kırmadan ifade edebilen insanlar da çekici bulunuyor. "Ya bunu nasıl söyledi? Bak, ben korkardım kırmaya kaybetmeye... Nasıl söylüyor?" dediklerimiz en çekici bulduklarımızdır. Aynı şekilde biriyle ilgili sohbet ederken hem onun iyi özelliğini söyleyebilen, iyi özelliğinin yanında negatifliğini söyleyebilen insan daha çekici hale geliyor. Yani birinin sadece negatifliğini söylemek, eleştiren bir insan olmak negatifken "Ya bak! Bunu çok iyi yapıyorsun ama şurada da birazcık daha şey yapsan daha iyi olur..." gibi şeyleri söyleyebilen insan objektif algılanıyor ve alımlı gözüküyor...

Özgüven Nasıl Geliştirilir?

Özgüveninizi geliştirmek için önce özgüvenin faktörlerinden söz edelim.

Özgüvenli olmamızın sebebi olabilecek iki tip şemamız vardır aslında, sevilebilir olma ve yeterli olma duygusu. Kişi özgüvenli olduğu zaman sevilebileceğini, sevilmeye layık olduğunu ve bir işi yapmada yetkin ve başarılı olacağını düşünür.

Özgüveni geliştirmek içinse altı tane faktörümüz var.

Özgüveni geliştirmenin 6 faktörü:

İletişim becerileri, hem kendimizle hem başkalarıyla ilgili bakış açısı geliştirmek, yetkinlik, ne yapmada iyi olduğumuz, ne yaparken başarılı olduğumuz, katılımcı olma yani hayatta aktif olma, hayatımızın üzerindeki kontrol mekanizmamız ve cesaret.

Hayatımızı yönetmek, değiştirmek ya da bu tarz duygularla ilgili cesaret çok çok önemli. Hayatınızın iplerini elinize almanız özgüvenli olduğunuzu gösterir. Hayatınızı ne kadar kontrol edebiliyorsunuz, hayatınızda bir kurban mısınız yoksa bir usta mı? Kritik kararları kendi başınıza mı alıyorsunuz yoksa akıntıya kapılanlardan mısınız?

Özgüvenli insan iyi özelliklerinin farkındadır. Sizin de iyi özelliklerinizin farkında olmanız lazım. Hatalı olduğunuz zaman hatanızı fark edip bunu dönüştürmek için de adım atmalı, ayrıca kendinizi ifade etmekten çekinmemelisiniz. İfade ederken, anlatırken kendinize güvenmeli ve çekinmeden anlatabilmelisiniz. Başkalarının değer yargısıyla hareket etmeden üstelik... Başkası başkasının dedikodusunu yapıyorsa ve siz dedikodu yapmayı sevmiyorsanız bu sizin değer yargınızdır.

Yeteneklerinizi önemsemek önemli. Yani nelere sahipseniz, bunları küçümsememelisiniz. Neye yeteneğiniz varsa bunu önemsemek de çok önemli. Fikirlerinizi sesli olarak ifade edebilmek, hayatla ilgili sorumluluk alabilmek de öyle. "Ben bunu yaparım, bu işte başarılı olurum, şunu yapacağım, gelecekte bunu yapacağım" diyerek hayatınızın iplerini elinize almalısınız. Çocuğunuzun, kariyerinizin sorumluluğunu alabilmeli, gerektiğinde vazgeçebilmelisiniz. Bazen bir ilişkiyi bitirebilmek, bazen evlenebilmek, bazen çocuk yapmak, çocuğa rağmen ayrılmak için cesaretli olmalısınız. İstemediğiniz, memnun olmadığınız iş için de yitirmeye cesaretle yürümelisiniz.

Özgüvenli insanlar aslında cesaretlidirler de... Hata yapmaktan korkmazlar. Hatanın insancıl bir şey olduğunu bilmek ve korkmamak da cesur yani özgüvenli insanların yapacağı şeydir.

Planlı yaşamak, bir yıl sonra ya da bir yıl içinde ne yapacağını bilmek, haftanızı programlamak, planlı yaşamak özgüven için çok önemli. Alışkanlıklarınızın olması, günlük rutin sürdürmek, spor yapmak, hobi sahibi olmanız da önemli katkılar. Bunların dışında karamsar düşünceler geldiği zaman direkt çözüme odaklanmak özgüvenli insanların yapacağı şeylerden ve özgüvenli olmak için yapmanız gerekenlerden.

Altıncı Bölüm

İlişkinin Gelgitleri

İlişkilerde İniş Çıkışlar Yaşamak Normal midir?

Her ilişkinin krizleri olur. Böylesi anlarda odaklanmanız gereken neden bunun olduğu değil, bunun nasıl aşılacağı olmalıdır.

Hepimiz değişiriz, ilişkilerimiz de. Her kriz kötü değildir üstelik, bir değişim isteğinin habercisi olabilir bu. Alışılageldik rutinden çıkmak istemediğinizde patlak veren değişim dalgasını yönetmek de zordur.

İlişkiler farklı geçmişlere, farklı ihtiyaçlara, farklı düşünce yapılarına, farklı ilgi alanlarına sahip yani iki farklı insanın oluşturduğu birlikteliklerdir. Bu farklılıklardan nasıl ki uyumlu bir melodi çıkabiliyorsa, elbette anlaşmazlıklar ve çatışmalar da doğar. Bir ilişkide iniş çıkışların olması o ilişkinin sağlıksız olduğu da anlamına gelmez. İnsan kendi kendineyken bile iniş çıkışlar yaşayabilir. İlişki de iki insanın birlikte oluşturduğu bir canlı gibidir. Kendi içinde, kendine özgü dinamikleri ve bir yapısı vardır, tıpkı bir bebek gibi. Onu oluşturan iki insan değişim geçirdikçe ve hayatta bazı olaylara maruz kaldıkça, oluşan dalgalanmalara bağlı olarak ilişki de iyi veya kötü dönemler geçirir.

Her ilişkide iniş çıkışlar olağandır. Bazen çok eğlendiğimiz kişi bize sıkıcı gelir. Bize huzur ve güven veren kişi bazen damarımıza basar. Bazen gözlerine bakarken ruh eşim diye düşündüğünüz kişiyi tanıyamadığınız olur. Bazen yanınızda sadece o vardır, bazen de tek düşmanınız o gibidir. Yani güzel günler yaşamak kadar, bir uzaklaşma ya da çatışma dönemi yaşamak gayet normaldir. Önemli olansa, bu iniş çıkışlar sırasındaki tavrınız ve yaşadıklarınızı yönetebilmenizdir.

İnişli çıkışlı bir dönemi ilişkinizi, partnerinizi ve kendinizi yıpratarak, birbirinizi aşağılayarak yaşamanızın sonuçları başka; partnerinizi ve kendinizi tanımak için bir fırsat olarak değerlendirmek ve partnerinizle bir ekip gibi çalışarak atlatmanın sonuçları başkadır.

Çatışmalı bir dönemde kaba ve kırıcı sözler sarf etmek, psikolojik veya fiziksel şiddet uygulamak, tehdit etmek gibi yıkıcı ve yıpratıcı bir yol seçmek tamiri mümkün olmayan yaralar açabilir. Diğer yandan bu dönemde partnerinizi aktif dinlemeyi ve kendinizi doğru ifade edebilmeyi bilirseniz, gerçekten de zorlukları ilişkinizin lehine sonuçlar verecek şekilde yönetebilirsiniz. İşte o zaman yaşadığınız zorluklar sizi daha çok yakınlaştırır.

İlişkinin İniş Çıkışlarıyla Nasıl Başa Çıkabiliriz?

İnsan olarak nasıl ki mükemmel değilsek, ilişkilerimiz de mükemmel olamaz. Bu yüzden öncelikle iniş çıkışların normal olduğu kabul edilmeli. Her şeyin her zaman çok iyi olmasını beklemek gerçekçi bir beklenti değildir. Bu ön kabulle yaklaştığınızda zor zamanlarda da güzel zamanlarda da bunun geçici olduğunu bilirsiniz, böylelikle dengeli ve dingin bir ruh hali içinde kalabilirsiniz. Yine de zor zamanları en az hasarla geçirebilmek için sizi mutlu eden, geliştiren ve size sevgi veren kaynaklarınızın yeterli olması gerekir. Eğer tek kaynağınız partnerinizse zorlayıcı zamanlarda kendinizi tükenmiş hissedersiniz. Sanki tüm dünya yıkılmış ve bir daha eskisi gibi olamayacak gibi bir kaygı yaşarsınız.

Bu kaygıyı yönetememek yaşam kalitenizin düşmesine, sigara, alkol, madde, telefon, bilgisayar, sosyal medya gibi bağımlılıklar geliştirmenize de yol açabilir. Bu zamanları yönetebilme becerisi geliştirmenin yanında, sağlıklı kaynaklarınızı çoğaltmanız gerekir. Aile ve arkadaş ilişkileri güçlü, ilgi alanlarına, hobilerine, spora ve öz-bakımına yeterince zaman ayıran, hayata dair kendi hedef ve hayalleri olan insanlar böyle zamanlarda daha dayanıklı ve esnek olurlar. Tabii ki her insan bazen üzülür, sinirlenir. Ama böyle bir insan duygularını ifade etmenin, enerjisini dışarı atmanın, kafasını dağıtmanın farklı yolları olduğunu bilir. Partnerinden onu iyileştirmesini beklemez, kendi duygusal sorumluluğunu alır. Negatif duygulardan kaçmaz. Çünkü aynı anda birçok kaynaktan beslenir. Bu sayede olumsuz duygularının içinde boğulmaz. Böylelikle sadece psikolojik değil bedensel olarak da daha sağlıklı olur.

Her insanın zayıf ve güçlü yönleri farklıdır. Nasıl siz her konuda iyi değilseniz, partnerinizden de bunu bekleyemezsiniz. Kimsenin kusursuz olmadığının bilincinde olmak her zaman iç rahatlatıcı bir fikirdir. Partnerinizle ilgili yüksek standartlara sahip olmak, ondan hep en iyisini en doğrusunu yapmasını beklemek gerçekçi olmadığı gibi tahammülsüzlüğünüzü de artırır. Bunun yerine onun da insan olduğunu hatırlar ve hakkında gerçekçi beklentilere sahip olursanız, hem ona hem de hayata karşı nazik ve sabırlı bir tavır içinde olmanız kolaylaşır. Ayrıca gerçekçi beklentiler içinde olmak partnerinizi kontrol etme ve değiştirme isteğinizi de azaltır. Kontrol ve değiştirme isteğiniz azalırsa kabul ediciliğiniz ve şefkatiniz artar. Bu sayede daha rahat ve yakın hissedersiniz.

Zorlayıcı zamanlarda geçmişte ve gelecekte dönüp durmak olumsuz duyguların seline kapılmanıza yol açar. Zihin düşünmeyi sever, siz onu neyle beslerseniz o duyguyu çoğaltmış olursunuz. Bunun yerine anda kalmak için, derin ve yavaş nefes almak, müzik dinlemek, dans etmek, o anki düşüncelerinizi yazmak sizi rahatlatabilir.

Kendinize şunları söyleyebilirsiniz:

"Duygularımın gelip geçmesine izin veriyorum. Onları kontrol edemem, partnerimi de kontrol edemem ve bu çok normal. Fakat kendi vücudum ve tepkilerim konusunda kontrol sahibiyim. Bu durumla başa çıkabilirim."

Bazen kendi düşüncelerimiz içinde kaybolur ve boğuluruz. Kendi duygu ve düşüncelerimiz tek gerçekliğimiz olmaya başlar. Böyle zamanlarda içinde bulunulan yanılsamayı fark etmek zordur. İnişli çıkışlı dönemlerde gemileri yakmak, partnerinizi cezalandırmaya çalışmak gibi hatalar yapmaya açık olursunuz. Bu yüzden harekete geçmeden ve herhangi bir tepki vermeden önce biraz uzaklaşın, mola verin. Başka şeylerle ilgilenin, dinlenin. Bazen söyledikleriniz değil onları söylemek için doğru zamanlamayı hesaplamanız daha önemlidir. Söyleyeceklerinizi sakinken, modunuz yüksekken söylediğinizde partnerinizin sizi duyma ve anlama ihtimali daha yüksektir. Ayrıca olayları sindirmek için hem ona hem de kendinize zaman vermek daha sağlıklıdır. Burada unutulmaması gereken nokta erkeklerin yaşadıklarını sindirmek için yalnız kalmaya ve uzaklaşmaya ihtiyaç duyarken, kadınların yaşadıkları üzerinde konuşarak düşünmeye ihtiyaç duymasıdır. Bu iki farklı ihtiyacı da karşılamak için alternatif yollar düşünülmelidir. Mesela erkek kendi başına vakit geçirirken kadın da arkadaşlarıyla buluşup dertleşebilir.

Bu şekilde her iki tarafın da ihtiyaçları karşılanmış olur. Sonrasında bir araya gelinip sorunun çözümü için birlikte düşünülüp üzerine çalışılabilmek de etkili bir yoldur.

Son olarak her zaman güçlü olmak, her zaman yeterli kaynağa sahip olmak, her şeyle başa çıkmak, iniş çıkışlarla mükemmel bir şekilde başa çıkmak da gerçekçi bir senaryo değildir. Bu yüzden zorlayıcı zamanlarda psikolojik destek almak önemli bir adım olabilir. Unutulmamalıdır ki uzman yardımı almak, duyulmuş ve anlaşılmış hissedilmenin en güvenilir yollarından biridir.

Bozulan İlişkileri Düzeltmek İçin Ne Yapılmalı?

İlişkilerimiz niye bozuluyor bir düşünelim. Herkesin ilişkisinin bozulma sebebi farklı olabilir ancak bu farkların yanında bir de birbirine benzeyen sebepler var. Genellikle ilişkiler raydan çıktığında kendimize şunu söyleriz: "Her şey yolunda gidiyordu, her şey çok güzeldi, bir anda hepsi tepetaklak oldu."

"Hiçbir neden yok!" yanılsaması hem içinizde yaşadıklarınızı hem de dış dünyada olan biteni görmenizi engelleyen bir kaçıştır. Hiçbir neden yok diye bir şey yok özetle, elbette nedenler var...

Bozulan ilişkileri düzeltebilir miyiz? Dengeler şaştıysa ne yaparız?

İster evli olun ister ilişkide zaman zaman dengenin bozulduğu anlar olacaktır. Sığınmamız gereken liman "toleranslı olma" limanı olmalıdır. Evet, bu hiç de kolay olmayabilir ancak güvenli limana demir atmanın yolları var.

1. Tartışma anlarında toleranslı ve çözüme giden kişi olmak: Hepimiz zaman zaman tartışırız öyle değil mi? İlla harareti yüksek olmak zorunda da değil, karşıt görüşlerin çarpıştığı anlar hayatın hemen her anında, ilişkide olduğumuz her insanla kaçınılmaz olarak ortaya çıkar. Bazen de ipin ucu kaçıverir, odaktan uzaklaşır, meseleleri kişiselleştirir, öfke, kırgınlık, acı gibi olumsuz duyguları yoğunlaştırır ve çözümden uzaklaşırız. Bir tartışmayı kilitleyen en büyük mesele haklılık tartışmasıdır. "Ben burada haklıyım, sen orada haksızsın, zaten sen hep bunu yapıyorsun, ben her zaman alttan alıyorum, senin için şunları yapıyorum, sen ne yaptın benim için?" şeklinde uzayıp giden sözler tanıdık olabilir mi sizin için? Bu cümleler sağlıklı bir iletişimi engellediği gibi çözüme giden yolu da tıkar. Bunun yerine çözüme götüren insan olmalısınız. Örneğin erkek arkadaşınız dekolte giymenizi istemediğini söyledi, ancak siz de giyme konusunda ısrarcısınız. "Giyerim, giymeyeceksin!" laflarıyla başlayan tartışma "İstediğimi yaparım, sen bana karışamazsın!" şeklinde büyüyerek kişiliklere ve sınırlara saldırıya kadar uzanabiliyor. Böyle bir tartışmanın önünü almak için yapmanız gerekense şu: "Şimdi sana iki seçenek sunacağım, ben anladım sen haklısın rahatsız olmakta, doğru söylüyorsun ama şunu söyle o zaman sence hangisini giyeyim? Ben seni de kırmak istemiyorum ama gideceğimiz yere bunların daha uygun olacağını düşünüyorum ve bu tarz bir şey giymek istiyorum, hadi sen seç hangisi olsun?" Böylelikle ne yapmış oldunuz? Çözüm yoluna gittiniz.

Fazlasıyla dengesiz ve gelgitler yaşayan biriyle ilişki içindesiniz diyelim. Bu noktada nasıl bir tolerans geliştirmeliyim diye düşünüyor olabilirsiniz. Hayatınızdaki kişi nedensiz yere çıkıp gidiyor, sonra tekrar geri dönüyor, ilginizi alakanızı tekrar yoğunlaştırdıktan sonra tekrar kapıları yüzünüze kapatıyorsa öncelikle bir narsisle karşı karşıya olabilirsiniz. Bir narsisle nasıl başa çıkacağınızı ilgili bölümde okuyabilirsiniz. Peki diyelim bu kişi narsis değilse de sizi hayli yıpratan ve yoran bir kişilik tavrı sergiliyorsa ne yapacaksınız? Öncelikle sebepsiz yere çekip giden sonra tekrar geri gelen birine karşı fazlasıyla tolerans geliştirmeniz anlamsızdır. Aniden gidip sonra bahanesizce geri gelebilmesinin hiçbir anlamı yok, boşu boşuna ikileme düşüp anlamaya çalışmayın. "Ama aslında beni seviyor, bana değer de veriyor fakat işte böyle de bir huyu var" iyimserliğine kapılmayın. Biri kolaylıkla gidip size kolaylıkla geri geliyorsa bu o kişinin tekrar gitmeyeceğini garantilemez, üstelik emin olun tekrar gider de... Çünkü böyle bir kişi şundan emin ki o her geldiğinde sizi orada hazır bulacak! Nasılsa geldiğinde siz oradasınız. Biri gidiyorsa ilk seferinde toleranslı olabilirsiniz, ikinci seferde de olabilirsiniz ama üçüncü seferde bunu yaptığında artık o kapıdan giremeyeceğini anlamalı.

Kolay gelen kolay gider, hızlı yapılan çabuk yıkılır.

Birinin sizi sık sık kırmasının nedenlerini anlamaya çalışmaktansa sizin o kişiyi neden kolayca affettiğinizi de sorgulayabilirsiniz. Sizin fazlasıyla şefkatli ve affedici olmanız bu tarz insanların biraz da hadsizce davranmasına yol açıyor ne yazık ki. Üstüne basılanlarsa sizin temiz iyi niyetleriniz ve duygularınız oluyor. Bu zaafınızı herkese açık etmek ve ayaklar altına atmak zorunda değilsiniz. Kadın doğasının şefkatli ve iyimser tarafı ne yazık ki sıklıkla bu şekilde maniple edilebilir. Ancak kadın doğasında sevgi ve şefkat kadar kendine sahip çıkma, koruma gücü de vardır. Emin olun bu güç hepimizin içinde, sadece odaklanmanız gereken şeyi doğru zamanda yapabilin. Sevgiyi ve şefkati kullanacağınız zamanla, gücünüzü ve kararlılığınızı kullanacağınız zamanlar farklıdır. Her an iyimser duygular içinde olduğunuzda ne yazık ki yorucu ve yıpratıcı ilişkilerden kendimizi kolaylıkla çekip almamız mümkün olmaz. Size kendinizi kötü hissettiren ve iyi hissettiren kişilerin ayrımını yapın ve ayrılık kararı vermeniz gerektiğinde de kendinizi kötü hissetmeyin. Bazı şeylerin affı olmaz. Eğer gerektiği yerde affedici davranmazsanız insanlar da kolaylıkla kırıcı davranışlarda bulunmazlar. Gelgitli insanları hayatınıza dahil etmeyin, hayatta dengesizliğe ihtiyacımız yok, aksine dengeye ihtiyacımız var. Kendi özgüveninizi elinizde tutun. Siz kendi değerinizi bilmezseniz kimse sizin değerinizi bilmeyecek. O yüzden karşı tarafa değerinizi de, yeterliliği de, güveni de hep dengede vereceğiz. Dengede kalırsanız mutlu da kalırsınız.

2. Seçeneklerle karşınızdakinin gardını düşürmek: Karşınızdakine seçeneklerle gittiğinizde –ki aslında iki seçeneği de siz seçmiş oldunuz– sanki bu seçimler onunmuş gibi yaparak sevgilinizi onore etmiş olursunuz, bu da onun gardını düşürür. Haklılık savaşına girdiğinizde karşı tarafın gardını da otomatik olarak yükseltmiş olursunuz, bu da öfkeye yol açar. Onu anladığınızı gösterecek şekilde seçimler sunmak ve ona seçim hakkı vermekse direncini kırar ve yumuşatır.

3. Onu anladığınızı ifade edin: Tartışma anlarında genellikle kendi duygu ve zihin dünyamıza hapsoluruz. İçimizdekini dökmek, sürekli anlatmak isteriz ancak böylelikle karşı tarafın ne dediğini dahası nasıl hissettiğini duymayız. Dekolte tartışması üzerinden örneklersek, “Sen aslında dışarıdaki kötü niyetli biri beni rahatsız eder diye düşündün öyle değil mi?” cümlesi karşınızdakini anladığınızı gösteren bir cümledir.

Ancak bunun yerine "Aman ne geri kafalısın, bunu giysem ne olur, kaçıncı yüzyılda yaşıyoruz, hâlâ bunları aşamadın mı?" şeklindeki cümleler çözüm odaklı olmaz. Karşınızdaki insanın düşüncesi ne kadar saçma olsa da konuşmalarınızda onu anladığınızı en azından anlamaya çalıştığınızı gösteren cümleleri mutlaka kullanın. Her birimizin farklı yaşantılardan, deneyimlerden geçerek yetişkin olduğumuzu unutmayın. Bazı yerleşik kalıplar, inançlar, duygu ve davranışlar hepimizde mevcuttur. Bu noktadan daha geniş bir bakış açısıyla karşınızdakine bakmaya çalışın, bu derin anlayışla çözemeyeceğiniz hiçbir sorun yoktur inanın.

4. Şikâyet etmeyin: Düzenli bir ilişkiye başladığımızda şikâyet etmeye de sıklıkla başlıyoruz. Bazen sudan sebepler bile şikâyet etmemiz için yeterli olabiliyor. "Senin kaşındı, gözündü, ona öyle yaptın, bunu böyle yaptın..." şeklinde sızlanma ve söylenme tuzağına kapılıyor musunuz? Bu söylenmelerle aslında halının altını da doldurmuş oluyorsunuz, daha büyük kavgalar için sudan sebepler biriktiriyorsunuz kısacası ve kavgalarınızın da içi boşalarak anlamsız bir tartışmaya dönmüş oluyor. Şikâyet edecekseniz tek bir koşulla bunu yapın: Çözümünüz ne? Çözüm yolu üretmeden şikâyet etmek havayı yumruklamaktan başka bir şey değildir. Havayla kavga edebilir misiniz? Elbette bu mümkün değil, anlamsız ve çözümü olmayan şikâyetler de tıpkı böyledir.

5. Tavır yapmayın: Tavır yapmanın her türlüsü kötüdür, kadın olsun erkek olsun hiç fark etmez herkes itici durur. Tavır, trip gibi davranışlar sadece kadınlara özgüymüş gibi düşünülse de bunu yapan çok sayıda erkek de var. Bir şeyi söyleyecekseniz söyleyin, uzaklaşacaksanız uzaklaşın ama imalı laflarla, gözlerinizi devirerek, şeklinizi şemailinizi tuhaf durumlara sokarak olgun ve yetişkin gibi davranmaktan uzaklaşmayın. Kişisel fikrimi sorarsanız ilişkilerdeki en itici şey tavır yapmak diyebilirim. Öncelikli olarak şunu hatırlayın: Eğer siz şu an bu kitabı okuyorsanız, bu satırlar arasında geziniyor ve hem kendinize hem de karşınızdakine aynalama yaparak sorunların neden kaynaklandığını bulmaya çalışıyorsanız siz zaten çözüm ve düzeltme tarafındasınız demektir. Düzeltme tarafında olmaksa çözüm odaklı davranıp her şeyi iyileştirmeye yönelik adımlar atmaktır. Tavır yapma davranışınızı uzaklaşma ile değiştirin.

6. Güzel anılar biriktirin. İlişkilerinizde vazgeçilmez olmak ve iz bırakmak, ayrılsanız dahi hatırlanmak için güzel anılar biriktirin. Kimse için kötü anılar bırakmayın. Geçmişinize şöyle bir bakın, hayatınıza girip çıkan insanları kısacık da olsa düşünün şimdi. Zaman geçtikçe insanları her zaman iyilik ve güzellikleriyle hatırlama eğiliminde oluruz, mutsuz olduğumuz anılar yerini daha mutlu hissettiğiniz anılara bırakır. Bu mutlu anıları ne kadar çoğaltırsanız hayatınızdaki insanlar da sizi o kadar çok hatırlar ve anar. Çekişmelerle, tartışmalarla vaktinizi tüketmeyin, bu konuda ısrarcı olanlarla da mesafenizi belirleyin. Birlikteyken vaktiniz ne kadar güzel geçerse, ne kadar paylaşımcı ve sevgi dolu olursanız hatırlanmanız ve hem kalpte hem de akılda kalıcılığınız o kadar yüksek olur. Muhakkak kızgınlığınıza hâkim olamadığınız anlar olacak, böyle anlarda yapmanız gereken şey yine uzaklaşmak olmalı.

7. Cezalandırmayı değil bedel ödetmeyi seçin. Sorun yaşadığınızda cezalandırma yerine bedel ödetmeyi seçin. Kısaca her zaman yaptığınız şeyleri biraz azaltmak ve kısmak şeklinde özetleyebiliriz. Bunu sadece ilişkileriniz için, varsa çocuklarınız için de uygulayabilirsiniz. Çocuklarınızın yapmasını istemediğiniz davranışları değiştirmek için de cezalandırma yerine sahip olduklarını azaltma yoluna gidebilirsiniz. Örneğin çocuğunuz hoş olmayan bir tavır sergiliyorsa gün içinde Ipad'le oynama süresini iki saatten bir saate indirin. Çocuğunuzu odaya kapatmak cezadır ve bu hiçbir işe yaramaz. Ancak sahip olduğu bir şeyi kısıtlamak ya da azaltmak daha yapıcı ve daha işlevseldir. Farkında olarak ya da olmayarak cezalandırma yöntemini hayatımızda kullanabiliyoruz. Oysa hayatta cezalar yoktur bedeller vardır ve bedeli olmayan hiçbir şey yoktur. Çok enteresan bir şey söyleyeceğim şimdi, tabii ki birçoğumuz vicdanlı, merhametli insanlarız. Ama bir saatliğine sadece bir saatliğine cezalar kalksa insanların neler yapabileceğine inanamazsınız. Hayatta her şeyin dengesi bedeldir. Eğer bedeli olmazsa bir insan her şeyi dener ve yapar. Bunun iyi-kötü insanlıkla da alakası yok... Sizin burada hem kendiniz hem ilişkiniz için hoşunuza gitmeyen şeyi kabul etmemeniz ve o süreçte de sizin hayatınızı yaşamanız lazım. Yaşamda yaptığımız her şeyin bir sonucu var, iyi de olsa kötü de olsa... Kendisine kötü davranıldığı halde o kişilerin peşinden koşanlar oluyor, kötü davrandıkça ilişkiyi düzelteceğini ya da kendisini bir şekilde kabul ettireceğini düşünerek kendini paralayanlardan bahsediyorum. Bu davranışın ta kendisi zaten başlı başına ilişkinin dengesini bozan bir dinamik haline geliyor, terazinin bir kefesi havada asılı kalırken diğer kefesi yerden kalkamıyor. Üstelik bu kişiler kötü davranış karşısında daha çok yapışmaya yönelince kendilerinden ödün de vermiş ve negatif davranışı beslemiş oluyorlar. Örneğin biri size kötü davrandığında siz daha çok arıyorsunuz, üstüne yine kötü davranıyor bu kez daha da çok üstüne düşüyorsunuz. Siz bunu yaptıkça aslında yaptığı kötü davranışı yapmaya devam etmesini teşvik etmiş oluyorsunuz. Yaptığının karşılığında asıl yapmanız gerekenleri yapmamış ve dengeyi tersine çevirememiş oluyorsunuz. O kişi de kendi yaptığının doğru olduğu fikrine saplanıp kalıyor. İnsan ilişkileri söz konusu olduğunda her birimiz iyi niyetli bir öğretmen gibi davranmayı seçebiliriz, ancak bu öğretmen kibirli, küstah ya da kendine acıyan ve sürekli beklenti içinde olan bir yapıda olmamalı. Aksine sevgi ve şefkat dolu ama yeri geldiğinde de net ve kararlı ancak asla kırıcı değil. Elinizden geldiğince iyi hissettirerek...

8. Birlikte geçireceğiniz anlar yaratın: İlişkide olduğunuz kişiyle bir şeyler yapmayı özellikle evliliğin ilerleyen süreçlerinde bırakabiliyoruz. Sıklıkla vurguladığımız şeylerden biri kendi alanınızı korumak ve kollamak ancak buna ek olarak birlikte geçirebileceğiniz zamanlar yaratmak da en az bunun kadar önemli.

9. Onu düşündüğünüzü hissettirin. Karşı tarafa onun adına endişelendiğinizi hissettirin. Yaşadığımız kültür esasında buna çok yakındır, insani ilişkilerimizde daha sıcak, samimi ve yakın olmak tabiatımıza uygundur. İlişkinizde de bunu ufak bir dozda tutarak yapın. Karşı taraf sizin onun için endişelendiğinizi bilirse size karşı zaaf geliştirir ve size verdiği önem artar. Sizin kendisi için endişelendiğinizi bilsin özetle.

10. İncitmeyin. Sözlerinizle karşı tarafı incitmekten kaçınmanız lazım. Çok sinirlenseniz dahi karşı tarafa kişiliğiyle ilgili hakaret etmeyin, kaba sözler söylemeyin! Öfke çok tatlıdır. O sırada her şeyi söyletir... Her şeyi yaktığınızı, yıktığınızı düşünürsünüz... Aman bir daha hayatımda olmasın dersiniz ama o süreç geçtikten sonra "Neden böyle yaptım? Keşke iyi bir şekilde iletişimde olsaydık" dersiniz. Öfkeliyken kontrolü sağlamak zor olsa da "Ben buna kırıldım, yaptıklarınız beni değersiz hissettirdi, bir süre konuşmak istemiyorum" diyebilirsiniz.

Bağlı ilişkinin sırları:

- Çözüm yoluna gidin.
- Seçenek sunun.
- Empati kurun ve onu anladığınızı ifade edin.
- Tavır yapmayı bırakın.
- Sık sık teşekkür edin.
- Birlikte zaman yaratın.
- Yeni şeyleri birlikte öğrenin.
- Eleştirmeyi bırakın, takdir edin.
- Benzer, ortak özellikleriniz olduğunu belirtin.
- Öfkeliyken kırıcı sözler söylemeyin.
- Cezalandırmayı değil bedel ödetmeyi seçin.
- İyi anılar biriktirin, geçmişteki kötü anları köpürtmeyin.

Zor İnsanlarla İletişim Kurmanın Yolları

Zor insanlarla iletişim konusunda öncelikle altını çizmem gereken şey her durumda kişiye göre değişik stratejilere ihtiyaç duymamızdır. Bizlerin hayatımızda "zor insan" olarak tanımladığımız kişiler farklı pozisyon ve yakınlık düzeyinde olabilirler. Bu bazen annemizdir, bazen babamızdır, bazen patronumuz, sevgilimiz ya da arkadaşımızdır. Saydığımız her bir farklı insanla haliyle farklı iletişim kanalları üzerinden ilişki kurarız çünkü her birinin bizimle olan bağlantısı farklıdır. Bu yüzden ihtiyaçları iyi tanımlamak gerekir.

Zor insanlarla iletişiminizi iyileştirmek için öncelikle kendinizi güçlendirmelisiniz. Bunu tıpkı zayıf bedeninizi güçlendirmek için yaptığınız bir egzersiz programı gibi düşünün. Daha güçlü kaslara sahip olmak istediğinizde ne yaparsınız? Belki bir spor salonuna kaydolur, günlük rutininiz çerçevesinde çalışmalar yaparsınız. Belli bir süre sonra da görürsünüz ki kollarınız daha da güçlenmiş, duruşunuz düzelmiş ve kendinize daha güvenen bir ruh hali size sinmiş. Esasında tüm kitap boyunca anlatılacak olanlar da bundan farksız değildir. Sağlıklı ve güçlü bir ruh hali oluşturmanın yolu da buna benzerdir. Tıpkı kaslarınızı çalıştırdığınız gibi ruhunuzu da çalıştırmanız ve bazı egzersizler yapmanız gerekir.

Hayatınızda en güvendiğiniz insanı düşünün şimdi. Kim olabilir? Bazınız için anneniz bazınız için babanız ya da sevgiliniz... Şimdi seçtiğiniz bu insanı gözlemlemenizi istiyorum. Ona iyice bakın. Neden bu insan sizin için güvenilir? Hangi davranışları size güvenilir geliyor? En güvendiğiniz insanın bu özelliklerini defterinize yazın. Tüm düşüncelerinizi detaylı bir şekilde not edin, nasıl davranıyor, hangi mimikleri kullanıyor, hangi sözcükleri seçiyor, ne yaptı da siz ona güvendiniz tüm bunları not edin. Daha sonraki adımda bu kişilerde beğendiğiniz ve güven vaat eden davranışları siz de uygulayın hatta ilk başlarda taklit edin.

Bu konudaki ilk hedefimiz zor insanlarla iletişimden önce güvenilir insan olmayı sağlamaktır. Tıpkı o güvendiğiniz insan gibi olmalısınız. Hepimiz kendimiz gibi olmayı isteriz, birine benzemektense kendimize özgü ruhumuzu yaşamak ve bu potansiyellerimizi insanlara sunmak bizim için çok önemli ve değerlidir. Ancak iletişim becerilerini geliştirmek sizin otantik varoluşunuzu sergilemeye engel olmaz. Bu ne rol yapmak ne de insanları kandırmaktır. Bu yüksek beceri üstelik sizin otantik varoluşunuzu sergilemeniz için size alan açar.

Birilerini ikna etmek, birinin öfkesini kolaylıkla yatıştırmak, inatçı birini yola getirmek, sevgisiz bir kalbe seslenebilmek yüksek bir iletişim becerisi kazanmakla mümkündür. İnsanları ikna etmenin yolu güçlü olmak, güvenilir olmak ve çekici olmak gibi özellikleri kendinizde toplamanızla başlar.

Zor insanlarla iletişimin püf noktaları:

1. Haklılık-haksızlık tartışmasına girmeyin. Zor insanlarla iletişimde haklılık-haksızlık yarışı anlamsızdır. İletişimi sağlıklı bir yola sokmaktan öte gerilimi tırmandırmaktan başka bir işe yaramaz.

2. Tartışma esnasında negatif dili değil pozitif dili kullanın. Zor bir insanı eleştirmek risklidir. Ancak buna gerçekten ihtiyaç duyduğunuzda incelikli bir yolla yapın. Örneğin önce pozitif davranışını onaylayarak söze girin, arkasından negatif davranışını söyleyin. "Sen aslında salonu topluyorsun, çok da güzel topluyorsun ama yatak odası dağınık kalıyor, orayı da biraz düzeltebilir misin acaba?" şeklinde yapabilirsiniz bunu. Örneğin babanız çok öfkeli biri, "Babacığım sen sevgini çok güzel gösteriyorsun, şefkatini de aynı şekilde çok güzel sunuyorsun ama öfkelendiğin zaman beni tedirgin ediyorsun, çok üzülüyorum" şeklinde konuşabilirsiniz. "Bunu yapıyorsun bunu da yapabilirsin" demek zor insanın muhtemelen size karşı oluşturacağı direnci kırmak adına oldukça işe yarar bir yoldur. Yaptığı bir şeyi takdir ederek söze başlamanız ayrıca sizin objektif olduğunuzu gösterir. Uzun ilişkilerde ve evliliklerde ne yazık ki çiftler birbirlerini yıpratarak karşısındakini düşman olarak görme eğiliminde olabilirler. Unutmayın siz düşman değilsiniz, birbiriniz için destekleyicisiniz.

3. Erkek ve kadınların iletişim ihtiyaçları daha farklıdır demiştik. Eğer iletişim kurduğunuz zor kişilik bir kadınsa yüz yüze konuşarak, erkekse yazarak ve kısa cümlelerle ifade ederek iletişiminizi güçlendirebilirsiniz. Erkekler "Seninle konuşmam lazım" dediğinizde kaçarlar ama kadınlar kaçmazlar.

4. Hiçbir öfke o anı karşılamaz. Daha öncesinden gelişen bazı mekanizmaların sonucunda doğar öfke. Örneğin trafikte sıkıştınız ve eşiniz yeşil ışığa rağmen hareket etmeyen aracın sahibine kızmaya ve söylenmeye başladı. Eşiniz o aracın sahibine kızmadı aslında. Kızıyor çünkü evden geç çıktınız, geç kalıyorsunuz ve geç kaldığınız için patronu eşinize kızacak ya da çocuğu okula yetiştiremeyeceksiniz. Bir nedenle ortaya çıkan öfkeniz varsa o öfke o anlık durumla ilgili olmaz özetle. Karşınızdakinin aslında neye sinirlendiğini tespit etmek önemlidir. "Bak işten geldin ama telefonunla oynuyorsun yanımda" diye söylendiğinizde eşiniz "Bak sen şunu yapıyorsun şimdi, vay efendim ne yapıyormuşum ben?" şeklinde celallendiğinde aslında tam olarak size mi kızmış oldu? Hayır, eşiniz işten geldiğinde çok yorgundu, biraz kafasını dinlemek istedi, biliyor ki siz fazla detaylı açıklamalarla onu yoracaksınız, "Aman işler bu noktaya gelmeden ben gardımı alayım" dedi ve size büyük bir reaksiyon gösterdi. O zaman yapmanız gereken şu: Öfkeli davranışın altındaki temel neden ne? Bunu bulmak sorunun yarısını çözmek demektir. Zor insanlarla iletişim kurarken o kişinin zaafını ve neye kızacağını bilmelisiniz. Herkesin bir eşref saati vardır öyle değil mi? Kimine sabah saatinde dokunulmaz, kimi açken celallenir, kimisi de trafikte çıldırır. Bu zamanlamaları öğrenip bazı konuları o zamanlarda konuşmaktan imtina etmemiz gerekiyor. Tanıdığınız birinin neye sinirleneceğini de zaten bilirsiniz. O noktalarda ısrarla bir şeyi söylemekten kaçınıp biraz kendinizi geriye atmayı bilmelisiniz. Karşınızdakini tanımaya kendinizi açın. Onun zaaflarını ve hassas noktalarını görün ve inatla buralarda gezinmeyin.

5. Özellikle narsisler öfkeyi sıklıkla kullanırlar. Onlarla iletişim kurmada kendi alanızı kaybetmemek çıkış yolunuzdur. Detaylı öneriler için "Narsislerle Nasıl Başa Çıkılır?" bölümünü okuyabilirsiniz.

6. Sözcüklerin etkisini değil davranışın etkisini kullanın. İletişimde sözcüklerin etkisi %7, beden dilinin etkisi %55, ses tonununki ise %38'dir. O zaman sözcüklerden ziyade değiştirmeniz gereken şey beden diliniz ve ses tonunuzdur. Ne söylediğiniz değil nasıl söylediğiniz önemlidir. İletişimde beden dilini kullanmak, ses tonunuzu ayarlamak ve tatlı bir dil kullanmak sözlerden daha etkilidir. İlgili bölümdeki detayları okumanızı öneririm.

7. Birini ikna ederken kullanacağınız yollardan biri de ona seçenekle gitmektir. "Bunu mu yapayım yoksa onu mu yapayım?" şeklinde iki alternatifiniz olsun. Bu alternatifi sunarken de kendi istediğiniz seçeneği kabul etmesi için öveceksiniz. Örneğin "Lacivert elbiseyi mi giyeyim yoksa kırmızıyı mı? Lacivert aslında daha güzel yakışır gibi, kırmızı yerine laciverti mi seçsem acaba?" şeklinde olmasını istediğiniz ihtimali biraz parlatarak iletebilirsiniz.

8. "Söz dalaşına girişmeyelim. Sakinleşince konuşalım, birbirimizi daha iyi anlarız" cümlesini hayatınıza katın.

9. Hem kendine güvenli olmak hem de nazik olmak, bu ikisini birlikte kullanmak zor insanlarla iletişim için sihirli bir etkileşimdir. Özgüvenli olmak agresif olmak değildir, bu yanlış algınızı kırın.

Tüm bu iletişim becerilerini uygularken dikkat etmeniz gereken şeylerden biri de karşı tarafın niyetidir elbette. Kimseyi kötü niyetli olarak tanımlayamayız ancak herhangi birinin dir较 rettiği konu o kişinin seçimleriyle de ilgili olabilir. Siz elinizden geleni yapmanıza rağmen kırgınlık ve yılgınlıkla bir şeyleri beceremediğiniz yanılgısına kapılabilirsiniz. Böyle bir durumda kendinizi yetersiz ve değersiz hissetmeyin. Bu önemli ayrıntıyı da unutmamanız için buraya not düşelim.

Kıskançlıkla Nasıl Baş Edilir?

Kıskançlık aslında dozunda tutulduğunda ilişkiyi koruyan bir şeydir ama her şeyin çoğu zarardır. Kıskançlık fazlalaştığı zaman karşınızdakini kaçırır. Kıskançlık duygusu karşınızdaki kişinin sizden gidebileceği ile ilgili bir tehdit gördüğünüzde yükselen bir duygudur. Bir şeyi paylaşamama ya da sahiplenmenizden doğar. Sosyal olarak kıskanmada kişi bir başkasında gördüğüne öykünür ya da onun gibi olmak ister. Son derece doğal olan bu duygu abartılmadığı ve sağlıklı bir dozda tutulduğunda baş edilebilirdir. Ancak ikili ilişkilerdeki kıskançlık söz konusu olduğunda kriz kaçınılmaz olabilir.

İkili ilişkilerde kıskançlık yönetilmesi gereken bir duygudur. Karşınızdaki insana fazla baskı uyguladığınızda o kişiyi kaçırabilir ya da onun gözünde değersizleşebilirsiniz. Bu iki sonucun ortaya çıkmasına neden olan şeyler kaybetme korkusu ve özgüvensizliktir.

Özgüveni artırmanın yollarından bahsetmiştik. Kendi alanınızda durmak ve hayatınızı tamamen o kişiye entegre etmemeniz gerekiyor. Tek odak noktanız ilişkiniz olmamalı, kendi alanlarınız, keyif alacağınız şeyleriniz olmalı.

Diğer yandan baskının sevgiliyi uzaklaştırdığını bilmelisiniz. Aslında fazla baskıladığınız her şey kaçar. Bunu tıpkı bir yayı bastırmak gibi düşünün, elinizden fırlar gider. Dahası kıskançlığın sevginin bir ölçütü olmadığını da bilmek lazım. Yani ne karşı tarafın sizi çok kıskanması sizi çok sevdiği anlamına gelir ne de sizin onu çok kıskanmanız onu çok sevdiğiniz anlamına gelir.

Kıskançlığı yönetmek içinse sevgilinizin her hareketini, cep telefonunu, sosyal medya hesaplarını devamlı takip etmekten vazgeçmeniz lazım. Aslında bunları takip etmek bize hiçbir zaman net bir bilgi de vermez. Ancak yine de kendinizi kontrol edemiyorsanız özellikle gün içinde belirleyeceğiniz bir saat dışında bakmamaya gayret gösterin. Öncelikli tercihiniz her zaman güvenmeyi seçmek olmalı. Tabii ki her zaman kontrol elinizde olsun, bazı durumlara karşı gardınızı alın ama paranoyaya kapılmaktansa güvenmeyi seçin.

Geçmişte yaşadığınız travmalara, kırgınlıklara, aldatmalara odaklanmayın. Geçmişteki yaşanmışlıklarla şimdiyi kıyaslayıp karşınızdakini boğmayın. Bunun yeni bir ilişki, yeni bir dinamik olduğunu daima hatırlayın. Hem kendi hayatınızı yaşayın hem de onun hayatını yaşamasına izin verin. Hayat sadece sizin ortaklaşa yaptığınız şeylerden ibaret değil. Kendi kendinize yeteceğiniz alanların olmasına imkân tanımanız lazım. Sadakati baskıyla elde edemeyeceğinizi kavrayın.

Sadakat kişinin içsel isteğidir. Sizi birisi gerçekten istediğinde olur, o yüzden sadakat aslında baskıyla elde edilen bir şey değil bunu kendinize de tekrar tekrar anlatmalısınız. İnsan gerçekten olmak istediği insanla, kendisi olarak birlikte olur ve gerçekten birine sadık olmak isterse bunu da gerçekleştirir, kime ne engel olabilir ki?

Ayrıca insanların sosyal bir varlık olduğunu, başka insanlarla da görüşmesi gerektiğini, başka insanlarla görüşmesinin ilişkiniz için bir tehdit olmadığını da anlayın. Sosyalleşmeye izin verin ama kendinize de birlikte geçirebileceğiniz iyi alanlar yaratın. O da zaten şevkle o alana gelmek isteyecektir.

Öfkeli İnsanla Çatışma

Karşınızdaki kişi öfkelendiyse öncelikle neden öfkelendiğini bulun. Neden bu duruma öfkelendi? Gözlemci olarak karşımızdaki insanı tanımaya çalışın.

Öfkeli insan iki tip tepki verir, savaş ya da kaç. Bu bizim normal bir şekilde hormonlarla da tetiklenen mekanizmamızdır. O yüzden öfkelenen biri ya savaşır ya da kaçar... Sizinse her zaman savaşmaktan uzak durmanız lazım çünkü öfkeli bir insanla savaşmak hiçbir zaman kazandırmaz insana. Genellikle de kaybettirir.

Savaşmayı seçen bir öfkeliyle tartışmaya girmek yerine ona zaman tanıyıp sakinleşmesini bekleyin. "Sen sakinleşene kadar biz biraz bekleyelim istersen, bu süreç geçsin" gibi bir cümleyle ortalığı yatıştırabilirsiniz. Ya da "Bak sen sakinleştiğinde daha rahat birbirimizi anlarız" diyerek negatif havayı olumluya da çevirebilirsiniz. Mutlaka öfkenin dinmesi için gerekli zamanı yaratmalısınız.

Onun dışında küçük bir açıklama da yapmak lazım. "Bak şu an evet sinirlendik belki ben de yanlış bir tepki vermiş olabilirim, o yüzden birazcık ara verelim sonra tekrar bu konuyu çözeriz. Hem daha rahat çözeriz..." gibi bir açıklama yapmak önemli. Eğer hâlâ üsteliyorsa "Buna kızmakta haklısın... Bu seni rahatsız etti... Ama rahatsız olduysan ben bir daha bunu giymem..." gibi kesin çözümle gelebilirsiniz. "Sen yorgunsun, onun için de daha çok sinirlendin haklı olarak..." demek "Aman yine kızdın yine öfkelisin... Aman şöylesin..." gibi bir cümleden çok daha yatıştırıcıdır. "Aslında buna kırılmakta haklısın, buna kızmakta haklısın" gibi ya da "Seni bu rahatsız etti" gibi karşınızdaki kişiyi anladığınıza yönelik ifadeler kullanmak öfkeyi azaltan bir şey. Karşınızdakinin kızgınlığına odaklanmak yerine alttaki duyguyu bulun ve onu ona yansıtın...

Öfkeli kişiyle konuşurken üç kuralımız var; birinci kural varsayım. "Sen bugün biraz yorgun olduğun için galiba bana biraz fazla tepki gösterdin." Şimdi burada varsayımınız ne? Sen yorgunsun onun için de şu an bunu söylemem seni sinirlendirdi... Varsayımınızı söyleyerek onunla empati yapmış oluyorsunuz aslında, yani evet buna kızmakta haklısın diyorsunuz... "Evet, doğru, kötü hissetmiş olabilirsin" gibi bir cümle karşı tarafa anlaşıldığı duygusunu verir.

Sonrasında gelmesi gerekense hemen çözüm önerisidir: "Bundan sonra ben bu saatlerde bu konuyu konuşmayayım" ya da "Yemek yedikten sonra konuşuruz" diyerek alternatif üretmek... "Ya şu elbisem kısa, bunu sevmiyorsun ama şunu mu giysem?" gibi. Her zaman bir çözüm yolu üretmeye odaklanmak lazım. Bu çok önemli.

Ve son olarak birazcık ara vermeyi önerin. Karşınızda öfkeli bir insan varsa ona tartışma büyümeden şunu söylemeniz lazım: "Sinirlendiğin zaman biz konuşamıyoruz, ne olur sinirlendiğin zaman duralım." Yani konuşarak birinin üstüne gitme davranışından vazgeçmeniz lazım.

Öfkeli insanla nasıl başa çıkılır?

Biliriz ki hiçbir öfke patlaması var olduğu anla ilgili değildir, insanlar zaafları ve güçsüz hissettikleri yönleri üzerinden öfkelerini gösterirler.

1. Öfkeli biriyle karşı karşıya kaldığınızda meseleyi kişiselleştirmeyin ve alınganlık yapmayın.

2. Geri çekilmeyi bilin. Öfkeliyken bir şeyleri çözümlemek, analiz etmek neredeyse imkânsızdır. Karşınızda çok öfkeli biri varsa "Şu an biraz sinirlendin, sonra konuşalım mı? Sen de bugünlerde birazcık bu olaylara üzüldün ya, onun için normalden daha sinirli olabilirsin, istersen sonra konuşalım" diyerek olayı birazcık ertelemeyi öğreneceksiniz.

3. "Dur sakin ol! Amma sinirlendin..." gibi sözler karşınızdaki insanı daha da öfkelendirir. "Ama sen hep sinirlisin zaten! Aman sen hep böyle yaparsın zaten! Geçmişe bir bak, sen orada da sinirlenmiştin... Aman sakin ol ne var kızacak!" tarzındaki cümleler karşı tarafı daha da sinirlendirir.

4. "Bak sinirlenmekte haklısın, bu olaylar karşısında sakin kalman zor" diyerek empati cümleleri kurun. Bu çok önemli. "Bak, sen haklısın. Bugünlerde de böyle çok üst üste olaylar yaşadın, o yüzden böyle bir şey oldu" diyerek karşınızdakini anladığınızı, öfkesinin olabileceğini, erteleyeceğinizi söylemiş olursunuz.

5. Ne söylediğiniz değil nasıl söylediğiniz çok önemlidir. Şimdi 2 tip örnek üzerinden anlatacağım, "A, artık bıktım senden, yeter ya!" ya da "A, yeter hep bunu yapıyorsun. Bunu yapmandan bıktım ya!" cümlelerini kendi kendinize sert bir şekilde söyleyin. Şimdi de benzer cümleleri sessizce, daha tatlı bir tonda söyleyin. "Bunu yapmandan gerçekten bıktım. Gerçekten çok üzülüyorum artık" deyin. Aradaki farkı gördünüz mü? Sinirlenmeden sinirinizi ve öfkenizi yansıtabilirsiniz, illa sertçe bağırmanıza gerek yok.

Aldatıldım, Ne Yapacağım?

Eğer bir şeyden çok korkarsak başımıza gelir mi? Korktuğum başıma geldi deriz ya gerçekten de bu böyle midir? Eğer bir şeyden fazlasıyla tedirginseniz o konu üzerinde çok düşünmeye başlarsınız. Eğer aldatıldığınızı düşünüyorsanız sürekli karşınızdakiyle ilgili şüpheli düşünceler üretmeye başlarsınız. Bu şüphelerse davranışlarınıza yansır, bu sefer onu izlemeye, stalklamaya, yaptığı şeyleri kısıtlamaya ve baskı kurmaya başlarsınız. Baskı yapmaya başladığınızda da onu sıkmaya ve aslında bir şekilde aldatmaya da itmiş olursunuz. Yani güç sizden gider. Biz buna kendini gerçekleştiren kehanet diyoruz. Böylelikle hem korku ve endişenin olumsuz enerjisine kendinizi mahkûm etmiş oluyor hem de kendini gerçekleştiren kehanetle karşı tarafı bu duruma düşüren davranışlar sergiliyorsunuz.

Deliler gibi âşık olduğunuz biri sizi aldattığında ne yapmalıyım sorusu üzerinize kâbus gibi çöker. Burada bu sorudan önce kendinize yöneltmeniz gereken soru şu olmalı:

"Ben onu affedebilecek miyim?"

Aldatmalara rağmen tekrar başlayan ilişkilerde bir süre her şey yolundaymış gibi gidebilir. Ancak içten içten sizi kemiren aldatılmış olma hissi zaman zaman su yüzüne çıkıp öfkeli sözler sarf etmenize yol açabilir. Eğer sık sık bu aldatma hikâyesini karşınızdakinin yüzüne vuracaksanız aldatmanın üzerine bu ilişkiye tekrar başlamamalısınız, her halükârda bu sizi yıpratmaktan öteye gitmeyecektir, aksine acıyı daha uzatmanıza yol açacaktır. Bu öfkeli tavırlar erkekte ya da kadındaki suçluluk duygusunu azaltır, kısaca haklıyken haksız duruma düşmek denen bir karambole yuvarlanırsınız.

Aldatıldığınız bir ilişkide bedel ödetmek istiyorsanız bu bedeli en iyi ilişkiden tamamen gittiğinizi göstererek yapabilirsiniz. Her halükârda aldatma ile karşılaştığınızda bir süre o ilişkide olmayın, tamamen ipleri koparın. Aldatan kişi size her yerden ulaşmaya çalışsın fakat ulaşamasın. Affetme sürecindeyken bile tamamen yok olmanız, aldatılmanın bedelinin ne olacağını karşı tarafa hatırlatmanın en iyi yoludur.

Aldatmalarda genellikle erkeklerin tavrı ikiye ayrılır, bir şekilde kendini affettirmenin peşinde koşanlar ve diğer yanda sonuna kadar inkâr edenler.

Yapılan araştırmalara göre kadınların da erkeklerin de eşit oranda aldatıldığı söylenebilir. Tabii aldatma kavramı cinsiyete ve topluma, yaşantılara göre değişiklik gösterse de genel anlamıyla aldatma denince üçüncü bir kişiyle kurulan yakınlık kastedilir. Burada sadece cinsellikle bağlantılı bir aldatma değildir söz konusu olan, duygusal bir paylaşımda buluşmak da aldatmaktır.

Dünyadaki sosyolog ve psikologların geribildirimlerine göre son 20 yılda eskiye oranla aldatmalarda yükselme görülüyor. Bunun nedenleri arasında artan sosyalleşme ve sosyal medya sayılıyor. Aldatmalar ilişkinin her aşamasında olabiliyor, erkekler de kadınlar da hem cinsel arzular hem de duygusal ihtiyaçlarla aldatmaya yönelebiliyor. Özellikle uzun ilişkilerde ve evliliklerde birbirini anlamaktan uzaklaştığını düşünen çiftler de bir taraftan buna daha da yatkın hale geliyor. Erkek aldatırsa cinsellik için aldatır yaklaşımı da pek doğru değil aslında. Erkek de kadın da anlaşılmadığını düşündüğünde ve yalnız hissettiğinde aldatabiliyor.

Aldatmayı sırf bir kaçamak olarak görenler de yok değil. Ancak her şekilde kırıcı ve zarar verici bir eylem olduğu gerçek. Çünkü aldatma yalan söylemek üzerine kurulur.

Aldatıldıktan sonra affetmenin kuralları ve sınırları olmalı. Bir ilişkiye zarar veren en büyük şey ihanettir. Sadece ilişkinin doğasına değil birey olarak ruhumuza, aklımıza kısaca dünyayla olan ilişkimize yönelen bir eylemdir ihanet. İhaneti affetmeyi ve gerçekten içinizde hiçbir tortu kalmayacak şekilde çözmeyi diliyorsanız karşı tarafın büyük bir şeyle size gelmesi gereklidir. Eski aynı kişi olarak değil, farklı ve daha büyük bir beklentiyle gelmesini beklemelisiniz. Bu, ilişkinizdeki seviyeye göre bir adım sonrasına denk gelmelidir. Flört halindeyseniz ciddi bir ilişkiye dönüşmeli, ciddi bir ilişki içindeyseniz de evliliğe...

Özetle ilişkinizde level atlatacak bir duruma dönüştürmeli sizi. Bunu elbette direkt yollarla sormaktan kaçınmalısınız, sadece gözlemci olun, tüm algılarınızı açın, dikkatli bir analiz yapın ve şu soruları sorun kendinize:

Bana neyle geliyor? Daha iyi ne vaat ediyor? İlişkinin değerini bir basamak daha yükseltiyor mu?

Hayatınızda olacak insan sizin duygularınızı yükseltmeli, sizi değerli hissettirmeli, sevgisiyle, şefkatiyle sarmalamalı. Sırf birisine karşı hissettiğiniz kör duyguların peşine kapılıp sonuçlarına katlanamayacağınız bir ilişkinin ortasında olmayın. Kültürümüzde, dünya edebiyatında, filmlerde, şiirlerde tasvir edilen, adına "aşk" denen duygu istek ve heveslerinizi gölgelemesin. Kendinize yönelen tavır ve davranışları yorumlamaktan ve bedellerini ödetmekten sizi alıkoymasın. Bazen sert bir "Hayır!" size acı veren bir ilişkiden çok daha fazlasını sunacaktır. Kaybetmeyi göze aldığınız şey ilişkinizdir, böyle durumlarda ancak dünyada değer biçemeyeceğiniz şeyler alırsınız bunun karşılığında: Özsaygınız ve kendinize olan güveniniz gibi.

Aldatmadan sonra sağlıklı bir ilişkinin yürümesi için özetle her iki tarafın da buna gönüllü olması gerekli. Aldatan kişinin bundan gerçekten pişman olması, özür dilemesi, inkâr etmeyerek sorumluluğu alması, yaraları onarmak için titizlikle davranması, onarmaya çalışması ve olası ruhsal gerilimleri göğüsleyebilmesi gerekir.

Peki ya aldatan sizseniz?

Ciddi bir ilişki içinde ya da evliyken başka birine ilgi duyuyorsanız ve aldatan sizseniz kendinize bunun karşılığında hangi bedelleri ödeyeceğinizi sormalısınız. Diyelim âşıksınız, evli ve çocuklu yaşamınızı terk etmek istemiyorsunuz ama bir yandan da başka birinin ilgisini istiyor ve dahası siz de ona yoğun ilgi besliyorsunuz. İki arada bir derede kalmak sizi elbette sıkıştıracak, daha da önemlisi eşinizi başka biriyle aldatmış olacaksınız.

Eğer ille de o kişiyle beraber olmaya niyetliyseniz bedel ödemeye de hazır olmalısınız. Ortaya çıkarsa her şeyinizi kaybedebilirsiniz, sevdiğiniz insanları üzebilir ve belki hayatınızdan çıkıp gitmelerine neden olabilirsiniz.

Aşk duygusunun temelinde dürtüler vardır, tutku ve heyecanla başladığınız şeyler hayatınızdaki köklenmiş ve emekle örülmüş bir şeyleri yıkacak olsa buna hazırlıklı olur muydunuz? Hesabınızı kazanç üzerinden değil ödeyeceğiniz bedeller üzerinden yapın. Bu tercihi yaparken hayatınıza alacağınız ikinci kişinin beklentilerinin ne olduğunu da hesap edin. Belki de onun için sizin zaten biriyle evli olmanız, sorumluluk almak istememesinden dolayı onun işine de gelebilir. Acaba sizden gerçek manada ne bekleniyor?

Son dönemlerde sıklıkla karşılaştığım hikâyeler arasında bekâr erkeklerin özellikle evli kadınlarla beraber olduğunu duyuyorum. Çünkü bir kadının evli olması erkek açısından rahatlatıcı bir faktör olarak değerlendiriliyor. Genellikle erkeklerde evlilikten kaçınma ya da bekâr kadınla birlikte olursam benimle evlenmek ister korkusu olabiliyor. İşte bu endişelerin içinde yuvarlanmaktansa çareyi zaten ona göre "başını ağrıtmayacak" bir kadında bulan erkeklerin sayısı hiç de az değil. Bazı genç erkeklerin kendinden yaşça büyük ve zengin kadınlarla yaptığı beraberliklerin sayısındaki artışın hiç de az olmadığını da not düşelim. Bu nedenle eğer ilişkinizi ya da evliliğinizi riske atacaksanız diğer kişinin sizden ne beklediğinin ayrımını da yapmalısınız.

Evli bir erkekle beraberseniz ve "Karımdan boşanacağım ve seninle birlikte olacağım, biz aslında ayrı yataklarda uyuyoruz, çocuk ufak olduğu için boşanamıyorum, biraz büyüyünce boşanacağım" diyorsa dikkat! Birçok erkek bu yalanla sizi yıllarca oyalayabilir ve sizinle evliliğindeki eksik taraflarını telafi edebilir. Böylelikle o tam bir hale gelirken siz bir telafi aracına dönüşmüş olursunuz. Hatta onu tam hale getirerek evliliğinin de daha iyiye gitmesine yardımcı olursunuz farkında olmadan. Eşini aldatan birçok erkeğin karısıyla olan cinsel yaşantısının hareketlendiği doğrudur çünkü genellikle erkek suçluluk psikolojisiyle vicdan yaparak evliliğinin üzerine titremeye başlar, aslında o da başka türlü bir telafi aracına dönüşür.

Eğer aldatma eğilimdeyseniz kendinizi ve ilişkinizi tartın. Neden buna ihtiyaç duyuyorsunuz? Eksik olan nedir? Her ilişkinin dinamiği farklıdır, ilişkinizde yaşadıklarınızı herkese anlatmayın ve herkesten akıl almaya çalışmayın. Çünkü herkes kendi deneyimleri üzerinden size fikir verir fakat bu fikirler sizin ilişkinize çareler sunmayacaktır. Kimsenin size akıl vermesine de izin vermeyin. Özelikle en yakınınızdakiler sizi çok sevdiklerinden kendi duyguları üzerinden size akıl vereceklerdir. Anneniz babanız sizi koruma içgüdüsüyle, en yakın arkadaşınız belki girdiği mutsuzluk psikolojisi içindeki düşünceleriyle size bir şeyler söyleyecektir. Belki de arkadaşınızın ilişkiniz için söyledikleri sizin için değil onun lehine sonuçlar yaratmaya yöneliktir. İlişkinize objektif bakma becerinizi geliştirin. Hatta zaman zaman defterinize bu ilişki bana ne katıyor, benden ne götürüyor diye yazıp değerlendirin.

İlişkilerdeki Bağımlılık ve Takıntılardan Kurtulmak İçin Ne Yapmalısınız?

İlişkilerde bağımlılık yerine bağlılığı hep vurguluyoruz. İlişkide bağlılığın gerekli olduğundan, bir ilişkiyi belli bir dinamikte yürütmekten, sadık olmaktan, sevmekten, önemsemekten söz ediyoruz. Ancak yaşadığınız ilişki bir şekilde hayatınızı sabote etmeye başlıyorsa tek düşünceniz ilişkiniz olduysa ve tamamen karşı tarafa bağımlı olarak yaşıyorsanız burada başka bir boyuttan bahsetmek gerek.

İlişkilerde bağımlılık neden kaynaklanır?

Hayatımızdaki tüm dinamikleri, kendimizle ilgili zaaflarımızı, korkularımızı ilişkilerimize yansıtırız. İş hayatında çok başarılı biri olabilirsiniz, arkadaşlarınız arasında aranan ve sevilen biri olabilirsiniz, çok iyi bir anne baba olabilirsiniz ama evliliğinizde, aşk ilişkilerinizde işler tam da istediğiniz gibi yolunda gitmeyebilir. İlişkilerimizdeki ayağımıza takılan taşların çoğu çocukluk döneminde edindiğimiz anne baba dinamiklerinden doğar demiştik. Bu dönemlerde olan deformasyonlar ilişkilerde kendini eksiklik olarak gösterir.

Bağlılıktan bağımlılığa kaymış bir ilişkide önce size zarar veren dinamikleri tespit etmeniz gerekir. Bu bağımlılığı durdurmanın ve dengeye gelmenin ilk anahtarıdır.

1. Size zarar veren noktaları tespit edin. Bu ilişkide size zarar verdiğini, hırpaladığını düşündüğünüz şeyler neler? Defterinize yazın. Bağımlılık geliştirilen bir ilişkide sizin için negatif olan noktalara körleşmiş, onları kanıksamış olabilirsiniz. Çocukluk döneminde edinilen yanlış şemalar nedeniyle bunları sizin normaliniz gibi algılayabilirsiniz. Birini çok özlediğinizde negatif şeyleri görmezden gelip "Aslında beni seviyor muydu acaba?", "Evet sorunlarımız vardı ama şu noktaları çok iyiydi sanki" gibi ikilemlerde kalabilirsiniz. Bu ikilemlere düşmemek ya da düştüyseniz sıyrılmak için "Bu ilişki bana neler kaybettiriyor?", "Bu ilişkinin bana ne gibi zararları var?" sorularına vereceğiniz cevapları yazın. Örneğin "Bu ilişki kendi alanımı korumaktan beni uzaklaştırıyor, duygusal olarak bana zarar veriyor, sınırlarımı zorluyor, değersiz hissettiriyor, enerjimi çalıyor, beni yalnızlaştırıyor" cevaplarınıza yakın gelebilir.

2. Alanınızı belirleyin. Bağımlılığın söz konusu olduğu bir ilişkide kendi alanınızı terk etmişsinizdir, zaten bağımlılığın sebebi de budur. Kendi alan tanımınızı iyi yapın. Bu aileniz, yaptığınız iş, hobileriniz, size keyif veren şeyler olabilir. İlişkilerde bağımlılık tuzağına düşmemeniz için kendi alanınızı terk etmemeniz lazım. Bağımlılıkla takıntılar beraber yürür, ikisinin de sonuçları benzerdir ve sizi rehin alır. Dahası sadece kendinize zarar vermekle kalmaz karşı tarafa da zarar veriyor hale gelebilirsiniz. Şimdi şunu düşünün: 10 tane yumurtanız var, 10'unu da aynı sepete koydunuz. Sepet düştüğü an 10 yumurtanız da gitti. Hepsi kırıldı. Ama siz 10 tane ayrı sepete birer yumurta koyarsanız bir sepet devrildiğinde 9 yumurta size kalır. Bu ne demek biliyor musunuz, tüm hayatınız sadece ilişkinizden ibaret olursa ve o kişi giderse ya da size bir yanlış yaparsa yıkılırsınız. Elinizde hiçbir şey kalmaz. Ama 10 yumurtanın her birini ayrı sepete koyarsanız sevgiliniz, hayatınızdaki erkek, hayatınızdaki kadın giderse başka şeyler kalır hayatınızda; işiniz, aileniz, arkadaşlarınız, sporunuz, hobileriniz, okuduğunuz kitaplar, kendinize ayırdığınız vakit, gittiğiniz kuaför, arkadaşlarınızla geçirdiğiniz vakit... Her şey size kalır. Onlar da sizin diğer 9 yumurtanız. Hayatınızda tabii ki insanlara güveneceksiniz ama hayatınızı tamamen birine adamak çok büyük bir acı çekmeye eğilim kazanmak yani meyletmek demektir. Biliyorsunuz ki tamamen her şeyinizi bir insana dayarsanız o gittiği zaman yıkımınız da büyük olur. Ama sadece bir noktanızı dayarsanız diğer noktalar sizi taşır. Kendi alanınızı hiçbir ilişki dinamiğinde bırakmayın! Terk edilmenin, aldatılmanın maliyeti sadece karşılaştığımız insanlarla ilgili değildir, herkes hata yapabilir ama bazılarının hataları daha yıkıcı olabilir. Muhasebenizi yaparken buna dikkat edin, kendinizi korumaya alın, karşılaştığımız olumsuzluklar tamamen birinin kötülüğünden kaynaklanmaz. Akıllıca güvenmek, akıllıca sevmektir yapmanız gereken.

3. Sınır çizmeyi bilin. Bağımlılar sınır çizmekte zorlanırlar. Gel deyince gelir git deyince giderler hatta bu öyle bir noktaya gelir ki bugün bir saatliğine gel yarın üç saatliğine gel şekline bile dönüşür. Özellikle narsisler bunu çok sık yapar.

Bu tarz bir gelgitin içine düştüğünüzde siz de telefon başında beklemeye, "Bana ne zaman yazacak, beni ne zaman çağıracak, ne zaman buluşacağız?" diye kurmaya başlıyorsunuz. Böyle bir dalgaya kapıldığınızda bunu durdurmanın yolu HAYIR DEMEKTİR. Bağımlılığınızın olup olmadığını en iyi buradan tespit edebilirsiniz. Gel deyince geliyorsanız, git deyince gidiyorsanız, sürekli ne yaptığını takip ediyorsanız, sosyal medyasında kimi eklediğini, kiminle konuştuğunu stalklıyorsanız, geceniz gündüzünüz bu şekilde takıntılarla dolduysa tutsak olmuş bir bağımlılık geliştirdiğinize emin olabilirsiniz. HAYIR kelimesi sizin zırhınız olsun, hayır deme cesaretini gösterin.

4. Bazen sevilmeyebilirsiniz. İnsan olarak hepimiz kendimize en iyiyi, en güzeli yakıştırırız, dünya bizim istediğimiz gibi olsun isteriz, sevdiğimiz de bizi sevsin diye bekleriz. Ancak bazen sevilmeme de ihtimal dahilindedir. Her sevdiğimiz de bizi sevecek diye bir kural yok. Sevilmediğini kabul etmekse büyüklüktür, üstelik sizin ıstırabınızı sonlandırır. Takıntılı bir kişilik şunları der:

"Yok aslında şimdi beni sevmediğini söylüyor, git diyor ama aslında duygusal olarak şu anda zayıf bir durumda..."

"Şu an beni bıraktı ama aslında bu aralar çok hassas..."

"Şu an bana defol git dedi, küfretti ama aslında şöyle..."

Bahaneleri bırakın! Seven insan yanınızda olmanın yolunu mutlaka bulur. Eğer kişi size "Aman git, aman kal, şimdi seni istemiyorum, biraz ara verelim" diyorsa sizi gerçekten sevmiyordur. Bazen sevilmediğinizi kabul etmeniz gerekir. Sevilmemeyi egonuza bir saldırı olarak algılamayın. Herkes sizi sevmek zorunda değil ama siz neyin zorundasınız? Sizi sevmeyenlerden uzak durmalısınız ki kendinizi sevebilesiniz.

5. Her şeyi kontrol etmekten vazgeçin. Bağımlılıkta kontrol etme hâd safhadadır.

"Şimdi kiminle buluştu?"

"Kime gitti?"

"Ne yaptı?"

"Ama şimdi beni aldatıyor mu?"

"Ama şimdi şunu yaptı... Aman ne oluyor?..."

Her şeyi kontrol etmekten vazgeçin. "Onu mu aradı? Şimdi çevrimiçi mi? Çevrimiçinde neler yapıyor? Neler olacak şimdi?" şeklinde devamlı kontrol etme takıntınız varsa şunu bilin; bazı şeyleri kontrol edebilirsiniz ama her şeyi kontrol edemezsiniz. Hatta burada size işe yarar bir felsefeden de söz edeyim. Antik Yunan'ın meşhur felsefesi Stoacılık'ta bunun duası bile vardır. O sihirli dua şunu der:

"Tanrım, bana değiştiremeyeceğim şeyleri kabul etmem için kuvvet, değiştirebileceğim şeyler için cesaret ve bu ikisini birbirinden ayırmak için akıl ver."

6. Herkese sürekli ondan bahsetmeyin. Konuşmak takıntıları körükler. "Alo Ali şimdi şunu yaptı", "Alo Ayşe, Ali şimdi şunu yaptı" ,"Alo Fatma, Ali şuraya gitti." Bırakın Ali'yi başka şeylerden konuşun. Bilimsel olarak beynimizin hangi meseleye odaklanırsak o davranışı ve yeteneği geliştirdiğini biliyoruz. Diyelim kafanıza bir müzik aletini çalmayı koydunuz, pratik yaptıkça beyninizin o konuya ilgili kıvrımındaki nöronları çalıştırmış ve güçlendirmiş olursunuz. Sonra bir bakarsınız ki çaldığınızı düşünmeden o aleti mükemmel bir şekilde çalabiliyorsunuz. Sorunlar hakkında konuşmak da beyninize aynısını yapar, sürekli konuştuğunuz takıntılar güçlenir ve bir noktadan sonra kontrolünüzü ele alamazsınız. Bu takıntıları terk etmekte zorlanıyorsanız ilk zamanlar için kendinize bir kota koyabilirsiniz. "Ben saat altıyla altı buçuk arası Ali'den konuşacağım. Onun dışında kimseye Ali'yle ilgili bir şey söylemeyeceğim" diyerek kendinizi kısıtlayabilirsiniz. Aynı şekilde kaygılarla ilgili de benzer dinamikler söz konusudur. Kaygılarınızı yönetmek için de kısıtlama yoluna gidebilirsiniz. Bu noktayla ilgili bir notu da eklemeden geçmeyelim, çevrenizdeki insanlara sürekli takıntılarınızdan söz etmek onlar için de yorucudur, bu sizin yalnızlaşmanıza da yol açabilir.

7. Kendi uğraşınız olsun. Kendinizi meşgul edecek bir şeyiniz olmazsa zihninizde takıntı geliştirdiğiniz düşünceleri evirip çevirmeye başlarsınız. Bunun psikolojideki adı ruminasyondur yani zihinsel geviş getirme. Benzetme kulağa hoş gelmese de tıpkı bunun gibi bizler de belli düşüncelere saplanıp kaldığımızda zihnimizde tekrar tekrar düşünce üretiriz. Bundan kurtulmak için etkili bir yol zihninizi başka şeylerle meşgul etmektir. Yeni bir şeyler öğrenmek, ellerinizi çalıştırmak, yürüyüş yapmak, müzik dinlemek, hobilerinizle ilgilenmek zihninizin bu tarafını susturup rahatlamanıza yardımcı olur.

8. Kıskançlık krizlerinden vazgeçin! Hepimizde var değil mi biraz kıskançlık? Sevdiğimiz insanı kıskanıyoruz, hepimizde bu dinamik var. Eğer kıskançlık dinamiğinin içindeyseniz şunu bilin; her ilişki başlar, bir yere kadar gider, ondan sonra biter ve bir ilişki bitince de sizin hayatınızın sonu olacak, siz bir daha duygusal ilişki yaşamayacaksınız, siz bir daha mutsuz olacaksınız diye bir şey yok. Hayatınızdaki bitişleri de kabul etmeyi öğrenmeye çalışın. Her bitiş bize yeni başlangıçlar için kapılar açar aslında. Siz, "Başkasıyla mı oldu?" kıskançlığına kapıldığınızda çok daha farklı şeyleri unutuyorsunuz. Bu adam sizi mutlu etmiyordu ki. Başkasıyla olsa ne olacak? Haydi diyelim eski sevgiliniz başkasını çok mutlu etmiş, dışarıdan herkes mutlu gözüküyor, ki bu da zaten önemli değil de, siz mutlu değilsiniz ki!... İlgili bölümde size yazdırdıklarımı anımsayın, bu ilişkinin size zarar verdiğini düşündüğünüz noktaları çıkartmıştınız. Bunları kıskançlık duygusuna kapılıp rafa kaldırmayın. Sizsiniz önemli olan. Başkası mutlu muymuş, başkasını mutlu etmiş mi bunun hiçbir önemi yok. Bunu unutmayın! O yüzden de "Aman başkasına ne yaptı? Başkasıyla şöyle mi yaptı, böyle mi yaptı?" diyerek girdiğiniz kıskançlık krizlerini bırakın.

9. İlişkinizi tanımlayın. İlişkinizi tanımlamak demek kabaca bir matematik hesabı yapmaktır. Böyle bir ilişki yaşıyorum, karşı taraf bana bunu veriyor, bense ona bunu veriyorum. Her ilişkinin basit bir formülü vardır. Bu matematik sizin ilişkinizde dengenin olup olmadığını da anlamanıza yarar. Burada tabii ki ince hesapçılık değil kastettiğimiz ama alma-verme dengesi bozulduğunda bunun farkında olmak da güçleşir. "Ben ona iki tane verdim ama o bana yarım bile vermemiş" şeklinde çıkarımlar yapın. Bunu alışveriş gibi değil, dengeleyici ve tamamlayıcı unsurları bir araya getirmek olarak görün. Ne demiştik her şeyde altın oranı koruyacağız.

10. Zaaflarınızı bulun. Takıntılar zaaflardan doğar. Siz bir şekilde bir ilişkide bağımlı ya da takıntılı hale geldiyseniz bu zayıf bir tarafınızın olduğunu gösterir. Sizin zayıf noktanız ne? Neden bu tarz bir ilişkiye bağımlı oldunuz? Neden tüm hayatınızı bıraktınız? Neden bu kişi sürekli kötü davrandığı halde sizin için önemli oldu? Zaafınız ne, yalnızlıktan mı korkuyorsunuz, terk edilmekten mi yoksa tek başınıza hayatta başaramayacağınızı mı düşüyorsunuz? Tekrar hata yapmamak için bunları bulun.

11. Empati yeteneğinizi geliştirin. Empati yeteneği en temelde karşınızdakini ve kendi ihtiyaçlarınızı anlamaktır. Bu sadece onunla iyi bir iletişim kurmak için değil onun niyetini ve amacını aynı şekilde kendinizi saptamak adına önemlidir. Karşı tarafa "Bu beni zaten istiyor" dedirtmeyin. Kendi ihtiyaçlarınızın da farkında olun.

12. Ruhsal dünyanızı zenginleştirin. Sadece dış dünyanın ihtiyaç ve beklentilerine odaklandığınızda ruhunuzu yitirirsiniz. Manevi dünyanızı zenginleştirmek için de emek verin. Bu inançlar, öğretiler olabilir, biliyorsunuz ki bunun pek çok farklı uygulamaları var. İster bir mum eşliğinde meditasyon yapın isterseniz dua edin ya da kendi özel ritüellerinizi yerine getirin. Ruhunuzu güçlendirmek için maneviyatınızı beslemeniz çok önemli.

İlişkide takıntılardan kurtulmanın yol haritası:

- İlişkinin size zarar verdiği noktaları defterinize yazın.
- Kendi alanınızı yaratın.
- Sınır çizin.
- Hayır demeyi öğrenin.
- Sevilmemeyi de öğrenin.
- Her şeyi kontrol etmeye çalışmayın.
- Sürekli ondan bahsetmeyin.
- Kendi uğraşılarınızı icat edin.
- Kıskançlık krizlerine girmeyin.
- Zaaflarınız ve yetersizliklerinizle yüzleşin.
- Kendinizle de empati yapın.
- Ruhunuzu güçlendirin.
- Her şeyi kişiselleştirmeyin.

Buraya kadar tüm saydıklarım aslında aynı zamanda bağımlılığın ve takıntıların gelişmesini engelleyen etkenlerdi. Her ilişki dinamiğinde bunlara dikkat ettiğinizde bağımlılığın gelişmesini de engellemiş olursunuz. Çünkü bazen farkında olmadan sinsice ilerler bağımlılıklar. Takıntılı ilişkiler sizi aşırı fedakârlık yapmaya götürebilir. Örneğin zaafınız yalnız kalamamak ya da terk edilmekse bunu engellemek için siz de aşırı fedakârca davranmaya başlarsınız. Ancak aşırı fedakârlık yaptığınızda karşı tarafa "Ben o kadar da sevilmeye layık biri değilim, ben kendim olarak sevilmem ama senin için bir şeyler yaparsam sen beni seversin" mesajını iletmiş oluyoruz. Böylelikle kendinizi değersizleştiriyorsunuz özetle. Fedakârlık kuyusuna düştüğünüzde şöyle yapın: "Ben Ali'yi bir kere aradım, buluşalım dedim, o da benim yarın işim var dedi." Şimdi şunu düşüneceksiniz: "Ben Ali'ye bir kere buluşalım dedim. O bana bir daha ikinci kez teklif edene kadar, orta yerde buluşana kadar veya onun yakınında bir yere çağırana kadar, ortada bir yerlerde buluşana kadar bir daha sormayacağım." Bakın böylece dengeyi buldunuz. Önce hesaplama gibi yapın zihninizde ama iletişimde zaten denge olmalı. Böyle daha çok sevilirsiniz. Böylelikle bir kişilik ortaya koymuş olursunuz. Kendinizin değerli olduğunu artık bir gösterin! Karşı taraf için yaptıklarınızın sınırını siz belirleyeceksiniz. Çünkü Ali sürekli deneyecek "Bakalım Ayşe'ye ne kadar daha yaptırabilirim?" diye. "Ayşe sen bugün bana eve gel, ben hiç çıkmayayım..." Ayşe fedakârlık yapıyor, geliyor. O çıkıyor. O yiyecek getiriyor. Ali denemeye devam ediyor. "Ayşe, bana bir de gelirken şuradan bir şey alsana..." Onu da getirdi, bunu da getirdi Ayşe. Çünkü Ayşe her şeyi yapar. Ayşe o kadar da değerli değil. Bunları yapmazsa zaten sevilmeye layık biri değil ki Ayşe. Fedakârlık kuyusuna düşmenin özeti bu.

Yedinci Bölüm

İncelikli Tartışmanın Yolları

Neden Tartışırız?

Hepimizin olaylara karşı bakış açısı ve yaşantısı birbirinden farklıdır. Kültür, geçmiş yaşantılar, inançlar, aile senaryoları, kişisel özellikler zihnimizi ve davranışlarımızı şekillendirir. Birine göre doğru olan diğerine göre yanlış, birine göre önemli olan diğerine göre gereksiz olabilir. Bu yüzden çevremizdekilerle anlaşmazlık ve uyumsuzluklar yaşarız. Bunları çözümlemek ve birlikte hareket edebilmek için tartışarak ortak bir yol bulmaya çalışırız.

Tartışmada konu masaya yatırılır, taraflar duygu ve düşüncelerini paylaşır, ardından çözüme yönelik fikirler sunulur ve değerlendirilir. Tartışmanın negatif bir iması olsa da, aslında bir konunun tartışılıyor olması, iki tarafın da o konuya önem verdiğini gösterir. Yani tartışma amacı uzlaşma olan bir "çaba"dır. Fakat sıklıkla tartışmaların ego savaşından öteye gitmediğini görürüz. Kişiler sanki bir savaş içinde veya bir yarış halinde olurlar. Bu durumda hiçbir ilerleme olmaz. Ya problemin içinde sıkışıp kalırız ya da her şey daha kötü olur.

Faydalı Bir Tartışma Nasıldır?

Faydalı bir tartışmada taraflar dinlenildiğini ve anlaşıldığını hissederler. Karşılıklı empatinin olduğu, isteklerin "ben" diliyle dayatılmadığı çözüm odaklı bir tartışma mümkündür. Bazen sadece dinlenildiğini hissetmek bile çözümdür. Faydalı tartışmalar öğreticidir, iyileştiricidir, kişileri birbirine yakınlaştırır ve sonrasında bir rahatlama ve huzur hissi verir.

Tartışmalarda hararetlenmeyi engellemek için ben diliyle konuşun. "Sen şöylesin, böylesin" demektense "Ben böyle düşünüyorum" deyin. İki tarafın da sesi yükseldiyse "Biraz sakinleşelim, ondan sonra tekrar konuşalım" diyebilecek gücü kendinizde bulabilin. Kadınların tartışmalarda sıklıkla yaptığı hatalardan biri sesler yükselmişken "Hemen bu sorunu çözmeliyiz!" tavrıdır. Gerilim yükseldiğinde sabırla geri çekilmeyi bilmelisiniz. Kadın doğasının en büyük zaafı belirsizliğe dayanamamasıdır, hemen o an sorun çözmek isteyen tavrınızsa ne yazık ki çözüme götürmez sizi. Tartışmada konuşulamayanların belirsizlik yaratması ya da küsmenin, belki de ayrılığın vereceği belirsizlik kadın için katlanılabilir bir durum değildir. Çözümsüzlüğe dayanabilirseniz ya da o an her şeyi kontrol etmeye çalışmazsanız ve biraz geri çekilerek sonra konuşalım diyebilirseniz gücü tekrar ele alabilirsiniz aslında.

Örneğin partnerinizin para harcamasından ve fazla savurgan olmasından şikâyetçiyseniz "Sen maddi konuları yönetmekte çok başarılısın ama dışarıda olduğumuz zamanlarda biraz daha kontrollü mü olsak ne dersin?" gibi bir yandan destekleyici ve teşvik edici olurken bir yandan da çözülmesini istediğiniz meseleye işaret eden bir tavırla konuşabilirsiniz. Konu neyle ilgiliyse önce o konuda iyi olduğu şeyi söylemek, sonrasında da düzeltilmesini istediğiniz şeyi eklemeniz başarılı bir şekilde sizi çözüme götürecektir. Takdir etmek tartışmalarda o kişinin gardını düşürür, sizi onun gözünde objektif biri haline getirir. Sadece eleştiriye odaklanmayın, karşınızdakinin güzel ve sevdiğiniz özelliklerini de ara ara parlatmasını bilin. Kızgınlığınızı da yine kendi üzerinizden "Bak burada böyle söyledin ama bu beni kötü hissettirdi" diyerek anlatın. Suçlama, saldırı, tartışma dilinizde olmamalı. Özellikle tartıştığınız kişi bir narsisse haklılık yarışına girmeyin, konunun çözümüne odaklanan kişi olun. "Sen öyle giyinmemi istemiyorsun ama ben böyle giyinmeyi seviyorum, peki bu durumu nasıl çözebiliriz?" şeklindeki çözümü vurgulayan cümleler bir narsisle orta yolu bulmada işe yarayacaktır. Karşınızdakini bir şeye ikna etmeye çalışırken mutlaka bir seçenek de sunun. "Bunu mu giyeyim yoksa bunu mu?" diye sorduğunuzda aslında her halükârda sizin istediğiniz olur. Bir narsisle uzlaşmaya çalışırken "Sanırım artık senin için değerli değilim, demek artık bana değer vermiyorsun" gibi bir cümleyle gururunu okşayabilirsiniz, böylece onun tarafından değerli bulunmanın sizin için ne kadar önemli olduğunu vurgulayarak gönlünü kazanırsınız.

Tartışmayı Yıkıcı Hale Getiren Davranışlar Nelerdir?

Tartışmayı yıkıcı ve verimsiz hale getiren başlıca sebepler, suçlayıcı ve saldırgan cümlelerdir. Küçümsemek, hakaret etmek, değerleri hakkında olumsuz imalarda bulunmak, yalan söylemek, konuyla ilgisi olmayan olayları hatırlatarak üste çıkmaya çalışmak, zayıf noktalara vurmak, utandırmak, abarttığını söylemek, inanmamak, söylenen şeyleri inkâr etmek ve bağırmak saldırgan davranışlara örnektir. "Senin yüzünden..." diye başlayan ya da bu imada bulunan cümleler de suçlayıcıdır.

Amacınız karşınızdakini ve kendinizi yıpratmaksa doğru yoldasınız, fakat çözüm arıyorsanız bunların kimseye uzun süreli bir faydası yoktur. Bu tarz cümleler karşınızdakinin savunma mekanizmalarını çalıştırır.

Stresli ve üzücü durumlarla karşılaşıldığında savunma mekanizmalarımız çalışmaya başlar. Freud'un bahsettiği bu ego savunmaları tehdit altında hissedildiğinde kaygı ve suçluluk duygularını bastırmak için bilinçsizce kullanılır.

Stresli anlarda vücudumuzun kimyası da değişir, beyin tüm vücuda bir saldırı tehlikesinin olduğunun sinyallerini gönderir. Bu sinyaller savaşmamız ya da kaçmamız için harekete yönlendirir bizi. Kalbimiz daha hızlı atar. Stres ve heyecan hormonlarının salgılanması ve tetikte olma halinin başlamasıyla, beynin daha gelişmiş olan ve mantıklı düşünmeyi sağlayan kısmı kapanır. Bu noktadan sonra kişi saldırgan ya da kaçıngan davranır. Sakinleşene kadar mantıklı karar vermek ya da konuşmak zorlaşır. Bu haldeyken iletişimin verimi çok düşüktür. Konuşmaya devam etmeden önce bir mola verip fırtınanın dinmesi beklenmelidir. Bu yüzden tartışmaya konuşmanızın ve uzlaşmanızın zor olduğu konulardan başlamayın. Böyle bir durumda daha konuşmanın başından savunma mekanizmalarının çalışma ihtimali çok yüksektir.

Duygusal Zekânızı Geliştirmek Neden Önemlidir?

Duygusal zekâ karşınızdakini anlama, karşılaştığı durumları kontrol edebilme, duygularını ifade edebilme, karşındakini anladığı gibi anladığını da karşı tarafa aktarabilme ve duygusunu duruma göre değil, kişiselleştirmeden, durum çok negatif de olsa kontrol edip yönetebilme becerisidir.

Duygusal zekâ neden önemlidir?

Aslında duygusal zekâ bizim ilişkilerimizi yönetmemizi sağlar. Belki çok iyi üstünlük kurmayı başarabileceğimiz biri ya da ilişkide daha sağlam bir pozisyona sahip olmamızı olanaklı kılar. Çünkü biz çok duygusal davrandığımız zaman aslında duygusal zekâmızı çok kullanamamış olup bir işte başarısız da olabiliriz.

Örneğin birisi için duygusal bir insan dediğimizde aslında duygusal zekâsı zayıf bir insandan bahsediyoruz. Çok öfkeli bir insan dediğimizde de aynı şekilde duygusal zekâsı zayıf birinden bahsediyoruz. O yüzden bizim için hem ilişkilerimizde hem de hayatta başarı için önemli.

Duygularınızı, öfkenizi,
kıskançlığınızı, zaaflarınızı
ne kadar iyi yönetebilirseniz
duygusal zekânız o kadar
yüksek demektir.

Peki, duygusal zekânızı nasıl geliştirebilirsiniz?

Öncelikle nasıl hissettiğinizi bilmeniz lazım. Şimdi burada bir örnekle gidelim, biriyle ilgili ne hissettiğinize odaklanmak için bir durumu düşünmeye çalışın. Mesela çok öfkelendiğiniz bir anı düşünün. Nasıl hissediyorsunuz o anda? Biraz sinirlenmişsiniz, kalp atışınız hızlanmış, hızlı hızlı nefes alıp veriyorsunuz... Bir bakın içinize bakalım öfkelendiğinizde niye öfkelendiniz? Aklınıza bazı cevaplar geliyor mu? "Beni değersiz hissettirdi. Bana nasıl der bunu?" diye geçiyor içinizden örneğin, bu yanıt sizde bir zayıflığın olduğunu işaret eder. Onun bu hareketini kişiliğinize hakaret olarak görüyorsunuz aslında bir yerlerde demek ki... Yani kendinizi değersiz görüyorsunuz.

Buna benzer şekilde başka düzlemlerde nasıl hissettiğinizi gözlemleyin ve kendinize şu soruyu sorun:

Ben nasıl hissediyorum?

Bunun doğrultusunda yapacağınız ikinci şey nasıl davrandığınızı gözlemlemektir. Yani: "Bu beni öfkelendirdi, ben ne yaptım, hemen ona bağırmaya başladım."

Nasıl hissettiğinizi belirlemekle duyguyu belirlediniz: "Nasıl davrandım?"

Üçüncü adım düşünceyi sorgulamaktır. Yani şunu soracaksınız: "Neden böyle davrandım ben? Neden böyle hissettim?" İlk verdiğiniz yanıtın üzerinden ilerlersek aslında "Evet onun dediği gibi değersiz hissediyorum ve bu bana nasıl değersiz der diyorum. Ama aslında dememem lazım, niye diyorum çünkü gerçekten değersiz hissediyorum" gibi çıkarım yapmak için düşüncelerinizi takip edin. Böylece duygu, davranış ve ardından düşünceyi sorgulamış oldunuz.

Dördüncü adımda duygunuzun sorumluluğunu üstlenmek gelir yani bu sizin duygunuz, size ait bir şey. Birine öfkeleniyorsanız bu sizin duygunuzdur onun değil. Duygular bize aittir. Karşı tarafın tek taraflı hissettireceği bir şey değildir. O yüzden bir şeyin karşısında sinirlendiğinizde, öfkelendiğinizde bu duygunun size ait olduğunu bilmek çok çok önemli. "Bu benim duygum, ben bunu iyileştirmek için ne yapmam gerekiyorsa önce ben yapacağım" diyebilmelisiniz.

Beşinci adım hayatınızdaki pozitif şeyleri de düşünmektir. Duygusal zekâsı düşük olan insanlar sadece negatif şeyleri görüp onlara odaklanmaya meyillidir. Bunu geliştirmenin yoluysa pozitif şeylere odaklanmaktır. "Bugün hava kötü ama dün güzeldi" bakışı pozitif bir bakıştır. "Bugün hava kötü ama evde oturup film seyredebilirim, sağlığım iyi, diğer işimden kazandım, işte şundan da bunu yapacağım..." gibi şeylerle aslında pozitif şeyleri de her gün kutlayacak duygusal zekâ... Her gün yap! Bugün neye sahipsin? Yürüyebildin, hasta değildin, işe gittin geldin... Arkadaşlarınla konuştun, aranız çok iyiydi... Pozitif bakış açısındayken de artı negatif duygularınızı görmezden gelmeyin. Çünkü kendinizi tanımaya da çalışacaksınız bu süreçte... Birine kötü hissettiğiniz, birine kırıldığınız zaman hiçbir şey olmamış gibi davranmak değildir beklenen, nedenmiş bu duygu, niye böyle hissettim diye devamlı çözümlemeye çalışmaktır.

Yedinci adım gergin olduğunuz ortamdan uzaklaşmayı bilmektir. Eğer gerginseniz, öfkelendiyseniz, negatif bir duygunuz varsa bir süreliğine duygularınızı çözümlemeye odaklanacağınız için hemen oradan uzaklaşıp derin nefes alıp sakinleşmeye çalışın. Kendinize yine sorun: "Neydi benim bu duygum? Neden böyle hissettim?"

Sekizinci adım kendinizin farkında olmaktır. Her şeyinizle kendinizin farkında olmak çok önemlidir. Güçlü yanlarınız, zayıf yanlarınız, başkalarının sizi nasıl algıladığı, böyle davrandığınızda nasıl gözüktüğünüz... Sinirlendiğiniz anlar, gülümsediğiniz zamanlar, huzur yaydığınız anlar... Kendinize ait her şeyin, yaptığınız her şeyin gün içinde bir gözlemini yapıp farkındalığınızı yükseltin. Bir şeyler sizde negatif duygular oluşturuyorsa bunun da farkında olmak çok önemli. Örneğin birinin başarısı karşısında mutsuz mu olursunuz, belki içinizde çözemediğiniz kıskançlık duyguları hâkim. Olabilir, her duygu bize bir şey anlatır, peşine düşüp bunun neden geliştiğini çözmeye çalışın.

Dokuzuncu adım kendinize objektif bakabilmektir. Kendinize dışarıdan bakan biri olsanız siz, kendinizle ilgili ne düşünürdünüz? Örneğin şimdi ben Esra'ya bakıyorum dışarıdan; özgüvenli gözüküyor ama bazen çok duygusallaşıyor, demek ki birazcık şöyle şöyle özellikleri var... Ya da sinirlendiğinde bir anda böyle kıpkırmızı oluyor, karşı tarafa hemen cevap verme isteği duyuyor gibi...

Onuncu adım günlük tutmaktır. Her gün duygularınızı yazın ki zaaflarınızı, güçlü yanlarınızı, neye nasıl davrandığınızı gözlemlemek kolaylaşsın. Belki özel günlerinizde daha sinirli oluyorsunuz. Takip ettiğiniz duygunun hangi zamanlarda belirdiğini keşfetmek için günlük tutmak önemli. Üstelik günlük tutmak o şeyin ne olduğu, nasıl hissettiğiniz ve bununla nasıl başa çıktığınıza dair bir iz sürme fırsatı da verir... Tüm bunları yaza yaza çalışmak önemlidir.

On birinci adım negatif düşüncelerle başa çıkmaktır. Eleştiriler karşısında ya da negatif düşünceler belirdiğinde, bunu nasıl değiştirebilirim, nasıl çözüm yolu bulabilirime odaklanmalısınız. Örneğin aklınıza birinin sizi değersiz, yetersiz hissettirdiği geliyor. Negatif düşünceler geldiği zaman, bu düşüncelerle başa çıkma eğiliminizi güçlendirmelisiniz. "Ben hiçbir zaman istediğim konuma gelemeyeceğim" şeklinde gelecekle ilgili kaygınız var diyelim. Defterinize şunu yazın:

"Gelecekle ilgili maddi kaygım olmaması için eğer işimi kaybedersem ne yapabilirim?"

Kısaca B planı yapın kendinize! Olumsuz düşüncenin hiçbir faydası yoktur, çözüm odaklı olun. İşinizi kaybetme korkusu sizin kaygınızdır, bu durumda ne yapacağınızı sorgulamaksa bununla başa çıkma stratejisi geliştirmektir. Örneğin negatif düşünceniz "Hiç evlenemeyeceğim" ise "Evlenmezsem nasıl bir hayat sürdürürüm ya da ne yapabilirim?" gibi düşüncelere odaklanmalısınız... Ya da çok heyecanlandığınız bir konu var ve "Ben insanların önünde sunum yapamıyorum" diyorsunuz. Bunu düşünmek yerine "Ben bu sunumu yapmak için önceden ayna karşısında çalışsam? Başka heyecanı yönetme eğitimleri alsam, kaygımı yönetsem?" gibi çözüm odaklı olmak kendinizi geliştirmek için yapmanız gerekenlerdir.

Duygu Sözlüğünüzde Kaç Kelime Var?

Duygularımızı anlamak kadar zorlandığımız alanlardan biri de onları doğru şekilde ifade etmektir. Genellikle gün içinde kendimizle ilgili duygulardan söz ederken çok az ifadeye hapsoluruz. Üzgün, mutlu, sinirli, melankolik, depresif, kızgın, hissiz belki de hemen sayabileceklerimiz.

Tartışmalarda ya da karşılaştığımız durumlarda kendimizi iyi ifade edebilmenin gücü önemlidir. Bu güç sağlıklı bir iletişim kurmamızı sağlar. Psikolojinin en belirgin anlamaya çalıştığı konulardan biri de taşıdığımız duygu türlerini belirlemektir.

Yapılan bir çalışmaya göre genel olarak insanlarda 6 temel duygu türünün olduğu görülmüş, bunlar mutluluk, üzüntü, tiksinti, korku, hayret ve öfke. Bu altı temel duygunun tüm insanlık tarihi boyunca tüm kültürlerde evrensel olduğu belirtilmiş. Daha sonra Psikolog Robert Plutchick duyguların bir gökkuşağı gibi birbirine karışabildiği bir duygu çarkı bulmuş. Bu duygu çemberi duyguların neye dönüştüğü ve kendi içlerindeki hiyerarşinin varlığını kavramak adına oldukça ilginç.

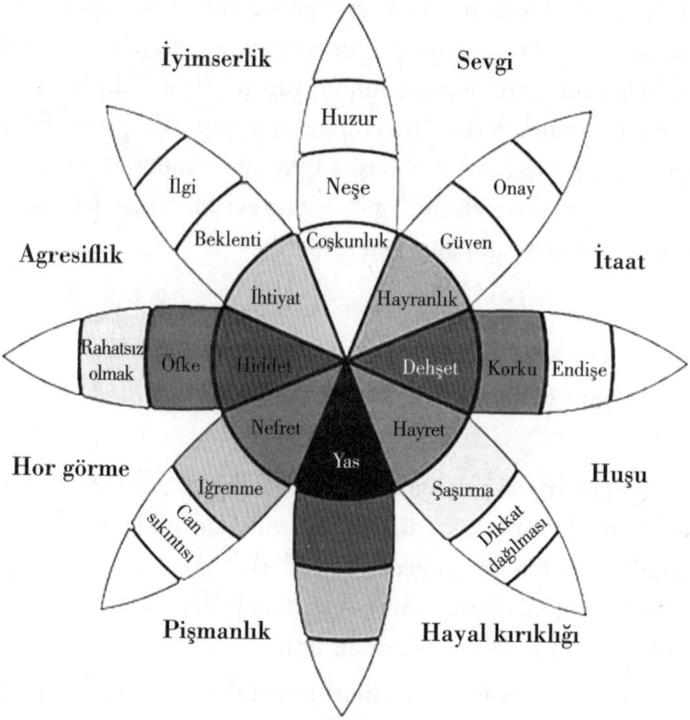

Plutchick'in Duygu Çarkıfeleği

Yukarıdaki şekle göre yaprakların en ucuna doğru ilerledikçe duygularımız yumuşar, örneğin rahatsız olmak öfkenin daha yumuşamış halidir. Yaprakların ikinci kısmı Plutchick'e göre temel duygularımızdır; üzüntü, öfke gibi... En içteki duygular ise en yoğun yaşadığımız duygulardır; örneğin nefret. Her duygunun oluşumu ve ortaya çıkması kendi aralarındaki etkileşimlerle de ilgilidir. Örneğin agresif davranış beklenti ve öfkeyle ortaya çıkan bir karışımın sonucudur. Ya da itaat duygusu sizin korku ve güven duygularınızın karışımıdır. Bu çarkıfeleğin çok farklı versiyonları da vardır.

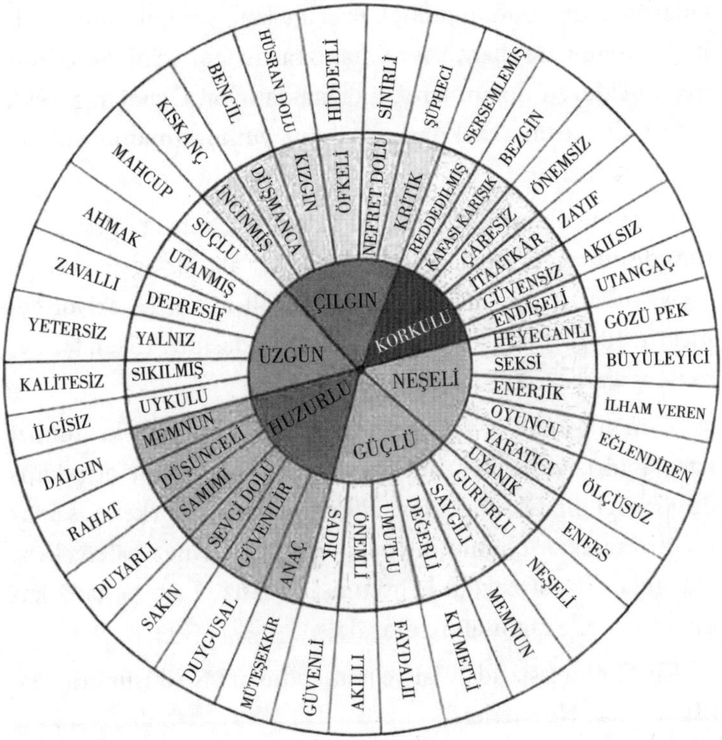

Duygularınızı tanıyarak duygu sözlüğünüzdeki kelimeleri de çoğaltırsınız. Bu size karşılaştığınız durumlarda kendinizi daha iyi ifade etme imkânı sunar. Bazen her şeyi abartma eğiliminde oluruz. Örneğin hoşunuza gitmeyen bir durumla karşılaştığınızda yüksek bir duyguya karşılık gelen bir sözcük yerine daha yumuşak sözcükler kullanmak tartışmanın gerilimini yönetme şansı yaratır. Bunu ise ancak gerçek duygularınızın diline hâkim olduğunuzda sağlayabilirsiniz.

Bu çarkıfelek üzerinde çalışarak ilişkinizde odaklandığınız en yoğun duyguları tespit edebilir, uçlara doğru savrulduğu anlarda neden bunun olduğu üzerine kafa yorabilirsiniz. Belki de yoğun taraflara savrulmanızın nedeni içinizde çözülmeyi bekleyen düğümlerden kaynaklanıyor. Örneğin sürekli nefret duygusuna hâkimseniz bunu yumuşatmanın yolunu bulmalısınız.

Hadi küçük bir test yapalım. 3 dakika içinde aklınıza gelen tüm duyguları defterinize listeleyin. Eğer aklınıza gelen duygu sayısı 10'dan az ise duygular üzerinde çalışmanız gerekiyor demektir. 10-15 arası ise nispeten iyi durumdasınız. 15'ten fazlaysa duygularla aranız iyi demektir.

Zaman zaman hayatta yaşadıklarımız nedeniyle kendimizi kapatabiliriz ve bu da kendisini duyguları hissedememe şeklinde gösterebilir. Olumsuz duygulardan kaçmak isterken yaşamamamız gereken olumlu duyguları da hissedemez hale geliriz. Duyguları kapatmaktan bahsetmişken ıssız adam ve ıssız kadınlar üzerine konuşalım biraz da.

Kimdir bu ıssız adamlar ve ıssız kadınlar? Ne düşünürler, ne hissederler? Ne isterler?

Issız adamlar ve ıssız kadınlar duygusal derinliğe girmezler, daldan dala atlarlar. Bunun nedeni de bu insanların esasen acı çekmekten korkmalarıdır. Yanlış bağlanmış, çocukluğunda yanlış ilişki şemaları görmüş ve hâlâ bu şemaları yaşatan insanlardır. Neden böyledirler diye sorarsanız baktığımızda gördüğümüz şey genellikle en sevdiklerinin onları terk etmiş olmaları oluyor. Belki anne babaları tarafından terk edilmiş, evlatlık verilmiş kişilerdir ıssızlar. Bu yanlış şemalardan dolayı kendilerini sevmeyen ıssız insanlar başkalarını da sevmeyerek acı çekmeyeceklerini düşünürler. Bu nedenle de sıklıkla partner değiştirerek ve farklı insanlarla iletişim halinde kalarak, çokeşliliğe yönelerek hem bağlanmaktan kurtulduklarını hem de acılarını hissedilmeyecek bir noktaya taşıdıklarını düşünürler.

Haliyle hayat zorludur onlar için. İçinden çıkamadıkları bir döngüye kapılmışlardır. Ancak hiçbir şey de çözümsüz değildir. Unutmayın, duygularımızı ne kadar iyi tanırsak, onları o kadar iyi yönetebiliriz. Diğer yandan duygularımızı yönetmeyi öğrenmezsek onların esiri oluruz.

Faydalı Bir Tartışma İçin Neler Yapılabilir?

Kendinizi tanıyın. Faydalı tartışmanın ilk adımı kendini iyi tanımak ve anlamaktır. Neye ihtiyacınız olduğunu, ne hissettiğinizi iyi bilirseniz, ne isteyip ne istemediğinizi de iyi bilir ve konuşmayı daha iyi yönetebilirsiniz. Bir başkasının ne hissettiğinden, ne düşündüğünden hiçbir zaman tam emin olamayız ama kendimizin ne istediğini, ne hissettiğini iyi biliriz. Bunu sağlayabilmek için terapiye gitmek, kitap okumak, günlük tutmak ve kendini geliştirmek çok önemlidir. Doğanızdan kaynaklanan eğilimlerinizi anlamak, bilinçsizce yapıştığınız savunma mekanizmalarını kavramak için cesaretle, dürüstçe yaklaşın kendinize. Kendinizi yönetmekte zorlandığınız alanlar hangileri, işe bunları tespit etmekle başlayabilirsiniz. "Böyle olduğunda nasıl hissediyorum ve neden?" diye sorun. Özellikle sizi tetikleyen belli sözler ve davranışlar varsa bunların neden sizi bu kadar etkilediğini düşünün.

Kendinizi doğru ifade edin. Duygularınızı ve düşüncelerinizi daha iyi tanımladıktan sonraki ikinci adım bunları doğru ifade etmektir. Maalesef çoğu tartışma söylenmeyen şeyler yüzünden büyür, karşınızdakinden sizin aklınızı okumasını beklemekten... Unutmayalım hepimiz farklıyız ve her birimizin duygu dünyası farklı şekilde işliyor, bu yüzden karşınızdakinin sizin ne hissettiğinizi her zaman anlayamaması olağan bir durum. Rahatsızlık ya da ihtiyaç duyduğunuz şeyleri açıkça ifade edin. Bunu ifade etmenin en güzel yolu da "sen" diliyle değil "ben" diliyle konuşmaktır. Eşiniz işten döndüğünde sizinle ilgilenmiyorsa "Benimle hiç ilgilenmiyorsun!" demek yerine, "Tatlım yorgun olduğunu biliyorum ama tüm gün birbirimizden uzaktaydık, akşamları seninle konuşmaya ve birlikte bir şeyler yapmaya ihtiyacım var" diyebilirsiniz. "Bu söylediklerin çok kaba!" demek yerine, "Şu an kırılgan hissediyorum, bu söylediklerine üzüldüm" diyebilirsiniz. Bunları ifade etmek başta gurur kırıcı gelebilir, fakat eşiniz buna ihtiyaç duyduğunuzu, duygularınızı kendi kendine anlamayabilir, her şey normal ilerliyor sanabilir. Siz ihtiyaçlarınızı nazik bir şekilde ifade etmeyi öğrendikçe o da ihtiyaçlarınızı öğrenecektir. "Ben" diliyle konuştuğunuz için, o da saldırıya uğramış hissetmeyecek ve sorunlar hakkında düşünme fırsatı olacaktır.

Çoğunlukla problemler olaylar değildir. Bu olaylara yüklediğimiz anlam ve bu anlamın bizde uyandırdığı hisler bizi rahatsız eder. Bu yüzden problemi masaya yatırırken mutlaka sizde uyandırdığı hissi ifade edin. "Su içtiğin bardağı bile makineye kaldırmıyorsun" demek yerine "Hayatım, bulaşıkları ortada bıraktığın zaman beni ve emeğimi önemsemiyormuşsun gibi hissediyorum. Buna dikkat ettiğinde ise bana değer verdiğini anlıyorum" diyebilirsiniz.

Tartışırken karşınızdakini değil, davranışını ele alın. Genellemeler yapmayın, sıklıkla tekrar eden bir durum varsa bile "Sen zaten hep böylesin" demek faydalı bir tartışmayı kilitler. Mutlaka örnek olaylar üzerinden konuşun. Bu sayede o kişiyi etiketlemekten kaçınmış ve o davranışın o kişiye yapışmasını engellemiş olursunuz. Karşınızdaki kişinin size "Ben böyleyim!" gibi bir savunmayla gelmesi zorlaşır. Mesela "Çok düşüncesiz bir insansın!" diyerek kişi hakkında genelleme yapmak ve onu ayıplamak yerine, "Bana fikrimi sormadığın için dikkate alınmadığımı hissettim" demekle sadece belli bir davranışı hedef gösterirsiniz. Lafı dolandırmadan, genellemeler yapmadan nasıl bir davranış istiyorsanız doğrudan söylemiş olursunuz. Böylelikle istenen değişim karşımızdaki kişi tarafından daha kolay ve somut bir şekilde anlaşılır.

Karşınızdakini anlayın. İletişimin bir yarısı anlatmaksa diğer yarısı dinlemektir. Etkili dinlemeyi bilmek çok büyük bir erdemdir. Öncelikle aynı konuyu defalarca konuşmuş olsanız bile, her şeyi bildiğiniz ön kabulüyle konuya yaklaşmayın. Karşınızdaki insanı dinlerken gözlerinin içine bakın. Telefon, televizyon gibi dikkat dağıtıcı şeyleri uzaklaştırın, kapatın. Dinlemenin hakkını vermek istiyorsanız, bitirmesi için sabırsızlanarak, inanmayan bir yüz ifadesi ile ya da kendi argümanlarınızı düşünerek değil, gerçek bir merakla dinleyin. Karşınızdaki sizi hiç şaşırtmamış olsa bile, en azından ona saygı duymuş olacak ve siz konuşurken onun ne yapmasını beklediğinizi örnek olarak anlatmış olacaksınız.

Dinlerken eleştirilere açık olun. Bir eleştiriyle karşılaştığınızda hemen savunmaya geçmeyin. En yaygın yapılan "Ama kötü bir niyetim yoktu" şeklindeki niyet savunmaları çoğu zaman gereksizdir. Çünkü niyet her şey değildir. Diğer yandan heyecanlanıp karşınızdakinin sözünü kesmek de olumsuz bir tepkidir. Bunun yerine, o sırada bu eleştiriden ne öğrenebilirsiniz diye düşünün. O an sakinleşmek için 3-4 nefes alın ve bekleyin. Hakarete varmadığı sürece, eleştirileri kendinizi geliştirme fırsatı olarak görebilirsiniz. Bu sayede karşınızdaki insan da sizin kabul ediciliğinizden etkilenerek, size karşı daha açık olacaktır.

Kimse geçmişinden ve içinde yaşadığı toplumdan bağımsız değildir. Karşınızdakini dinlerken onun aile yaşantısını, kültürünü, inançlarını ve âdetlerini göz önünde bulundurun. Size hakaret gibi gelen bir teklif, onun dünyasında, size verdiği değeri gösteriyor olabilir. Tabii ki istemediğiniz bir şeyi yapmak zorunda değilsiniz. Ama anlamak ve anladığınızı göstermek, çözüm bulma aşamasında sizin için faydalı olacaktır.

Karşınızdakine anlaşıldığını hissettirmek aynı dilden konuştuğunuzu göstermek açısından çok önemlidir. Anlaşıldığını hissetmeyen birisi o tartışmanın gereksiz ya da anlamsız olduğunu düşünür. İletişimi sabote etmeye meyilli olabilir. İletişimin kalitesini artırmak, karşınızdakine anlaşıldığını hissettirmemize bağlıdır. Bunu sağlamanın en kolay yolu, söylediklerinden ne anladığımızı ona söylemektir. "Söylediklerinden şunu anlıyorum: ...", "Yani ... demek istiyorsun, doğru mu anlıyorum?", "Eğer seni doğru anladıysam ... demek istiyorsun" benzeri özetleme cümleleri kullanabilirsiniz. Ayrıca bir duygu ifadesi varsa onu da "Bu davranışım seni endişelendiriyor" şeklinde seslendirebilirsiniz. Yani karşımızdakinin söylediklerini kendi kelimelerimizle ona tekrar yansıtırız. Bu şekilde biz de doğru anlayıp anlamadığımızdan emin olmuş oluruz.

Çözüm stratejisi geliştirin. Problemlere bir ekip gibi yaklaşın. "Bu problemimizi çözmek için ne yapabiliriz?" tavrında olursanız birbirinizle değil, problemle savaşırsınız.

Eğer karşınızdaki "Bence bunda bir şey yok" gibi cümlelerle sorumluluk almak istemezse "Sen bu durumdan rahatsızlık duymuyor olabilirsin, ama benim rahatsız olmam seni de dolaylı yollardan etkiliyor" diyebilirsiniz. Nasıl ki proje ekipleri problemleri adım adım ve tek tek çözerler, siz de her tartışmada sadece bir konuyu ele alın. Her şeyi aynı anda çözmeye çalışırsanız sorunların içinde boğulursunuz. Bu da karamsarlığa neden olabilir ve enerjinizi tüketir. Bu yüzden çözüm için acele etmemek ve kolaylık sıralaması yapmak önemlidir.

Çözüm önerilerinizi tartışmaya başlamadan önce düşünün. Tartışma sırasında halihazırda makul önerilerinizin olması, amacınızın bağcıyı dövmek değil, üzüm yemek olduğunu hissettirir. Fakat öneri, sadece bir öneridir. Önerileriniz konusunda ısrarcı olmayın. Karşınızdakini de kendisine uygun bir öneri sunma konusunda cesaretlendirin. Her iki taraf da önerilerini sunduktan sonra değerlendirmeyi birlikte yapın. Aklınıza takılanları sormaktan çekinmeyin.

Tartışmayı sonlandırmayı öğrenin. Bazen tartışmayı bir sonuca bağlama konusunda inatçı oluruz. Ne olursa olsun o gün sanki bu sorun çözülmeliymiş gibi davranırız. Halbuki özellikle büyük ve köklü problemlerin çözümü de günler hatta aylarınızı alabilir. Bu yüzden tartışmanın verimi düştüğünde, taraflar gerildiğinde ya da yorulduğunda o anki tartışma oturumunu sonlandırabilmek çok önemlidir. Tartışmanın devamını "Yemekten sonra tekrar konuşalım" ya da "Biraz hava aldıktan sonra tekrar üzerine konuşalım" şeklinde belli bir zamana ertelemek, konuştuklarınız hakkında sakince düşünmenize ve enerjinizi tekrar toplamanıza olanak verir. Ayrıca daha tartışma başlamadan "Bu konuyu bugün sadece yarım saat tartışacağız" diye sınır koymak da o süre içindeki iletişimin verimini artırmanın bir yoludur. Bu sınırlar bizi ve karşımızdakini aşırı yıpranmaktan korur.

Sınırlar Neden Gereklidir?

Sınırlarınızı belirlerken baz aldığınız kriterler dış dünya değil kendiniz olmalıdır. Dış dünyanın istekleri ve sosyal yaşantınızdaki insanlar çok çeşitli taleplerle size gelir. Merkeze kendinizi aldığınızda yaşamak istediğiniz bir dünyanın sınırlarını belirlemiş olursunuz. Kendinize sormanız gereken bazı sorular "neye ihtiyacınız olduğu", "neyle mutlu olacağınız", "nelerin sizi üzdüğü ya da kızdırdığı". olmalıdır. Bu soruları net bir şekilde belirlemek yaşantınızdaki sınırları belirleyebilmeniz için önemlidir aksi halde silikleşen ve fazlasıyla geçirgen sınırlar nedeniyle kendinizi unutur ve tamamen dış dünyaya bağımlı hale gelirsiniz.

Neden sınırlara ihtiyacımızın olduğunu anlayın. Bizim insan olarak bir kimliğimiz ve değer duygumuz vardır. Bu değer duygumuzu korumak için de sınırlara ihtiyaç duyarız. İnsan haz ve istek odaklı bir varlıktır. Bu doğal dürtülerden dolayı çevremizdekilerin sürekli bizden bir şeyleri istediğini görürüz. Anne babamız, sevgilimiz, arkadaşlarımız, patronumuz, eşimiz sürekli bir şeyler isterler ve bunu denemeye devam ederler. Ancak sürekli fedakârlık yapmamız mümkün değildir, belli bir noktada dur dememiz gerekir. Sınırların hayatımızda yemek kadar, su kadar zaruri bir ihtiyaç olduğunu anlamamız ve bunun önemini içselleştirmemiz zorunludur.

Sınır çizmek kabalık değildir, şımarıklık değildir. Aksine kendi öz-benliğinizi korumaya yönelik kendinize sunmanız gereken temel bir ihtiyaçtır.

Açıksözlü olun. Kem küm etmek, istemediklerinizi söyledikten sonra kararsız kalmak, karşınızdakini kırdığınızı düşünerek özür dilemek, fikir değiştirip geri adım atmak sizin sınırlarınızı korumanız konusunda kararlı olmadığınızı gösterir. Örneğin bir erkek arkadaşınızla buluşmak istediniz ve sevgiliniz onunla çıkmanızı istemiyor, böyle bir durumda açıksözlü olarak şöyle demelisiniz: "Ben perşembe için Ahmet'e söz verdim, buluşmak istiyorum ama istersen başka bir şey üretebiliriz." Böylelikle kendi isteğinizi belirtmiş, sınırınızı göstermiş ama sevgilinize de seçenek sunma alanı açmış olursunuz.

Sınırlarınızı anlatırken özür dilemeyin ve uzun açıklamalarda bulunmayın. "Ben arkadaşlarımla buluşuyorum ama onlarla önceden sözleşmiştik, ne zamandır görüşemiyorduk, üstelik hayatımızda bir sürü şey oldu, ne zamandır konuşamadık, sen de geçen hafta kendi arkadaşlarınla plan yaptın, tamam bir dahakine gitmem..." gibi uzayan ve karşı tarafı gereksiz şekilde ikna etmeye yönelik uzun vaazlardan kaçının. Bu tarz uzun açıklamalar hem sizin kaybetme korkunuzu hem de değersizlik duygusu taşıdığınızı gösterir. Açıklama çabasına girdiğinizde yine sınır çizememiş olur ve yine karşınızdakinin sınırlarınızı ihlal etmesine izin verirsiniz. "Demek bundan pişman oluyor, ben yine onun sınırlarını denerim" dedirtmiş oluyorsunuz aslında. Kısa cümlelerle isteklerinizi anlatma becerinizi geliştirin, bunun için çalışmalar yapın. Söylediklerinizden geri adım atmamaya kendinizi zorlayın. Yerleşik olan yanlış algı sanki uzun cümlelerle kendimizi anlatırsak daha iyi anlaşılabileceğimize dair olandır. Oysa kısa ve net anlatımlardır sizi karşı kıyıya ulaştıracak olan.

Net olun. Sınır çizmenin kabalıkla ilgisi yoktur. Direkt olarak söylenen hayırlardan sonra zihninizde "Acaba karşımdakini kırdım mı?" sorusu dolanabilir. Hayır, kimseyi kırmadınız, sadece isteklerinizi net bir şekilde ifade ediyorsunuz. Ne söylediğinizden daha ziyade nasıl söylediğiniz önemlidir, kibar bir şekilde söylediğiniz her net ifade gerekli mesajı iletmenizi sağlamaya yetecektir. Tatlı bir ses tonuyla "Ben bundan çok hoşlanmadım" diyebilirsiniz. Kibar ve nazik olun ama isteklerinizi her zaman açıksözlü bir şekilde, sakinlikle söyleyin.

İşe önce katı sınırlarla başlayın. Yani sınırlarınızın gevşetilmeye müsait olduğunu hissettirmemeniz lazım. "Ben bundan hoşlanmıyorum" dediğinizde netsiniz, katısınız. "Ben cumartesi gününe arkadaşıma söz verdim", "Ben yüksek sesle konuşmandan mutlu olmuyorum", "Ben işimle ilgili alanıma girilmesinden çok hoşlanmıyorum", "Başka insanların yanında beni küçük düşürmene karşı toleransım yok" gibi cümleler katı, net ve geçilemez olduğunuzu anlatır. Uzun açıklamalara girişip, "Aslında başka zaman şöyle yaparız" derseniz sınırlarınızın kolaylıkla ihlal edilebileceği mesajını vermiş olursunuz.

Sınır ihlallerini zamanında belirleyin. Baktınız ki birileri tarafından yine sınırlarınız zorlanmaya başladı ama siz "Şimdi ses çıkarmayayım başım ağrımasın" tavrıyla sessiz kaldığınızda o kişiye bunu tekrarlaması için de izin vermiş olursunuz. Size küfür ettiğinde ya da incitici bir şey yaptığında derhal sınırlarınızı çizin. Bir şeyi bir defa tolere ederseniz, ikincide daha fazlasını yapmasına vize çıkarmış olursunuz. Zamanında yapılmaması gerekenlere dair sınırlarınızı belirginleştirin ve zaman kaybetmeden altını kalın çizgilerle çizin. Saygısızlığın azı olmaz, ufak bir miktarına dahi izin veren daha çoğuna da izin vermiş olur. Tavrınız bu yüzden her zaman net olsun.

Durumu kişiselleştirmeyin. En sık yapılan hatalardan biri "Bunu bana nasıl yapar?" tavrıdır. Sınır ihlalleri söz konusu olduğunda mesele kişilerin hayatınızdaki konumlarından bağımsızdır. Ayşe de Ahmet de ve hayatınızdaki herkes de sınırlarınızı ihlal etmeyi deneyecek. Meseleyi kişiselleştirmek olayı öfke boyutuna taşır ve öfke varsa gerçek sınır yoktur. Sınır çizmede özgüven vardır, öfke bir özgüven göstergesi değildir aksine özgüvensizliği gösterir. Sınır çizme konusunda başarısızsanız, hayır demekte zorlanıyorsanız destek almaktan çekinmemelisiniz. Hayır dedikten sonra tedirgin olup tekrar tekrar başa dönüyorsanız bir uzmanla konuşmaktan kaçınmayın.

Sezgilerinize güvenmeyi öğrenin. Bir konuda içsesiniz huzursuzsa, sınırlarınız aşılmış gibi hissediyorsanız işler daha da sarpa sarmadan önce hissiyatınıza güvenerek adım atabilirsiniz. Sizi kötü hissettiren ortamlarla, küçük de olsa aşağı çeken insanlarla aranıza mesafe koyabilir ya da iletişiminizi gözden geçirebilirsiniz. Burada incelikle odaklanmanız gereken şey hissiyatla kişiselleştirmeyi birbirinden ayırmanızdır. Peki bu demek? Birinden duyduğunuz rahatsızlığın sebebi sizden kaynaklanan bir eksiklik mi yoksa o kişi bariz bir şekilde sizi mi hedef alıyor ve kişisel haklarınıza mı saldırıyor? Gerçekten size yönelik bir şey yaptı mı yoksa siz gereksiz alınganlık mı yaptınız? Bu soruların berrak bir yanıtını bulmak epey aydınlatıcı olacaktır, bunun için iyi bir analiz yapın. Sezgilerinize her zaman güvenin ama yanılma ihtimaline karşı bu ayrımı iyi yapmayı da ihmal etmeyin. Duygusal kararlar vermeyin, iyi tartmak için terazinizi hassas ayarlayın. Genelde kadınların ilk tepkisi sorunlar karşısında hemen konuşarak çözme ihtiyacı oluyor ancak söylediğimiz gibi erkekler kadınlar kadar konuşmaktan yana olmazlar, dahası sevmezler de. Üstelik kadın olsun erkek olsun her insanın sözlerden bir şeyleri anlama potansiyeli de yoktur.

Nasıl Hayır Diyebilirsiniz?

Eğer karşınızdaki kişi sizi ısrarlı bir "evet"e sürüklüyorsa ve içinizden gelmediğiniz şeyleri yaptırmaya zorluyorsa hayır demeyi öğrenmeniz gerekir. Öncelikle hayır demeyle ilgili belirlemeniz gereken nokta önceliklerinizi belirlemektir. Hayatta sizin için neyin öncelikli olduğunu bilirsiniz değil mi? Örneğin kiminiz için güvenli yalnızlık oluşturmak kiminiz içinse hobileriniz, işiniz ya da aileniz...

Öncelikle siz yaşamınızda
neye ne kadar zaman
ayırmak istediğinizi
belirlerseniz karşınızdaki
kişi için sınırlarınızı da
belirlemiş olursunuz.

Öncelikleri belirlemek size hayır deme özgürlüğünü kazandırır, çünkü neyi istemediğinizi belirlemiş olursunuz böylece. Hayatla ilgili isteklerinizi, mutlu olduğunuz şeyleri ve evet diyeceklerinizi de...

Şimdi hemen burada bir kapı açacağım sizlere. Öncelikle insanları kırma endişenizden başlayalım. Eğer birilerini kırmaktan korkuyorsanız oldukça etkili bir strateji sunacağım size ve bunun çok işe yarar olduğunu deneyimleyerek göreceksiniz.

Birisine hayır dedikten sonra asla özür dilemeyin. Eminim bunu yapanlarımız vardır, birisinin bir istediğine hayır dedikten sonra, o kişiye dönüp "Ben seni kırdım mı? Gerçekten seni geri çevirdiğim için özür dilerim ama mutlaka telafi ederim, bak bu şundan dolayı öyle, bu yüzden yapamadım" dediğinizde aslında sınırlarınızın ihlal edilmesi için bir kapı açmış oluyorsunuz. Bu da sizin özgüvensiz görünmenize yol açıyor. Bir şeye hayır dediğinizde peşi sıra onlarca açıklama yapmayın, arkasından tekrar tekrar arayıp karşı taraf size kırılmış mı, kırılmamış mı öğrenmeye çalışmayın. Bu sizi zayıf gösterir.

Kolaylıkla hayır demek mümkündür. Eğer bir noktada hayır diyecekseniz karşı tarafa alternatif sunun. Diyelim yakın bir arkadaşınız sizden kazağınızı istedi ama hiç vermek istemiyorsunuz. "Bu kıyafetin benim için özel bir anlamı var ama istersen şunu verebilirim" diyebilir veya başkasına topu atarak "Aslı'da da bu kıyafetin benzeri var. Benimkini ben çok sık kullanıyorum, bir de benim için anlamı, uğuru var, istersen Aslı'dan iste..." şeklinde alternatif sunabilirsiniz. Böylelikle karşı tarafı geri çevirdiniz ama alternatif de ürettiniz. Bu şekilde alternatif üretmek sizin birilerini kıracağınız endişesini azaltmaya yardımcı olacaktır. Ya da biri sizinle çarşamba günü buluşmak istedi ama o gün başka bir programınız var, "Çarşamba günü programım dolu ama istersen cuma yapabilirim" diyerek yine aynı şekilde alternatif yaratmanız mümkün.

Örneğin arkadaşınız "Benim ödevime yardım edebilir misin?" dediğinde "Bugün programım dolu..." dedikten sonra alternatif sunun. Alternatif ne? "Bak Esra'dan iste, belki o sana yardım edebilir." Birine hayır dediğiniz zaman ona alternatif çözüm yolu üretmek hayır demenizi kolaylaştırır. Siz bunu gerçekten yapamayacağınızı söyleyin ama cebinizde bir de alternatif bulunsun.

Bir ilişkiye başladığında hemen bütün programlarını yırtıp atan insanlar var. Hayır! Bu, sizi kıymetsiz yapar. O yüzden durmanız, kendinizi sabitlemeniz gereken belli noktalarınız, belli programlarınız olacak... O gün yokum ama sonra varım.

Birine hayır derken iltifat etmek de kolay hayır demenin bir yoludur. "Çok isterdim, ne güzel olurdu şimdi, hem yardım ederdim hem birlikte olurduk ama işte bugün başkasına söz verdim" gibi... Yani bir şeye hayır derken kolaylaştırmak için karşınızdakine iltifat edip bunun sizin de hoşunuza gideceğini söylemeniz lazım. Ayrıca anlayışlı ve empatik olarak yaklaşırsanız karşınızdaki de hayır dediğinizden dolayı kırılmayacak ve siz de hayır demeye daha rahat adım atmış olacaksınız. Bu sırada, hayır derken bu "hayır"ın karşınızdaki insana değil o duruma yönelik olduğunu bilmeniz ve karşı tarafa da bunu aktarmak lazım. Yani aslında ona hayır demiyorsunuz, siz o işi yapmakla ilgili sürece hayır diyorsunuz. Bunu kendinize hep hatırlatmanız lazım.

Nazikçe hayır demek
mümkündür, hayır demek illa
kabalık, birini kırmak ya da
kaybetmek demek değildir.

Hayır derken belki karşınızdakine şu an kendisine evet dediğinizde başka bir şeyi yapamayacağınızı ifade edebilirsiniz. Yani ona evet demekle aslında başka bir şeye hayır demiş olacaksınız ve hayır dediğiniz durum şu an sizin için daha önemli ve öncelikli. Örneğin sizinle dışarı çıkmak isteyen flörtünüze "Çok isterdim ama teslim etmem gereken işle ilgili acil bir teslim tarihim var ve seninle çıkarsam ekip arkadaşlarımı zor durumda bırakmış olurum" gibi... Bu şekilde geçerli cevaplarınızı mutlaka açıklayın. Mesela bir arkadaşınız sizden sarı kıyafetinizi istedi. "Vermek isterim tabii ki... Senden kıymetli mi ama onun bende özel bir değeri var onun için vermiyorum..." ya da "O kıyafeti kardeşime vereceğim bugün" gibi... Bir şekilde sebebini açıklamak hayır demenizi de kolaylaştırır...

Hayır derken uzun uzun açıklamalar yapmak ya da "Aslında şöyleydi, böyleydi, bir dahakine veririm" gibi cümlelerle açıklamayı uzatmak, fazla kem küm etmek, emin olamadığınızın ve sınırlarınızın aslında geçirgen olduğunun göstergesidir. Bu eminsizlik karşı tarafta hem şüphe hem de öfke uyandırabilir.

Hayır demeyi kolaylaştırmak için evde pratik yapmak da önemlidir. Aynanın karşısında hayır deme pratiği yapabilir, hayır derken neler üretebilirsiniz, alternatif ne sunabilirsiniz, nasıl dersiniz şeklinde çalışabilirsiniz.

Etkili Bir Yol: Geri Çekilme

Bazen etkili bir geri çekilme sözlerden daha çok şey anlatır. Birkaç kez sözlerle ifade ettikleriniz karşı tarafın tutumunda bir değişim yaratmadığında bu kez yapmanız gereken davranışlarınızla bir sınır çizmektir. Yani uzaklaşmak ve o kişi için yaptıklarınızı her zaman eksik tutmak, kısaca geri çekilmek...

Burada kastedilen soğuk bir görünüme bürünmek ama soğuk olmamaktır. Şimdi bu ne demek diyeceksiniz... Arada sanki bir mesafe varmış izlenimi vermeniz ama size bir şekilde ulaştığında ya da sizinle temas kurduğunda iyi hissetmesini sağlamaktır yapmanız gereken. Aslında fazla bir şey yapmıyorsunuz ve geriye doğru bir adım attınız ama sizi aradığında çok tatlı bir ses tonuyla konuşmaya devam ediyorsunuz ancak yine de size ulaşmanın zorlaştığının da farkında... Bu durum erkekler açısından kafa karıştırıcı olur ve siz doğrudan arzulanan kadın konumuna geçersiniz. Çünkü erkekler soğuk severler... Ancak yine ısıyı iyi ayarlamaya gayret edin. Tam aksini düşünelim, geri adım atarak çekildiniz ve size bir şekilde ulaştığında aşırı soğuk davrandınız, bu durumda yaptığınızı trip, tavır olarak kodlayacak. Soğuk fazlasıyla soğuk olmamalı, akşamüzeri serinliği çökünce nasıl ki ince bir hırka alma ihtiyacı duyarız ve o ince hırka hafif serinliğe rağmen içimizi ısıtırsa siz de size yaklaştığında hafif ısıtacak şekilde varlığınızı hissettirmelisiniz. Bedel ödetmeyle tavır yaparak cezalandırmanın arasındaki fark işte tam da burada gizlidir.

Cezalandırmayın Bedel Ödetin

Genellikle bana sıkça sorulan sorulardan biri de kızgınlığımın bedelini nasıl ödetirim oluyor. Bedel ödetmek cezalandırmak değildir. Sadece sevgililerimiz, eşimizle olan ilişkimizde de değil hayatımızdaki herhangi bir insanla münasebetimizde de bedel ödetme ihtiyacı duyabiliriz.

Bedel, şimdiye dek karşınızdakine koşulsuz ve kalpten verdiklerinizi eksiltmek demektir. Aslında bunları veren sizdiniz, verdiklerinizi eksiltiyorsunuz şimdi de. Cezalandırma ise ekstradan negatif bir şey yapmaktır, kırıcı ve incitici söz ve davranışlar gibi... Trip yapmak, tavır, kötü konuşmak cezalandırmaktır örneğin. Cezalandırmaksa işe yarayan bir şey değildir, aksine sizi kötü gösterir.

Bedel ödetmede verdiğiniz güzellikleri kısmaya başlarsınız. Örneğin hemen her gün görüşebiliyorken artık eskisi kadar sizi görmesi mümkün değil, ama siz yine de ona çok nazik davranmaya devam ediyorsunuz. Eskiden hemen açılan telefonlara bir saat geç dönüyorsunuz ama aradığınızda çok sevimli bir halle konuşuyorsunuz. Erkekler, bu tarz bir bedel ödetme eylemini direkt olarak anlar ve anlamlandırır ama tuhaf olan şey size kızması için bir neden de bulamaz. Ve erkek şunu anlar: Bir şey var ve eskisi gibi değil!

Erkek kızarsa uzaklaşır,
kızamazsa düşünmeye
başlar. Ve düşünmeye
başlayan bir erkek âşık olur.

Bedel ödetmenin işe yaraması için o kişiyle o güne dek sürdürdüğünüz ilişkinin doluluğu önemlidir. Erkek şunu demeli kendine:

"Onunla o kadar güzel vakit geçiriyordum ki bana hiç kötü bir şey de yapmıyordu, şimdi neden böyle oldu?"

Sizi, kendini iyi hissettiği bir alan olarak tanımlamalı. Aklınıza sizinle geçirdiği güzel anları getirebilmeli. Ancak böyle bir süreç varsa bedel işe yarar hale gelir. Bu yüzden ilişkinizde cezalandırma olmamalı, kötü hissettirme anları ilişkinizden ne kadar uzakta olursa istediklerinizi elde etme noktasında da o denli güçlü olursunuz.

Evlilikte bedel ödetmeler de söz konusudur. Örneğiniz eşiniz size eskisi kadar ilgi göstermediğinde, genellikle beraber geçirdiğiniz hafta sonlarını başka arkadaşlarınızla plan yaparak doldurmaya başlayabilirsiniz. Bu durum elbette eşinizi ilgisi çekecek ve hatta size neden böyle yaptığınızı da soracaktır. Evliliklerde ilişkilere göre daha açık olmanızda fayda var, yani sözlere biraz daha fazla başvurabilirsiniz. "Sen bu aralar biraz benimle ilgilenmeyince kendimi iyi hissedecek bir alana ihtiyaç duydum, o yüzden arkadaşlarımla vakit geçirmek bana çok iyi geliyor" diyebilirsiniz örneğin. Evde surat yaparak oturmaktansa kendi hayatınıza dönük ve mutlu bir şekilde biraz mesafelendiğinizi hissettirebilirsiniz.

Siz yine mutlusunuz aslında ama onun yanında değil başka bir yerde mutlusunuz, bunu hissettirmeniz lazım. Bu hal hayatınızdaki erkeğin zihninde şu düşünceyi üretir: "Ne kadar da mutlu ama benimleyken olduğu gibi değil."

Evlilikte de olsa birazcık kıskançlık duygusunu harekete geçirmek önemlidir. Bu da kendi alanınızı korumak ve kendinize dünya kurmakla mümkündür. İlla çok yoğun bir iş hayatınızın olması gerekmez, arkadaşlarınızla vakit geçirmeniz, herhangi bir kursa gitmeniz, evde kendinizi meşgul edecek bir hobi edinmeniz, hepsi sizin kendi dünyanıza odaklanmanızı sağlayacak ve sizi mutlu edecek şeylerdir. Eşinizle paylaştıklarınız size ağır ve yorucu geliyorsa bunların yükünü atacak yeni alanlar açın kendinize. Unutmayın, siz iyi hissettikçe insanları bir mıknatıs gibi kendinize çekersiniz.

Kırgınlığınızı, öfkenizi sevgilinize yemek hazırlamayarak ya da yatakları ayırarak değil mutluluğunuzla gösterin.

Evliliklerde riskli hamlelerden biri yatakları ayırmaktır. Yatak evlilik için şu demektir, her ne olursa olsun yakınlaşılabilecek bir alan. Hiç konuşmasanız dahi ayaklarınızın birbirine değmesi bile ilişkinizi ısıtır. Hatta kırgınken cinsellik yaşamaktan dahi kaçmayın, yaşayın ama bir nebze de olsa kırgınlığınızı hissetsin. Sizinleyken iyi hissetsin ki uzaklaştığınızı da hissetsin.

Sessiz kırgınlıklar gürültülü kavgalardan çok daha etkilidir.

Öfke ve faydasız tartışma hiçbir problemi çözmez. Kavga ettiğinizde kendinize şunu sormanız gerekir: "Bunun çözümü ne?" Sen haklısın, ben haklıyım sarmalından çıkıp çözüme odaklanın.

Bedel ödetmede davranış değişimi hoşlanmadığınız davranış değişene dek sürmeli. Örneğin, başkasının yanında sizi rencide ediyorsa sevgiliniz bu huyundan vazgeçti mi? Ya da günlük alışkanlıkları arasında sevmediğiniz başka bir şeyi düzeltti mi? Sevilmeyen davranışta herhangi bir değişiklik olmuyorsa dozunuzu biraz artırabilirsiniz. Hâlâ arkadaşlarının yanında sizi azarlamaya devam ediyorsa "Ben bundan sonra arkadaşlarının yanına gitmiyorum" diyerek daha net sınırlar belirleyebilirsiniz. Özellikle sizi rencide eden kırıcı davranışlara karşı ödeteceğiniz bedeller olmalı. Mesela telefonunda başka biriyle mesajlaştığını yakaladınız. Böyle bir durumda bu kötü bir şey gibi gözükse de ondaki kıskançlık duygularını harekete geçirmelisiniz, yani sizin hissettiğiniz duyguları o da hissetmeli. Empati yaptırmak sizi anlaması adına işlevsel bir eylemdir. Size de telefonlar geldiğinde, siz de onsuz rahatça vakit geçirdiğinizde bakalım neler olacak?

İletişimde etkili silahlarınızdan biri de bir kadın kimliğine sahip olarak taşıdıklarınızdır. Dişilik her zaman önemli olmalı, küfür etmek, kabalık, erkeksi davranışlar kadın olarak taşımamanız gerekenler arasında. Güçlü kadın olmak erkeksi tavırlara bürünmek demek değildir, dişilik zaten başlı başına sizi güçlü kılmaya yeter.

Sekizinci Bölüm

Söylediğiniz Şey Aslında Söylemek İstemediğiniz Şeydir

İlişkilerin Kilit Noktaları ve Sık Yapılan Hatalar

Genel olarak her insanın ilişkilerden beklentileri, onları ilişkide tutan, keyif almalarını sağlayan ya da rahatsız eden şeyler farklıdır. Fakat yapılan araştırmalar gösteriyor ki kadınların ve erkeklerin, ilişkileri hakkında memnuniyet seviyelerini önemli oranda artıran bazı psikolojik ihtiyaçlardan ve ilişkiden soğutan hassasiyetlerden bahsetmek mümkün. Partnerinizin ihtiyaçlarını ve hassasiyetlerini bilmek günlük hayatta yaşanan birçok olayı anlamlandırmanız ve ilişkinizi yönetmeniz adına gereklidir.

Hepimiz için ilişkideki kilit noktalardan biri değerli hissetmektir. Değerli ve özel hissetmediğinde daha memnuniyetsiz olursunuz kaçınılmaz olarak. Böyle durumlarda partnerinizin hareketlerinden rahatsız olmaya ve onu yargılamaya, onun değişmesi, size daha çok değer vermesi ve ilgisini göstermesi için onu zorlamaya, suçlamaya başlayabilirsiniz. Trip atmak, surat yapmak sık sığınılan tuzaklardandır. Burada erkeklerin bu hareketleri nasıl algıladığı önem kazanır. Siz düşünürsünüz ki eleştirerek, ısrar ederek onu ikna edebilir ve değiştirebilirsiniz, hatta onun sizi anlamasının tek yolu da budur size göre. Fakat erkeklerin bu konudaki algısı çok farklıdır. Erkekler eleştirildiklerinde başarısız ve yetersiz hissederler. Kadınlar mutsuz ve memnuniyetsiz olduğunda, erkekler bundan dolayı kendilerini suçlarlar. Bu da onlarda bir stres yaratır. Bu stres, ya içlerine kapanmalarına ya da stres verici nesneden yani sizden kaçmalarına neden olur. Bu yüzden ısrar, eleştiri ve yargılama ilişkinizde yıkıcı ve antipatik bir etki yaratır. İlişkinizi tamir edebilmek için, partnerinizin yanlışlarına değil, doğrularına odaklanın.

Erkekler ilişkide başarılı olmak ister. Küçük de olsa sizi mutlu etmeyi başardığı şeylerde onu takdir edin ve onun daha sık yapmasını istediğiniz davranışlarını ödüllendirin. Davranışları ödüllendirmek, talep etmekten daha kolay ve etkili bir yoldur.

Bazen de görüşmek için daha ısrarcı bir tavır takınırsınız. Çoğu zaman kendinizi unutursunuz, aklınızı meşgul eden tek şey o olur neredeyse. Sonunda kendinizi partnerinizin ilgisinin peşinde koşarken yakalarsınız. Hepiniz bilirsiniz ki kaçan kovalanır. Partneriniz mutlu olmak için onun ilgisine umutsuzca mecbur olduğunuzu fark ederse bu onun ilişkiden soğumasına ve sizden kaçmasına sebep olur. Ayrıca, ısrarla, kendinizi acındırmayla, tehditle ve ültimatomla partnerinizin ilgisini çektiyseniz onun ilk fırsatta tekrar kaçmaya çalışması olasıdır. Zaferiniz kalıcı olmaz. Yani içinden çıkılması zor bir paradoks oluşur, ilişki kendini bu şekilde devam ettirir, iki taraf da tatmin olmaz, yorulur. Kovalayan taraf daha da değersiz hisseder ve özgüvenini kaybeder. Özgüvenini kaybettikçe etraftan gördüğü saygı ve değer de azalır. Kaçan taraf ise "Sevdiğim halde neden bu insandan uzaklaşmak istiyorum?" diye suçluluk hisseder. Bu suçluluk onu ilişkiden soğutur. Bunu önlemenin en güzel yolu partnerinizin ve kendinizin bireyselliğine alan tanımaktır. Onun yalnız başına ya da arkadaşlarıyla vakit geçirmesine izin verin. Siz de kendinize onsuz vakitler yaratın.

Partnerinize tüm zamanınızı ayırmak ve ondan her konuda size eşlik etmesini beklemek ilişkinizi yorar.

Genelde, partnerimiz olmadan geçirdiğimiz kaliteli zamanı artırırsak birbirimizden uzaklaşırız diye bir korku içinde oluruz. Fakat durum bunun tam tersi yönde gelişir. Kendinize ayırdığınız vakit, partnerinize ayırdığınız enerjiyi artırır. Diğer yandan onunla geçirdiğiniz vakitte daha enerjik olacağınız için yokluğunuz onda boşluk hissi yaratır. Bu bireysellik ve özgürlük halini sürdürürseniz, kendinizin ve etrafınızın gözünde değeriniz artar. Aranan insan olmanın keyfini sürersiniz.

Özgürlük ve bireyselliğinizi kazandığınızda başka bir denge unsuru karşınıza çıkar. O da bağımsızlıktır. Kendi kendine yetmek önemlidir fakat ilişki de paylaşmak içindir. Modern kadının ilişkilerdeki en büyük zorluğu bir şekilde kendi kendine yetmesinden kaynaklanan eksen kaymasıdır, yani bir talepte bulunmakta zorlanmasıdır. Halbuki erkekler ilişkide kadınların kahramanı olmak isterler. Kadınlara yardım etmekten, kadınların kendilerine ihtiyaç duyuyor olmalarından çok hoşlanırlar. Bu onları, hormonlarından dolayı, cinsel ve duygusal olarak motive eden bir durumdur. Çok güçlü ve cazibeli kadınların, şaşılacak şekilde aldatılmasının sebebi budur.

Peki partneriniz size ilgi duysun diye sönük, zavallı ve pasif mi olmalısınız? Tabii ki hayır. Fakat partnerinize bazı kırılgan yanlarınızı göstermek, ihtiyacınız olmasa da onlardan sık sık yardım istemek, yaptıkları en küçük iyiliği bile takdir etmek ve minnettar olduğunuzu belirtmek, atabileceğiniz küçük ama etkili adımlardandır. İzin verin partneriniz biraz nazınızı çeksin, yükünüzü azaltsın. Hastalandığınızda, üzüldüğünüzde bunları yaşamaktan çekinmeyin. Kendinizi şımartın, partnerinizin de sizi şımartmasına izin verin. Güçlü olmak ve görünmek önemlidir, ama ilişkilerde akıllı olmak daha pozitif sonuçlara gebedir. Üstelik olmadığınız biri gibi davranmanıza gerek yok. Talep eden ve takdir eden insanlar da güçlü olabilir. Kendinizi sadece partnerinizden değil, tüm evrenden bir şeyler almaya açın. Başlarda garip hissedebilirsiniz ama evrenin dengesi ve insan doğasına göre, alabilmek de verebilmek kadar önemli bir erdemdir.

Güçlü kadın imgesinden bahsederken, her şeye yetişen ve her sorunu çözen kadını unutmamak gerekir. Anaç ve fedakâr bir kadın, erkek için bir anne gibi bağımlı olacağı bir ihtiyaç nesnesi haline gelir. Bu durum kadında, ihtiyaç duyulduğu için, "Bensiz yapamaz!" hissi uyandırır. Bu his güvenli bir alandır, partnerinizi kontrol etmeniz kolaylaşır. Fakat tüm tutkuyu öldürür. Aranızda anne çocuk ilişkisi gibi bir hiyerarşi oluşturur. Üstelik partnerinizin ihtiyaçlarını gözetmeye o kadar alışırsınız ki kendi ihtiyaçlarınızı unutursunuz. Siz kendi ihtiyaçlarınızı unutmuşken partnerinizin hatırlamasını beklemek pek de mantıklı değildir. Zaten bu durumda partnerinizin gözünde de eğlenceli ve tutkulu bir yer olmaktan çıkıp, ihtiyaçların karşılandığı bir sığınak haline gelirsiniz. Bir düşünün. Gerçekten sırf onu kontrol edebilmek için onun annesi olmayı göze mi alacaksınız? O zaman neden heyecan duyacaksınız? Kadınsı bazı ihtiyaçlarınızı ve çocuksu duygularınızı nerde ve kiminle yaşayacaksınız?

İletişim Yanlışları

İletişimde beceriksizce düştüğümüz kuyular vardır. Duygularımızı zaman zaman yönetememekten kaynaklanır bunlar. Zor olsa da aşılmayacak şeyler değildir, ancak ısrarla üzerine çalışmak gerekir.

Sık yapılan iletişim yanlışlarından ilki haklılık tartışmasına girmektir. Asıl konudan uzaklaşıp sen haklıydın, ben haklıydım labirentine dalmak sağlıklı iletişimi kilitler. Bu sizi sadece negatif uca götürür. Bunun yerine haklılık tartışmasından çıkıp çözüm yoluna giden insan olmak lazım.

İkinci mesele şikâyet etmektir. Devamlı sen onu yaptın, bunu söyledin diyen insan olmak... Sürekli şikâyet ettiğiniz zaman iletişimin dengesini bozarsınız ve karşı tarafı bıktırırsınız.

Üçüncü sorun tavır yapmaktır. Bir şekilde tartışma nihayetlendiğinde bile sizin hâlâ tavır yapmanız, göz devirmeniz, kötü ve sert konuşmanız sadece sizi eğreti ve kötü gösterir. Bu negatif algı uyandıran davranışlarla asla pozitif bir şey elde edemezsiniz. O yüzden tavır, trip gibi şeyleri bırakmanız lazım.

Eleştiri iyidir ama dozunda! Devamlı karşınızdaki kişiyi eleştirmek, kötü yanlarını yüzüne vurmak, devamlı itip kakmak iletişimde sağlıklı bir gelişmeye yol açmaz. Eğer birini eleştirecekseniz mutlaka yanında iyi bir şeyini de söylemek zorundasınız.

Olaylara sadece kendi açınızdan bakmanız aşmanız gereken beşinci mesele. Eğer olaylara sadece kendi açınızdan bakarsanız karşı tarafı hiç anlamazsınız. Empati yapamazsınız. Böylece karşınızdaki kişi sizi çok objektif olarak görmeyeceği için sizi de dinlememeye başlar ve iletişimi bitirir.

Başka insanlarla kıyaslamak yine sık düşülen kuyulardan. Ne zaman ki birini başka biriyle kıyaslarsanız karşınızdaki insanda sadece negatif bir şey uyandırırsınız ve kendisi asla gelişmek istemez, kendini kötü hisseder. Kendini kötü hisseden bir insan da iletişimi devam ettirmek için bir sebep aramaz.

Birinin yüzüne devamlı geçmişte yaptığı hataları vurmak, sen zaten şöyleydin, böyleydin demek, yirmi yıl olmuş evleneli ama hâlâ annen bana gelinlik de almamıştı diyerek geçmişi devamlı önüne sunmak asla yapılmamalı.

Kaba, sert, kişiliğine hakaret eden sözler kullanmak çok büyük bir yanlıştır. Ne olursa olsun, bir şey söyleyeceğiniz zaman kişiliğine söylemeyin bu sözleri. Bir şey söyleyecekseniz kendi hissiyatınız üzerinden söyleyin! "Sen böyle yaptın, kendimi kötü hissettim..." demek yeterlidir aslında. Asla "Sen yalancı bir insansın!" şeklinde değil yani hiçbir sözü kişiliğine atfetmemelisiniz. Bu nokta çok önemli.

Diğer iletişim yanlışı başka insanların yanında tartışmaktır. Ne olursa olsun meseleler kendi içinizde kalmalı ve bu süreci başka insanların yanına taşımamalısınız.

İlişkide bir şekilde cezalandırma olarak cinselliği kullanmak da yine yapılan büyük yanlışlardan. "İşte ben de artık seninle zaten birlikte olmam, bilmem ne yapmam..." diyerek iletişiminizi cinsellik üzerinden tıkamak, dahası bunu üzerine basa basa söylemek büyük hata. En başta zaten cezalandırmayın! Cezalandıracağınızı da söylemeyin! "Bak görürsün sen bundan sonra neler olacak!" şeklinde tehditvari konuşmak, saygıyı bozmak, kıskandırmaya çalışmak, ses tonunuzu yükseltmek belki de geri dönülmez şekilde iletişiminizi bozacak davranışlardan. Her zaman bir şeye kızgın bile olsanız ses tonunuzu dengede tutarsanız o insanın öfkelenmesini de engellemiş olursunuz.

Söylediklerimizle Söylemek İstediklerimiz Arasındaki Fark Nereden Geliyor?

Neden sık sık kendimizi "Aslında öyle demek istemedim", "Beni yanlış anladın" diye düzeltmek zorunda kaldığımız durumlara düşeriz?

Neden saatlerce konuşup da bir türlü birbirimize ulaşamayız ya da konuşmadan anlaşılmak isteriz?

Bütün bunlar iletişimde bazı hatalar yaptığımızın göstergesidir. Bu hataları fark etmek zordur. Genelde uzlaşamadığımızda bunu, çözümü çok zor olan nedenlere bağlarız. Ama doğru iletişim yıllardır aradığımız anahtar olabilir.

Nasıl bir mesaj vermek istediğimizden emin olsak bile, karşımızdakine nasıl bir mesaj verdiğimizin ne kadar farkındayız? Ömrümüz boşu boşuna, anlaşılmayı beklemekle geçiyor olabilir mi?

Kendinizi doğru bir şekilde anlatabilmek zamanla, deneyerek öğrenebileceğiniz bir beceridir. Mesela en sık yapılan hata bir mesajı verdiğinizi ve o mesajın anlaşıldığını varsaymaktır. Bazen hiç konuşmadan hareketlerinizle, bazen de konuşurken yaptığınız imalarla anlaşılmayı beklersiniz. Trip atar, surat yapar, alttan alttan laf sokarsınız. Halbuki bunlar çok muğlak mesajlardır. Anlaşılıp anlaşılmayacağı ya da nasıl anlaşılacağı tamamen karşınızdakine kalmıştır. Böyle dolaylı bir iletişim şekli hiç sağlıklı olmaz. Bu şekilde davranmanızın nedeni ise; duygularınızı ifade etmenin yarattığı kırılganlıktan kaçmaya çalışmanız, talep etmeyi kendinize yakıştıramıyor olmanız ya da karşınızdakinin zihninizi okuduğu yanılgısına düşmenizdir. Bu sebepleri tek tek inceleyelim.

Duygular ve ihtiyaçlar insan olmamızın bir sonucudur. Bu yüzden herhangi bir duygu hissetmekte utanılacak hiçbir şey yoktur. Duygularınızı ve ihtiyaçlarınızı tanımak, kabul etmek ve ifade etmek çok cesurca ve güçlü bir harekettir. Düşünüldüğü gibi zayıflık göstergesi değil, sosyal bir beceridir. Zaten duyguları, kırgınlıkları biriktirdiğinizde, bir zaman sonra patlayarak onları ifade edersiniz. İş bu noktaya geldiğinde ise, saldırgan olmamak imkânsız gibidir. Bu yüzden bunları ifade etmekten kaçınmak bir kurtuluş değildir.

Duygularınızı ve ihtiyaçlarınızı ifade etmeyi öğrenmek için, önce aynanın karşısında prova yapılabilir. Aynanın karşısına geçip "Hayal kırıklığına uğradım", "Üzgün hissediyorum" diye kısa ve net bir şekilde, hissettiklerinizi "çünkü"lerle duygularınızı açıklamaya girişmeden ifade etmeyi prova edin. Duygularınızı hissetmenizin normal olduğuna kendiniz de dahil kimseyi ikna etmeye ihtiyacınız yok. Sizi önemseyen insanlar zaten bunun sonrasında "Neden?" diye sorarlar. O zaman nedenini anlatabilirsiniz. Ayna pratiğinden sonra, size çok yakın olmayan kişilere kendinizi ifade ederek bunu pratik edin. Duygularınızı seslendirmeye biraz alıştıktan sonra bunu en yakınlarınızdakilerle ilişkilerinizde kullanın.

Diğer yandan insanlarla ne kadar yakın olursak olalım, kimse kimsenin zihnini okuyamaz. Bazı insanların sosyal zekâsı çok yüksek olduğu için bedensel mesajları erken fark ediyor olabilir, fakat yine de bu bize anlaşıldığınızın garantisini vermez.

En çok yapılan bir diğer hata ise ifadenin eksik değil, fazla oluşudur. Bir şeyi gereğinden fazla ya da çok sık ifade etmek, çok uzun ve detaylı açıklamaya çalışmak ya da lafı dolandırarak anlatmaktır. Böyle yaptığınızda hem kendi enerjinizi hem de dinleyenin enerjisini israf edersiniz. Yanlış anlaşılma ihtimaliniz artar. Ayrıca her iki tarafın da bildiği bir olayı anlatmak gereksizdir. Bunun yerine o olayın sizde nasıl bir etki bıraktığını, size neler hissettirdiğini ve düşündürdüğünü anlatmak, amaca yönelik olacaktır.

Söylemek istediklerinizle söyledikleriniz arasındaki farkı azaltmanın bir diğer yolu da konuşmadan önce hazırlık yapmaktır. İlk olarak o konuyla ilgili ne düşünüyorsanız, karşınızdakine ne anlatmak istiyorsanız, sanki ona gönderecekmişsiniz gibi yazın. İçinizdekileri tamamen dökün. Fakat bu yazdıklarınızı ona göndermeyin. Buradaki amaç sadece sizin aklınızdaki karışıklığı gidermek ve o konuşmaya net bir şekilde gitmenizi sağlamaktır.

Bazen basit bir mesele konuşulurken anlamadığınız bir şekilde ortam gerilir, karşınızdaki kişi onun kişiliğine saldırıyormuşsunuz gibi savunmaya geçer. Niyetiniz hiç öyle olmasa da, kurduğunuz cümlelerle fark etmeden karşınızdaki kişiye saldırıyor olabilirsiniz. Bunu önlemek için "Neden bunu yaptın?", "Hep böyle yapıyorsun!", "Hiç şunu yapmıyorsun!" gibi suçlayıcı ve genelleyici ifadeler yerine "Şöyle yapsaydın çok mutlu olurdum", "Böyle olsaydı nasıl hissederdin, ne düşünürdün?", "Bunları şu şekilde yapsak sence nasıl olur?" şeklinde yumuşak, düşündürücü ve bilgilendirici cümleler kullanın. Bu tarz cümlelerin dilinize oturması biraz zaman alsa da bunu uyguladıkça alışırsınız. Unutmayalım ki aynı şeyi anlatsalar bile, sözcüklerin farklı olması çok şey değiştirir.

Diyelim ki yukarıda anlatılanlara dikkat ederek derdinizi güzelce anlattınız. Yine de anlaşılmamış olduğunuzu düşünüyorsunuz. Beklemediğiniz tepkilerle karşılaştığınız zaman küsüp geri çekilmek yerine, karşınızdakinin sizi doğru anlayıp anlamadığını tartabilirsiniz. Bunu öğrenmenin tek yolu basitçe sormaktır. "Böyle bir tepki vermen beni şaşırttı. Bazen kendimi net bir şekilde ifade edemediğimi hissediyorum, anlattıklarımdan ne anlaşılıyor bana söyler misin?" diye sorabilirsiniz.

Anlamak ya da anlaşılmak bir zekâ göstergesi ya da yarış değildir. Hepimiz zaman zaman yanlış anlaşılmalar yaşarız. Bu yüzden anlaşılmadığınız zamanlarda daha sabırlı ve anlayışlı olmaya gayret edin.

Karşımızdakini İkna Etmenin ve İstediklerimizi Yaptırmanın İncelikli Yolları Nelerdir?

İknanın psikolojisi, ticaret, siyaset ve her türlü insan ilişkisi için oldukça önemli olduğundan, bilim insanları tarafından çok araştırılmış bir konudur. Bu araştırmalar sonucunda bazı detaylar ve stratejilerin gerçekten de karşınızdakine istediklerinizi yaptırma konusunda etkili olduğu söylenebilir. Bu incelikleri bilmek ve uygulamak size sadece özel ilişkilerinizde değil hayatın her alanında avantaj sağlar. İlişkilerinizi bozmadan, sevgi ve saygı çerçevesinde istediklerinizi yaptırabilirsiniz. Şimdi bir talepte bulunurken nelere dikkat etmeliyiz onlara göz atalım.

Öncelikle, karşınızdakinin beden dilini gözlemleyip, abartıya kaçmadan taklit ederek onunla aynı seviyeye gelmiş ve birliktelik hissi yaratmış oluruz. O bacak bacak üstüne atmışsa siz de atın, eli çenesindeyse siz de elinizi çenenize koyun. Sonra talebinizi dile getirirken başınızı evet anlamında hafifçe sallayın. Bu onda da onaylama dürtüsü oluşturur. Konuşurken tamamen konuya odaklanın, karşınızdakinin gözlerine bakın, dikkatinizi dağıtacak şeylerden uzak durun. Sanki zaman daralıyormuş gibi biraz hızlı konuşun. Ondan yapmasını istediğiniz şeyin bir süresi ya da dönemi varmış ve çabuk karar vermesi gerekiyormuş gibi davranın. Düşünmek için zaman isterse tabii ki verin ama konuşma sırasında sanki yakalanması gereken bir fırsattan bahsediyormuş gibi olun. İstediğiniz şeyin karşınızdakine faydalarından mutlaka bahsedin. Ayrıca konuyu gereksiz detaylarla uzatmayın. Öncesinden bir proje sunar gibi tam olarak ne istiyorsanız, somut bir adım şeklinde söyleyin. Bunu neden istediğinizi ve nasıl yapabileceğini de birer cümleyle belirtin. Lafı uzatırsanız dikkat dağılabilir, konu havada kalabilir. Önceden yapılacak bir hazırlık da istediğiniz şeyi o an yapabilmesi için ortam hazırlamaktır. Mesela karşınızdakinin bir ödeme yapmasını istiyorsanız, önceden bilgisayarınızda ya da telefonunuzda satın alma sayfasını açmış olun ve cihazınız konuşma sırasında hemen ulaşacağınız bir yerde olsun.

İnsanlar yorgun olduklarında onaylamaya daha yatkın olurlar. Bu yüzden yorgunken bir izin ya da söz almak daha kolaydır. Böyle zamanları değerlendirirken dikkatli davranın. Çünkü böyle zamanlarda insanların tahammülleri de daha azdır. Yani ısrarcı ve bıktırıcı olmadan, nazikçe talepte bulunun.

Bir diğer strateji de önce daha zor ya da daha büyük bir şey istemektir. Onu reddettikten sonra küçük ve daha kolay bir şey sorduğunuzda bunun reddedilmesi daha zordur. Mesela hafta sonu güzel bir yemeğe gitmek istiyorsunuz. Önce kısa bir tatile gitmeyi önerin. Bunu reddederse "O zaman en azından yemeğe gidelim" diye onu ikna edebilirsiniz. Diğer bir strateji de seçenek sunmaktır. Örneğin çocuğunuza ders çalıştırmaya çalışıyorsunuz. "Parka gitmeden önce iki saat mi ders çalışalım yoksa bir saat mi?" diye sorun. Çok büyük ihtimalle bir saati seçecektir. Hiç ders çalışmak istemediğini de söyleyebilir tabii ki, o zaman da sadece iki seçeneği olduğunu söyleyebilirsiniz. Diyelim ki eşiniz bir aile dostunuzdan pek hoşlanmıyor ve doğum gününe davetlisiniz. Siz de en azından bir uğramak istiyorsunuz. O zaman ona "Kutlama altıda başlıyormuş. Sence kutlamaya katılalım mı yoksa sekiz gibi bir görünüp gelelim mi?" diyebilirsiniz.

Mutlaka takdir edilecek bir şeyler bulun. Gerçekçi olduğu sürece, en küçük şeyi bile takdir edebilirsiniz. Onun sizi dinliyor ve bu konuşmaya zaman ayırıyor olması bile takdir edilebilir. Eğer ondan istediğiniz bir kazanım ya da bir alışkanlıksa, önce küçük adımlar atması için onu cesaretlendirin. Bu küçük adımları da mutlaka takdir edin. Eğer yaptığı şeyleri gördüğünüzü, fark ettiğinizi ona söylemezseniz hevesi kırılabilir. Ayrıca insanlarda bir şeylerde uzmanlaşmaya dair doğal bir arzu vardır. Konuşurken uzmanlaşma arzularını tetikleyecek şekilde meseleyi ele alırsanız, daha motive edici olur.

Dikkat edilmesi gereken bir diğer nokta da, genel olarak yardımsever bir insan olmaktır. İnsanlar kendileri için bir şey yapmış olan kişilerin isteklerini yerine getirme konusunda daha istekli olurlar. Hem ilişkinin karşılıklı olması, aradaki bağı da kuvvetlendirir.

Politik Olmanın Gücü

Her türden ilişkide politik olmak değerlidir. İster özel yaşantınız olsun ister patronunuzla ister alışveriş yaptığınız marketle... Aslında politik olmak duygusal zekâyla ilgilidir. Politik davranmak demek bir şekilde her insanla yakın bir ilişki kurmadan da ilişkiyi iyi götürmek demektir. Hayatınızda pek de içinizin kaynamadığı ama bir şekilde yaşantınıza dahil olmuş pek çok insan olabilir. Buna kayınvalideniz de, kayınpederiniz de, patronunuz da dahildir. Bu insanlarla bir şekilde iletişim halinde kalmaya mecbursanız politik olmanız ve onunla anlaşmamız gerekir.

Peki ne yapmanız lazım?

Bir kere öncelikli olarak politik olmanız gereken insanlara sırlarınızı vermeyin. Bunun bilincinde ve uyanık olun. Asla arka bahçenize sokmayın. Kendi özelinize ve duygu derinliğinize dair şeyleri bu kişilerle paylaşmayın.

İkinci olarak bu kişilerle iyi geçiniyormuş izlenimini yaratmaya çalışın, onlara öyle olmasa bile benzer görüşleriniz olduğunu söyleyin. Mesela bir şey söylediğinde "Evet, aslında ben de aynısını düşünmüştüm..." ya da "Aaa evet bunda çok doğrusun..." gibi sözlerle muhalefet yapmak yerine aynı tarafta saf tutun. Böylelikle onun güvenini kazanın. Hatta bunu özellikle diğer insanların yanında da yapın, başkalarının yanında bunu yapıyor olmanız o kişide artı puan olarak hanenize yazılır.

Zaman zaman onlar için endişelendiğinizi hissettirmek, "Ah sen dün biraz kırgın gibiydin, iyi misin şimdi?" gibi sorular "Beni önemsiyor aslında, beni seviyor aslında..." gibi düşünceler düşündürür ve onların size karşı merhamet duygusu hissetmesini sağlar. Zaten siz onun için endişelendiğinizi göstermenizle size karşı otomatik olarak merhamet duyguları geliştirmeye başlar. Böylece bir şekilde ortak alan geliştirmiş olursunuz. Örneğin "Ah, ben de o sporu yapıyorum... Seninle aynı yerde koşuyorum... Ah ben de o filmi seviyorum, birlikte seyredelim mi?" gibi ortak bir alanınız olduğuna dair o yakınlık uyandıracak bir şey, karşı tarafın gardını düşürür. Zaten bizim amacımız da bu insanların gardını düşürmek...

Neden gardını düşürmek önemlidir derseniz eğer evliyseniz ve bu kişi kayınvalidenizse evliliğiniz gölgelenebilir ya da bu kişi iş arkadaşınızsa sizin için zorlayıcı bir iş yaşantısının üstüne başka sıkıntılar eklenebilir. Normalde sorunsuz bir şekilde geçinmeniz gereken insanların bu şekilde gardını düşürmek sizin için de hayatın daha uyumlu geçmesini olanaklı kılar.

Aynı şekilde küçük küçük iyilikler yapmak, küçük küçük hediyeler almak etkilidir. "Ya, bak, sen kahveyi seviyordun, bugün senin için bunu aldım..." demek mesela... Küçük lütuflar da o kişinin gardını düşürmek için etkili silahlar olarak kullanılabilir.

Dinlemek de etkili bir silahtır. Bir şey anlatırken onu aktif bir şekilde dinlemek çok önemli bir gard düşürücüdür... Dinlerken kafa sallamak, o konuyla ilgili sorular sormak belki biraz da pohpohlamak...

Bu kişiyle bir tartışmaya girdiğinizde diğer taraf iletişimde konuşmayı bitirmeden siz konuşmaya başlamayın! Eğer bir tartışma durumundaysanız onu sözlü olarak incitmeden o konuşmayı bitirdiği zaman siz konuşmaya girin. Karşınızdaki iyi bir şey söylediği zaman ya da iyi bir noktaya değindiği zaman bunu söyleyin: "Bak, bu, çok güzel bir fikir." Onu destekleyin ama hoşlanmadığınız bir şey söylediğinde "Bak burada haklısın ama sence şunu şu şekilde yapsak nasıl olur?" gibi bir lafla beğenmediğiniz, hoşlanmadığınız noktalarda kendi fikrinizi de iliştirin...

Eğer bir çatışma belirdiyse aranızda onu erteleyerek "O konuyu sonra konuşuruz..." diyebilmek, erteleyebilmek önemli... Teşekkür etmek, bir durum olduğunda özür dileyebilmek, "Seni kırdım herhalde" diyebilmek de... Onun için bir şey yaptığınız zaman "Biliyorum, sen de benim için aynısını yapardın" demek çok sihirli bir algı yaratır. Yani onu koşullu olarak şartlarsınız. Birazcık merhamet ve vicdan uyandırırsınız karşı tarafta.

Yine benzer şekilde ondan bir konuda yardım istemek de sihirli bir etki yaratır. "Ya sen bu konuda iyisin" demek o kişinin gardını düşürür.

Politik olmak zordur, sabır ister ama size çok şey kazandırır. Sıkı bir iletişim ve duygusal zekânızı kullanarak zor insanlarla bu şekilde başa çıkmak kolaylaşır.

Kayınvalidenizle İlişkinizi Yönetme Becerileri

Bazı kişilerle politik olmak bir zorunluluktur, bunu zihninizde samimiyetsizlikle bağdaştırabilirsiniz ancak hayatımızda bir şekilde zorunlu olarak iletişim kurduğumuz insanlarla ilişkimizi kolaylaştırmak adına oldukça işe yarar bir yöntemdir politik olmak.

İletişim kurma güçlüğü yaşadığımız insanlar hepimizin hayatında vardır öyle değil mi? Bazen patronumuzdur bu kişi, bazense kayınvalidemiz. Bu kişileri hayatımızdan söküp atamayacağımıza göre bir şekilde anlaşmanın yollarını icat etmemiz şarttır. Aksi halde ya yalnızlaşırız ya da hayatı kendimize zehir ederiz.

Sadece iletişim güçlüğü yaşadığınız insanlar için de değil, belli sınırlar çerçevesinde iletişim kurmak zorunda kaldığınız herkes için politik olmanın avantajlarından yararlanabilirsiniz. Bu hem sizi güvenli bir limanda tutar hem de daha özgüvenli bir duruş katar. Politik olmak kelime olarak size itici gelebilir belki de ama bu güçlü iletişim becerisini edinmek emin olun hayatınızın her anında kullanabileceğiniz bir şey olacak.

Biliyorsunuz ki hayatımızda hem zaaflarımız hem de güçlü yönlerimiz var. Bazı şeylerin kolayca üstesinden gelebilirken çok iyi olmadığımız yönlerimiz de var. Yaşadıklarımıza ek olarak hem genetik özelliklerimiz hem de yaşadıklarımızı nasıl anlamlandırdığımız kişiliğimizi oluşturuyor aslında. İşte bu kişilik bizi oluştururken aynı zamanda karşı taraftaki insanlara da nasıl davranacağımızı oluşturuyor. Bizim bu şekillenen kişiliğimiz gibi karşı taraftaki kayınvalidemiz de, eşimiz de, arkadaşımız da, sevgilimiz de böylece kişiliğini oluşturuyor. O yüzden politik davranarak birçok şeyi yönetebileceğimizi biliyoruz.

Pek çok insan bu becerilerin çoğunu yaşamında aktif olarak kullanıyor. Politikacılar örneğin. Hatta birçok politikacı bunun için danışmanlık alıyor. Aynı zamanda hayatta hem becerili olmak hem de ilişkileri iyi yürütmek adına birçok iş yöneticisi, çalışanlar, grup çalışanları, hepsi bir şekilde bu becerileri öğreniyorlar. Bu iletişim metodunun işe yararlığı tartışmasızdır özetle.

Hem politik olmak hem de zor insanlarla aranızı sıkı tutmak için neler yapacağınıza detaylıca bakalım.

1. Benzer görüşlerinizin olduğunu belirtin. Herkes her konuda aynı şeyi düşünmeyebilir ancak söz konusu olan zor bir insanla iletişimi düzeltmekse farklı görüşler üzerinden değil benzer görüşleriniz üzerinden konuşmalar yapın. Ortak zevklerin altını çizmek yakınlık kurmayı sağlayan bir bağ yaratır. Örneğin kayınvalideniz "Ben dolmayı kıymalı severim" dedi, sizse hiç sevmiyorsunuz ancak yine de "Ah ben de dolmayı kıymalı severim" dediğinizde o kişinin gardını düşürmüş olursunuz. Çünkü sizinle bir şekilde itişme halinde olan biri "Ben ne söylersem tersini söyleyecek" beklentisi içindedir. Siz tam tersini yaptığınızdaysa elinden silahını almış ve onu boşa çıkarmış olursunuz aslında. Ya da kayınvalideniz bir şeye dair üzüntüsünü dile getirdiğinde sessiz kalmak yerine "Ah ben de ona çok üzüldüm!" diyerek fikrini desteklediğinizi belli edin. Ortak görüşler kadar ortak acılar da insanları birbirine yakınlaştırır. Gelin-kayınvalide tartışmalarının temelinde yatan şeylerden biri bizim yetiştirilme tarzımızda aldığımız öğretilerdedir çokça. Çünkü her genç kız, yeni evlenen her gelin "Aman kayınvalidene dikkat, kaynanalar kötüdür, şöyledir, böyledir..." şeklinde yetiştirilir. Hatta "kaynana dibin kara" gibi sözler dilimize bile yerleşmiştir öyle değil mi? Bizler bu öğretilerle büyüdüğümüz için hem kayınvalide geline hem gelin kayınvalideye bir önyargıyla bakıyoruz zaten. Böyle bir önyargıyla başladığımız için o kişi de gardını almış halde açık olarak geliyor. Bu yerleşik inançtan kaynaklanan önyargıları kırmak için biraz çabalamanız lazım. Her iki taraf da aslında özünde iyiyken, sevgi doluyken sırf bu yanlış inançlardan dolayı keçi gibi kafa kafaya geliyorlar sıklıkla. Bunları ortadan kaldırmak için beraber vakit geçirin, karşınızdakini gelin ya da kayınvalide olarak değil bir insan olarak keşfetmeye açın kendinizi. Beraber yemek yapın, sohbet edin, alışverişe çıkın, hediyeler alın, birlikte dizi izleyin, dizi üzerine yorumlar yapın. Tüm bunları inatlaşma içinde değil açık bir yürekle anlamak ve uzlaşmak adına yapın.

2. Karşı tarafa onun için endişelendiğinizi gösterin. Bu madde de aslında hem iletişimi güçlendirmek hem de onun gardını düşürmek adına etkilidir. Hayatta kimler için endişeleniriz en çok? Sevdiklerimiz için elbette. İnsanlar için endişelendiğinizi gösterdiğinizde aslında onu sevdiğinizi söylemiş olursunuz. Ne diyoruz her zaman hepimizin sevgiye ihtiyacı var ve sevgiyle açılmayacak tek bir kapı bile yok. Kayınvalidenize "Anneciğim karnın ağrıyordu dün nasıl oldun?" ya da öksürdüğünde "İyi misin? Hemen sana ilaç getireyim mi? Şöyle bir şey yapayım mı?" demek, hastaysa sürecini takip etmek, arayıp iki üç kere "İyileştin mi?" diye sormak merhametini uyandıracaktır. Küçük hediyeler almak, küçük sürprizler yapmak, "Bak anneciğim sen seversin diye sana şunu aldım" demek inanın beş dakikanızı alır ama büyük bir mucize yaratır. Bunu iş arkadaşlarınıza da yapabilirsiniz, iletişim güçlüğü yaşadığınız her insan bundan etkilenir emin olun. Küçük jestler her zaman büyük şeylerden daha etkilidir. Küçük iyilikleri karşılık beklemeden yapın ve bırakın. Bu yürüdüğünüz yolda aslında karşı taraf için iyi niyetli bir yatırım yaptığınızı unutmayın.

3. Aktif dinleme yapın. Kayınvalideniz ya da politik iletişim kurmaya çalıştığınız kişi her kimse dinlerken aktif olun. Aktif dinleme, karşınızdaki konuşurken duruşunuzla, bakışınızla, beden dilinizle, bazen sözcüklerinizle onu ilgiyle dinlediğinizi göstermektir. İletişimde anlatmaktan daha etkili olan şey dinlemektir ve dinlemek sadece kulakla yapılan bir şey değildir. Karşınızdaki kişi konuşurken sizin öylece durmanız yeterli olmaz, kulaklarınız açık olabilir ama siz tepkisizce öylece durduğunuzda aslında zihinsel ve bedensel olarak bu konuşmayı çok da dinlemek istemiyorum ya da dinlemiyorum mesajı vermiş olursunuz. Önemli bir nokta da karşınızdakini konuşmasını bitirene kadar dinlemektir. Bedenle dinlediğinizi göstermenin yolu ise bazen başınızı sallamak, bazen öne doğru eğilmek, gülümsemek, yüzünüze merakla ya da ilgiyle dinlediğinize dair bir ifade vermektir. Politik olmanın en güçlü silahı beden dilini de işin içine katmaktır. Sevmeseniz de bunu yapın ve asla unutmayın bu riyakârlık, sahtekârlık değildir, ilişkinizin ve yuvanızın mutluluğu için bunları yapmanız gereklidir. Dahası bunları yapmakla ilişkinizi düzelttiğinizi de göreceksiniz zaten. Davranışsal olarak negatif enerjide kalmanız, surat asmanız, yakınlık, sıcaklık göstermemenizdir zaten işlerin dengesini bozan. Siz direksiyonu tam tersi yöne çevirin, asıl çözüm burada gizli.

Herkesi ölesiye sevin demiyorum ancak asgari düzeyde iyilik ve güzellikle iletişim kurabilirsiniz demek istiyorum. Bence denemeye değer!

4. Neye odaklandığınızı bulun. Kendini gerçekleştiren kehanetten söz etmiştim. Korku ve kaygınız neyse onu açığa çıkarırsınız. Kayınvalide ilişkilerinde de kendini gerçekleştiren kehanet kuralı çalışır. Siz ona asık suratla, önyargıyla yaklaşırsanız o da sizin için olumsuz düşünceler geliştirir, "Aman ne sevimsiz gelin bu!" der, siz de içinizden "Aman ne gıcık kaynana!" dersiniz. Siz içinizde geliştirdiğiniz negatif duyguları davranışa yansıttığınızda karşı taraf da sizi sevmemeye başlar. Yani aslında siz bir şey yaptınız, siz yapınca o da yaptı ve zincirleme bir reaksiyonu ateşlemiş oldunuz. Daha ortada olmuş bitmiş bir şey yokken sırf önyargılardan dolayı durduk yere karşınızdakinin sizi sevmemesini sağladınız. İnancınız şuydu: Gelin kaynanayı sevmez kaynana da gelini ve işte gerçek oldu! Ama siz yaptınız bunu. Herkese sırtını dönmek, onu sevmiyorum diye kapıları kapatmak kolaydır. Ancak bu akıllılık değildir üstelik duygusal zekânızın düşük olduğunu gösterir. Duygularınızla dünyayı okuyamazsanız, çoğu zaman kaybedersiniz sadece duygularınızla hareket ettiğinizde. İyi davranmak için siz bir adım atın, elbette sınırlarınızı koruyun. Meseleleri kişiselleştirmeyin. "Vay bana bunu nasıl yaptı!" büyük bir yanılgıdır, herkes herkese bir şekilde kırıcı ya da ters hareketler yapabiliyor. Bu tamamen sizinle ilgili değil hatta çoğu zaman değil. Sürekli altını çizdiğim çocukluk şemalarının dışarıya yansıdığı yerler işte tam da buralar. İnsanlarla iyi iletişim kurarsanız her zaman kazanan siz olursunuz. Neye odaklanırsanız onu büyütürsünüz, sevgiye odaklanırsanız sevgiyi, karanlığa odaklanırsanız karanlığı...

5. İncitmekten kaçının. İnsan olarak her zorluğu, her yükü yaşayabiliriz ama kalp kırıklığını taşımak çok zordur. Karşı tarafı eleştirmek, incitmek öyle kolaydır ki, ama zor olan kırılan bir gönlü alabilmektir. Birine kızdığımızda onun kişiliğine laf etmeyi çok seviyoruz ne yazık ki, hırsımızı, öfkemizi kusmak için dilimize ne gelirse karşımızdakinin üstüne boca ediyoruz. Dilin kemiği yok diye boşa söylenmemiş, iş işten geçtikten sonra ne pişmanlığımızı dindirmek ne de kırdığımız insanın gönlünü almak mümkün oluyor. Benzer şekilde buna maruz kaldığımızda da en az incitmekten çekinmek kadar kırıldığımızı söylemekten de imtina ediyoruz. Kırıldığımızı söylerken de yine karşımızdakinin kişiliğine vurmayacağız, güzel sözcüklerle önce iyi duyguları, iyi niyetleri söyleyerek sonrasında kırıldığımızı söyleyeceğiz. "Ben aslında senin kötü niyetle yapmadığını da biliyorum, sen şu noktalarda çok da iyisindir ama o gün bana dediğin lafa kırıldım, belki yanlış algılamış da olabilirim ama dürüstlükle de söylemek istedim" demek yüce gönüllülüktür aslında.

"Sen böyle yaptığın zaman ben kendimi değersiz hissediyorum."

"Sen böyle yapınca ben kendimi yetersiz hissediyorum."

"Beni sevmediğini düşünüyorum."

"Sanırım artık beni yeteri kadar sevmiyorsun."

Kendi hissettikleriniz üzerinden yapacağınız bu tarz konuşmalar karşı tarafta empati duygusu uyandırır. Bunun yerine "Sen çok bencilsin, sen çok kabasın!" gibi cümlelerle sorunu derinleştirirsiniz sadece. Bu da ne derdinize ne de mutsuzluğunuza çare olur. Empati uyandıran cümleler karşı tarafın gardını düşürür. Çünkü bizim anlaşılmaya ihtiyacımız var öyle değil mi? Sürekli neden yakınırız: "Beni hiç anlamıyor!" Besbelli ki kapıyı yanlış anahtarlarla açmaya zorluyoruz. Anlaşılmıyorsak o kapının anahtarı başka bir anahtar demektir. Hadi anahtarları değiştirin!

6. Takdir edin. Sıklıkla takdir etmekten de söz ediyorum, politik olurken yapmanız gereken bir davranış olduğu için bunu da burada not etmeliyiz. "Bak anne, burada haklısın sen... Aslında bunu söylerken çok doğru söyledin ama bak burada da şöyle yapsan iyi olur." Düşüncelerinizi takdir cümlelerinin arasına gizleyin, bu yine karşınızdakinin gardını düşürür.

7. Alternatif üretin. Kayınvalideye ya da politik iletişim kurduğunuz kişiye alternatif üretin. Kayınvalide ne diyor?

"Cumartesi de pazar da bana gelin!"

"Anne bak, cumartesi gelelim... Dediğin gibi çok güzel olur ama pazar biz çocuklarla şunu yapalım dedik. Ne dersin?"

Ya da "Ben bu perdeleri beğenmedim, bence fırfırlı olmalıydı bu perdeler" diyerek sizin ev dekorasyonunuza müdahale etmek istediğinde "Evet, fırfırlı perde güzel ama bence buradaki düz kalsın belki diğer tarafa fırfırlı mı yapsak?" demek.

Ne yaptınız? Onun dediği önerilerden bir tanesini kabul ettiniz, diğerindeyse alternatif ürettiniz. Karşı çıkarken bile alternatif üretmeniz çok önemlidir. Ama dediği şeylerden bir tanesini de takdir etmeniz, kabul etmeniz çok çok önemli. Onun dışında şunu sıklıkla söyleyeceksiniz: "Bak burada haklısın." Herkes haklı olduğunu birazcık duymak ister ve aynı zamanda sizin objektif olduğunuzu düşünür. Karşınızdaki objektif olduğunuzu düşünürse size karşı gardını indirir. Yani şöyle yapacaksınız: "Bak burada haklısın ama bunu şöyle yapsak daha iyi olur." Eğer bir yerde birini haklı buluyorsanız o kişi sizin objektif olduğunuza ikna olur, hep karşı tarafı yanlış bulur hep eleştirirseniz objektif olarak gözükmezsiniz.

8. Çatışma anlarını erteleyin. Elinizden geleni yapmanıza rağmen çatışmayı engelleyemediniz, belli ki fırtına koptu kopacak. Hemen ne yapacaksınız? Konuyu kapatıp ertelemeyi öğreneceksiniz. "Evet anne, bugün çok gerildik. Gel içeri geçelim, bunu sonra konuşuruz..." veya "Şunu şu gün şöyle yaparız..." şeklinde erteleyebilirsiniz. Tüm çabanıza rağmen hâlâ negatif bir dirençle karşı karşıyaysanız ertelemek havayı yumuşatmak adına işinize yarar. Bazen sinirinizin kursağınızda kaldığını hissedebilirsiniz doğal olarak, ama böyle anlarda öfkenizi de bastırın ve sonra konuşun.

9. Teşekkür edin. Teşekkür etmek her ilişkide önemli. "Anne beni dinlediğin için teşekkür ederim", "Anne iyi ki şunu yaptın, teşekkür ederim." Teşekkür etmek yine karşı tarafın gardını düşüren şeylerden biri. Onun için teşekkür etmeyi de hayatınızda kullanın.

10. Sihirli bir cümle: "Sen de benim için aynısını yapardın." Onuncu maddemiz sihirli bir cümleden ibaret. Diyelim bir şey yaptınız karşı taraf için, olumlu bir adım attınız, burada kullanmanız gereken çok sihirli bir söz var: "Sen de benim için aynısını yaparsın, biliyorum" demek. Bilmeseniz bile bunu söyleyin. Bunu dediğiniz zaman karşı tarafın merhamet duygusuna odaklanıyorsunuz. Mesela bir yerde onu korudunuz veya annesine kızdı eşiniz, orada siz de eşinizi sakinleştirdiniz, burada tartışmayın dediniz örneğin. Annesi de size "İyi yaptın, araya girdin" dedi. Siz diyeceksiniz ki: "Sen de benim için aynısını yapardın." Ya da iş arkadaşınız için bir şey yaptınız. Teşekkür ettiyse size diyeceksiniz ki: "Önemli değil. Biliyorum ki sen de benim için aynısını yapardın." Bu cümleyle karşı tarafa misyon yüklüyorsunuz. Onu da bu şekilde davranmaya teşvik etmiş oluyorsunuz.

Politik olmanın sırları:

- Benzer görüşlerinizi belirtin.
- Onlar için endişelendiğinizi karşıya yansıtın.
- Ortak acılarınız, ortak alanlarınız, ortak zevklerinizin altını çizin.
- Karşı tarafı aktif bir şekilde dinleyin.
- Karşı taraf sözünü bitirene kadar dinleyin.
- Karşınızdaki için küçük iyilikler yapın, küçük hediyeler alın.
- Sözlerle incitmekten kaçının. Karşı tarafın kişiliğine dair sözler söylemektense ne hissettiğinizi konuşun.
- Konuşmaktan çok karşı tarafı dinleyin.
- Karşı taraf eğer iyi bir noktaya değindiyse orada takdir etmeyi kullanın ki sizin objektif olduğunuzu görsün.
- Hoşlanmadığınız bir şey duyduğunuz zaman, "Bak, diğerinde haklıydın ama burada o kadar haklı değilsin..." diyerek hem haklı olduğu noktaları hem de haksız olduğu noktaları belirtin.
- Çatışma kaçınılmazsa erteleyin.
- "Sen de aynısını benim için yapardın" cümlesini iletişiminize katın.

Narsislerle Nasıl Başa Çıkılır?

Söz konusu olan bir narsis insansa öncelikle şunu fark etmelisiniz, narsisler içsel olarak kendilerine bir kimlik yaratırlar. Aslında o kimliklerin altı çok zayıftır. Dışında öyle bir kimlik yaratır ki yaratılan bu kimlik sadece güçlü gözükmek, takdir edilmek duygularıyla beslenir. Karşısındaki iletişim içinde olduğu kişiyi de bağımlı hale getirerek bir şekilde ondan beslenmek ister çünkü her zaman o kişi onu takdir etsin, kendisine bağımlı olsun ister.

Bir narsis ilk tanıştığınız zaman size kibar, çok iyi davranabilir çünkü ilk etapta amaç kendini sevdirmek, takdir edilebilir bir birey olduğunu göstermektir. Ama ondan sonra işler değişmeye başlar. İçsel olarak sizi aşağı çekerek, değersiz hissettirerek ve sizi ona ihtiyacınız varmış gibi bir duruma iterek kendini besler. O yüzden narsis insan ilk baştan itibaren ailenizi kötüleyerek, arkadaşlarınızı kötüleyerek sizi ya da işinizi kötüleyerek sizi etrafınızdakilerden uzaklaştırmak ister. Çünkü onlar sizin gidebilme olasılığınızı artıran şeylerdir. Narsis siz gidemeyin sadece ona bağımlı olun diye kendi dışındaki herkesi kötüler hatta bu öyle bir noktaya gelir ki en yakınızdakilerle bile görüşmenizi istemeyebilir.

Bir narsisle başa çıkmak için öncelikle ne olursa olsun kendi alanınızdan, arkadaşlarınızdan vazgeçmemelisiniz. Yani bu sizin en net sınırınız olacak. Birinci kuralımız bu! Yani asla kendi alanınızdan vazgeçmemek!

Ancak bir narsis kolay pes etmez, sürekli dener. Devamlı bunu size empoze eder. O yüzden uyanık ve ısrarcı olmalısınız.

Bir narsis sinirlendiği zaman asla haklılık savaşına girmeyin çünkü haklılık savaşında kazanmanızın imkânı yoktur.

Sadece öfke uyandırırsınız. Öfkeli zamanlarda öfkesinin yatışmasını bekleyin, yatıştığı zaman da şunu söyleyin: "Artık herhalde senin için o kadar değerli değilim." Burası narsisin en zayıf noktasıdır. Böylelikle onun için değerli olmayı önemsediğinizi göstermiş olursunuz. Çünkü narsis bundan beslenir. Ancak böylece onu biraz durdurabilirsiniz. Bu nedenle tartışmalarda hep onun gözünde değerli olma kavramını ortaya sunmalısınız. "Herhalde artık bana o kadar değer vermiyorsun... Sen böyle yapınca eskisi gibi beni önemsemediğini düşünüyorum", "Sen böyle davranınca bana daha çok değer verdiğini hissediyorum. Sanki sen artık beni seviyormuşsun gibi geliyor" gibi. Bu cümleler bir narsisin gardını indirecektir. Bu yüzden kavgalarda en çok kullanacağınız şey haklılık-haksızlık değil, değerlilik kavramı olmalı.

Narsisin sözlerini değil ama davranışlarını takdir etmeniz gerekir. Narsisler söz verince tutmayabilir ya da bu tarz şeyler yapabilir ama sözlerini tutmamasına rağmen gerçekten davranışsal olarak bir durumu değiştiğinde o zaman davranışsal olarak takdir etmeyi de öğrenmek lazım. Onun dışında rahatsız olduğunuz bir davranışı söyleyeceğiniz zaman onun gözündeki değerden bahsedeceksiniz.

Söylediklerinizi dünya aslında onun etrafında dönüyormuş gibi söylemeniz lazım. Tabii ki bu çok kolay bir davranış değil ama narsis insan onun değerini önemsediğinizi belirttiğinizde hassasiyet oluşturur. O yüzden de orada yapmanız gereken şey birazcık onun önemi üzerinden hareket etmek olmalı.

Narsislerle başa çıkmada en önemli şeylerden biri de meseleleri kişiselleştirmemeyi öğrenmektir. Narsis insan çok güçlü gözükse de bu kişinin aslında çok zayıf bir insan olduğunu unutmamalısınız. Özellikle yapmanız gereken bir şey daha var, o kişinin zaafını öğrenmek. Her insanın zaafı vardır. Ailesine mi zaafı var, çocuklara mı, yemeğe mi, cinselliğe mi? Zaafı neyse onu oradan vuracaksınız her zaman. Mesela annelik çok büyük zaafıysa siz de eğer bir anneyseniz hep annelikten girin konuya. Ya da gerçekten annesini çok önemsiyorsa bu kişi, annesiyle ilgili kötü söz söylemeyin asla. Zaafını kullanmayı öğrenin ama sürekli buraya da oynamayın. İletişiminizin kilitlendiği anlarda o noktayı kullanın.

Narsisin öfkeli anlarında biraz geri çekilmeyi bilin. Narsislerle kavga edilmez! Çünkü narsisin benliği çok hassastır, sahte bir benliği vardır, gerçek bir benlik yoktur. O çok güçlü gözüken öfkeli kimliğin altında kırılgan bir çocuk, değersizlik duyguları vardır aslında... O yüzden öfkeliyken daha da incelir o sahte kimlik ve çok kırılgan, çok öfkeli olurlar... Narsisler bu yüzden aslında şiddete de meyilli olabilirler. Çok öfkeliyken şunu demeyi öğrenebilirsiniz: "Sen sakinleş... Çünkü sakinleşmeyince ben de kendimi çok iyi anlatamıyorum. Sakinleştikten sonra konuşalım..." Bunu öfkeli gördüğünüz insanlara yapar ve sakinken de konuşursanız çok daha etkili bir iletişim kurmuş olursunuz. Çünkü narsis öfkeliyken haklılık-haksızlık savaşına girdiği için sizi hiçbir şekilde dinlemez.

Öfkeli insan dinlemez, öfkeli
bir narsis hiç dinlemez.

Narsisler yarattığı sahte kimliği idealize ettikleri insanlardan alırlar. Babası olabilir bu kişi örneğin, annesi olabilir, belki mahallesindeki esnaf dahi olabilir ancak bu kişi güçlü, herkesin saygı duyduğu bir kişidir. Herkesin hayran olduğu ve kendisine rol model gibi seçtiği kişinin kimliğine bürünür çünkü bakar ki herkes böylesine hayran. Eğer bir taraftan çok güçlü olduğuna inandığı bir imaj oluşturduysa o kimliğe yapışır ve değiştirmeden onu kullanır. Aslında narsis tam olarak gerçek yüzünü tam olarak sizi elde ettiğini düşündüğü zaman ortaya çıkarır. Yani sizi küçük küçük değersizleştirmeye başlar. Önce size çok iyi davranır, tüm dünyası sizden ibaretmiş gibi yapar, size her konuda destek olur ama sizin tamamen ipleri bıraktığınızı düşündüğü noktada gerçek yüzünü sergiler. O yüzden de karşınızdaki kişi narsisse siz hiçbir zaman ipleri bırakmayacaksınız. Ancak bu şekilde en azından onun çok fevri davranışlarını kontrol edebilirsiniz.

Narsisin de pek çok türü vardır. Çok öfkeli bir narsis olabilir ya da tamamen kendi imajına yönelik yatırım yapan, hiç sizi umursamayan bir narsis olabilir... Aslında narsislerle başa çıkma pratiklerinden ziyade neden bu tarz bir ilişkinin içinde olduğunuzu da sorgulamanız lazım. Sizin bazı olumsuz şemalarınızdan dolayı bir narsisle ilişki içinde olmanız da olasılık dahilindedir. Aslında bu kişi halihazırda gerçekten çok kötü bir şeması olan ve negatif bir narsisse, siz orada iyi hissetmediğinizi, iyi hissettirilmediğinizi düşünüyorsanız orada bir dur demek zaten sorunun çözümünün başıdır...

İyi hissetmediğiniz bir yerde durmamanız gerekir.

Tabii ki burada narsisi konuşurken mecbur ilişkiler dinamiğinde olan insanlar var. Örneğin çocuğu olduğu için boşanamayanlar, o gücü kendinde bulamayanlar ya da baş etmeye çalıştıkları kişi anne babası olanlar var... Eğer böyle bir durum varsa da bir şekilde gücünüzü elde edene kadar en azından bu şekilde idare etmelisiniz. Yani narsis hep bir şekilde idare edilmeli. Böylece en azından sizi çok hırpalamasını engelleyebilirsiniz. Ancak kendi alanınızı korumaya çabalarsanız ve bu sürece yatırım yaparsanız daha avantajlı olabilirsiniz.

Narsisler sıklıkla manipülasyon yaptıkları için aslında ne yaşadığınızı anlayamayabilir ve bir yerden sonra oraya kapılabilir ve siz de size yüklenen değersizlik duygusuna inanabilirsiniz. Bir şeyleri hep kendinizin yanlış yaptığınızı düşünmeye başlayabilirsiniz. Aslında narsisler bağımlılığa yatkın insanlardır. Bağımlı kişilik de mutlaka birine yapışır ve birinden beslenir. Çünkü kendini besleyeceği alanı yoktur. İçsel boşlukları vardır. O yüzden de başkasına ihtiyaç duyarlar. Zaten narsis de sizin ona ihtiyaç duyduğunuz ve tamamen bıraktığınızı anladığı zaman sizi değersizleştirerek daha da bağımlı hale getirir ve bağımlı kişi de değersiz olduğuna inanmaya başlar. "Ali olmasa beni kimse sevmez gerçekten. Bir tek beni Ali düşünüyor. Ailem de düşünmüyor. Aman onu kaybetmemem lazım..." diyerek daha da verici daha da fedakâr davranmaya başlar, bunu yaptıkça da daha çok ezilir.

Narsisler genelde bağımlı kişiliklerle olup onlardan beslenirler ve beslenecekleri kişileri de tanırlar. Aslında enerjisel anlamda da onları yaşamımıza çekeriz. Örneğin narsis babayla büyümüş bir kız çocuğu düşünelim. O kız çocuğu narsisin ne yaptığını çok iyi bilir esasında. Ezme, eleştirme, kıyaslanma, bir şeylere mecbur bırakılma, hep bir değersizlik hissettirerek büyütülme... Narsis babadan gelen bir kız çocuğu tekrar bir narsis erkeğe âşık olabilir. Çünkü şemasındaki erkek figürü böyledir. Şemasında değersizlik vardır çünkü hep ezilmiş, hep değersiz gösterilerek bir şeyler yaptırılmaya çalışılmıştır... Değersizlik şeması olan biri de narsis biriyle tamamlanacağını düşünür. Oysa tam aksine daha da değersiz hissettirilir.

Çocukluğunuzdan itibaren kıyaslanarak büyütüldüyseniz ve kendinizi değersiz hissediyorsanız kendinizi değerli hissetmek adına neler yapabileceğinize odaklanın. İster ev hanımı olun isterseniz kariyer sahibi bir çalışan, değersizlik duygusu neyle uğraştığınızdan bağımsız olarak sizi esir alabilir. Kendi değerinizi yükseltmek için kendinizi geliştirebilir, online atölyelere, eğitimlere katılabilirsiniz. Kendinizi geliştirmek için kitap okuyabilir, bilmediğiniz alanlardaki bilginizi zenginleştirebilirsiniz. Biraz cesur olun, ben yapamam demeyin, sanat, felsefe, tarih gibi farklı konularda okumalar yapmak hem duygu dünyanızı zenginleştirir hem de farklı alanlarda genişleyen bir bakış açısı kazanırsınız. Bu da sizi özgüvenli ve değerli hissettirir. Dekorasyon eğitimi, tasarım eğitimi, çizime meraklıysanız resim dersleri, müziği seviyorsanız bir enstrüman çalmak için hemen işe koyulun. Sakın benden bu saatten sonra bir şey olmaz demeyin. Pek çok insan hayatlarının son gününe kadar çalışmayı ve kendini geliştirmeyi bırakmamış, sayısız esere, icada imza atmıştır unutmayın. İlerleyen yaşlarında yeniden okula başlayan, üniversitede yeni bir bölüme kaydolanlardan feyiz alın, onların çabası sizin de mucizeniz olsun. Eleştirilmekten korkmayın, kimseden utanmayın, aman ne derler diye düşünmeyin. Unutmayın bu sizin hayatınız ve siz nasıl istiyorsanız öyle olacak!

Kendinize hedefler koyun. Zamanınızı belirleyin. Evli ve çocuklu olanlar pekâlâ kendilerini ayarlayabilirler. Örneğin çocuğunuzu uyuturken bir yandan ders çalışabilir ya da hobilerinizle ilgilenebilirsiniz. Boş zamanlarınızı değerlendirmek sadece biraz planlı programlı olmanızla alakalıdır. Üzerinize binen tembelliği ve olumsuz duyguları çalıştıkça ve zorladıkça kolaylıkla kırabilirsiniz. Evde olmanız, üniversite okumamış olmanız bunları yapamayacağınız anlamına gelmez. 60 yaşında dahi olsanız, 70 yaşında da olsanız kendinizi geliştirirsiniz... Her şeyi yapacak güç sizde var. Eğitimler için maddi imkânlarım yok derseniz de İSMEK'in eğitim programlarını takip edebilir, ücretsiz olarak faydalanabilirsiniz. Emin olun her şey para değil. Çok zor durumlardan çıkıp çok büyük yerlere gelen insanlar var, bunları kendinize örnek alın. Aman benden hiçbir şey olmaz demeyin. Deneyin! Başarılı insanları kendinize rol model alın.

Değer duygunuzu pekiştirmek için kendinizi iyi pazarlamayı öğrenin. Ben falanca yerde çalışıyorum diye bahsetmeyin kendinizden, yaptığınız şeyleri detaylandırın: "Ben şurada şu işi yapıyorum, ayrıca ek olarak şunlardan da sorumluyum, gün içinde epeyce yoğun toplantılarım oluyor, görüşmelere gidiyorum" ya da "Şu okulun online eğitimlerine başladım, ondan sonra çalışmamı şu alanda sürdürmek ve üstüne çalışmalar yapmak istiyorum" şeklinde kendinizi anlatmaktan çekinmeyin. Bu kendini övmek değildir, siz sadece kendi değerli taraflarınızı parlatmış ve göstermiş oluyorsunuz.

Karşımızdaki insanı enerjisel olarak çekiyoruz. Bizim şemamız neyse onu bize hissettirecek insanı daha çekici buluyoruz. Çünkü her zihin alıştığını istiyor. Değersiz, iyi, kötü ayırt etmiyor zihin... Otomatik olan şey iyiyi kötüyü ayırt etmez. Araba kullanmayı nasıl öğrendiyseniz otomatik yaparsınız o hareketleri. Ya da her akşam işten eve dönerken de takip ettiğiniz yolda köşe başlarını otomatik dönersiniz. Buna benzer şekilde ilişki için hayatımıza aldıklarımızda da iyiyi kötüyü ayırt edemez bir halde olabiliriz. Benzer şekilde zihin de bunu öğrenmiştir çünkü ona göre otomatik olan erkek kadın ilişkisi değersiz hissettirilmekse onu yapar. Bunun için şemalarınızı çözümlemek adına döngülerinizi keşfedin ve gerekirse terapi desteği almaktan çekinmeyin.

Beden Dilinizi Nasıl Amacınıza Yönelik Kullanabilirsiniz?

İletişimde beden dili, konuşma dilinden çok daha eski, köklü ve etkilidir. Hatta öyle ki, konuşma dili ve beden dili ters düştüğünde biz farkında olmasak da beynimiz vücuttan gelen mesaja inanır ve ona göre tepkiler geliştirir. Bazen karşınızdakinin söyledikleri size mantıklı görünse de içinizdeki bir his buna inanmaz, ikna olmazsınız. İşte sezgi denen şey burada devreye girer.

Sezgilerin bir kısmı da, beyninizin karşınızdakinin beden dilinden aldığı mesajlardan yaptığı sözel olmayan çıkarımlardan oluşur. Bu çıkarımların, verdiğiniz ilk tepkiler üzerinde çok büyük bir etkisi vardır. Bırakmak istediğiniz izlenime ters bir duruş sergilediğinizde, tüm çabanız boşa gidebilir. Öte yandan bu ikisi tutarlı olduğunda karşınızdakinden beklediğiniz saygıyı, ilgiyi ve çabayı çok daha kolay alabilirsiniz.

Beden dili denince verdiğiniz ilk mesaj duruşunuzla ilgilidir. Gün içindeki duruşunuz nasıl? Kambur ya da çökmüş mü duruyorsunuz? Başınız dik ve omuzlarınız rahat mı?

Karşınızdaki insana kendinizle ilgili ilk mesajınızı duruşunuzla verirsiniz ve özgüvenli bir duruş kişiliğinize dair verdiğiniz ilk güçlü mesajdır. Eğer ayaktaysanız dik, oturuyorsanız sırtınızı yaslamış olmalısınız.

Her insanın bir "güç duruşu" vardır. Güç duruşu uzayda kapladığımız alanı genişletmekle ilgilidir. Haydi, ayaktayken ve otururken yapacağınız güç duruşunuzu birlikte bulalım. Öncelikle ayağa kalkın. Ayaklarınızın arasında bir omuz genişliği olacak şekilde dimdik durun. Ayaklarınızdan bir ağaç gibi yere kök saldığınızı ve sapasağlam yere tutunduğunuzu hayal edin.

Ellerinizi arkada birleştirip omuzlarınızı iki yana çekin, göğsünüzü gökyüzüne doğru ittirin. Bu sırada nefes almayı unutmayın. Sonra ellerinizi başınızın üstünde birleştirin ve havaya kaldırıp bir çam gibi gökyüzüne uzanın. Bu esneme hareketlerini vücudunuz açılana ve dik durmak size rahat gelene kadar tekrarlayın. Sonrasında kendinizi bir savaş kahramanı olarak hayal edin. Dosta güven, düşmana korku salan bir tavra bürünün. Omuzlar geride, çeneniz hafif yukarıda olsun. Bedeninizi büzmeyin, içinize kapanmayın. Burada amaç evrende kapladığınız alanı genişletmektir. Sonra da oturun ve otururken yapacağınız güç duruşunuzu bulun. Arkanıza yaslanın, gerekirse bacak bacak üstüne atın. Sizin, içinde rahat hissettiğiniz, abartılı gelmeyen güç duruşunuz nasılmış fark edin.

Güç duruşunuzu aklınıza geldikçe pratik edin. Bu duruş, testosteron hormonunun salınımını artırır. Bu sayede risk almak için cesaretinizi daha rahat toplarsınız. Üstelik ruhsal ve fiziksel acıya dayanıklılığınız artar. Dik ve rahat bir duruş, kan dolaşımınızı rahatlatır, enerji alanınızı da genişletir. Tüm bunlar özgüveninizi de fark edilir bir biçimde artırır.

Dikkat etmeniz gereken bir diğer beden mesajınız ise yüzünüzle verdiklerinizdir. Eğer karşınızdakini etki alanınıza almak istiyorsanız göz teması kurmanız gerekir. Göz teması kurmak ve devam ettirmek, karşınızdakine onu önemsediğinizi ve tüm dikkatinizin onda olduğunu gösterir. Bu sayede karşınızdakinin dikkatini de kendi üzerinizde tutarsınız. Ayrıca, karşınızdakine cesur, iletişime açık ve şeffaf olduğunuzu hissettirirsiniz. Bu yüzden konuşurken ve dinlerken, karşınızdakinin gözlerine bakmak ortamdaki varlığınızı ve etki alanınızı artırır. Fakat burada dikkat etmeniz gereken bir denge vardır. Bakışlarınız yumuşak olmalı, ara ara gözler kaçırılmalı, sabit ve tehditkâr bir bakış olmamalı.

Eğer amacınız karşınızdakine çekici görünmekse ya da bir şeyi çekici göstermeye çalışıyorsanız enerjinizi yüksek tutun. Burada kadın ve erkek için çekici olan özellikler farklılaşıyor. Yapılan birçok araştırma, özellikle kadınlar için gülümsemenin çekiciliği artırdığı sonucuna ulaşmıştır. Ayrıca gülümsemek, karşınızdakine güvenmek ve yakınlık kurmak için gereken sıcaklığı ve rahatlığı sağlar. Bunun yanında hızlı konuşmak ve hızlı hareket etmek de çekici gelen özelliklerdendir. Erkekler içinse sakin görünmek ve yavaş konuşmak daha otoriter ve çekici bulunmuştur. Yani genel olarak kadında mutluluk, erkekte ise sakinlik karşı cinse çekici gelir.

Eğer amacınız bir direnci kırmak, ikna etmek ve güvenilir görünmek ise, sakin görünmeli, tane tane ve yumuşak bir tonda konuşmalısınız. Gücünüzü ve sıcaklığınızı dengeli bir şekilde karşınızdakine hissettirmeye yoğunlaşın. Ayrıca konuşurken ellerini kullananlar, kullanmayanlara göre daha ilgi çekici, yetkin ve dikkate değer bulunmaktadır. Bu yüzden konuşurken ellerinizi ve hatta tüm bedeninizi kullanmak yine etki alanınızı genişleten davranışlardandır, ikna ediciliğinizi artırır.

Ayna Çalışması

Sırf sevgilinizin yanındayken görünümünüzün iyi olmasına gayret etmeyin. Kadın olarak evde tek başınızayken bile her zaman bakımlı ve güzel olun. Aynaya baktığınızda kendinizi güzel bulduğunuzda kendinize olan güveniniz de artar. Elbette evin içindeyken her an şık olmak değil kastedilen, ancak rahat ev kıyafetlerinizin içindeyken de çekici ve alımlı olabilirsiniz. Hatta çoğu danışanıma ısrarla söylediğim ve hatırlattığım bir şeydir. Evde tek başınızayken kendinize kahvaltı hazırlarken bile sanki bir misafire hazırlıyormuş gibi özenin. Basit bir ekmek arası sandviçi kendinize layık görmeyin, yiyeceklerinizi servis tabağında süsleyerek servis edin kendinize. Bunu yapmak zihninize "Ben değerliyim!" mesajını verir. Bu değerliyim mesajını zihninize ulaştırmak içinse başkasına ihtiyacınız yok.

Her an başkalarına bir şeyler sunma çabanızı biraz da kendinize bir şeyler sunma çabasına dönüştürün. Unutmayın, siz içsel olarak ne kadar değerli olduğunuza inanırsanız karşınızdakiler de sizin o denli değerli olduğunuza inanır.

Kimsenin sizi şımartmasını beklemeyin, siz kendinizi şımartın.

Psikolojik olarak hissettiklerinizi enerji olarak da yayarsınız. Neşeli ve özgüvenli insanların bir aurası vardır, duruşu, hali, tavrı, bir zarafeti vardır. Kullandığımız sözcüklerle karşımızdakini etkileme gücümüz %7'dir. Geri kalanını beden dilimiz, jest ve mimiklerimiz oluşturur. Karşı tarafla konuşurken ses tonunuzu ayarlamayı bilin, bunun için ses tonu çalışması yapabilirsiniz. Bazen karşı tarafa sert gelebilecek bir şeyi bile o kadar tatlı bir tonda söylersiniz ki yaratmak istediğiniz etkinin çok daha güçlüsünü yaratırsınız.

Ayna çalışması dediğimiz çalışmayla iletişim becerilerinizi güçlendirmek için egzersizler yapabilirsiniz. Bunun için bir aynanın önüne oturarak elinize bir kitap alın. Önce aynada duruşunuzu, yüz ifadenizi gözlemleyin. Belki bacak bacak üstüne atabilir ya da daha rahat bir pozisyonda oturuyor olabilirsiniz.

Yüz hatlarınız nasıl görünüyor, rahat mısınız, hafif bir tebessüm mü etmek istiyorsunuz, yoksa dikkatli bir şekilde duran bir dinleyici gibi misiniz?

Şimdi karşınızda öfkeli birinin olduğunu hayal ederek elinizdeki kitaptan sanki o öfkeli kişiye konuşuyormuş gibi cümleler okumaya başlayın. Sesli bir şekilde kitaptan cümleleri okurken ses tonunuzu takip edin, sakin ve yumuşak bir tonu yakalamaya çalışın. Aynı egzersizi farklı duygu durumlarına sahip olduğunu hayal ettiğiniz insanlara yapın. Sırayla önce karşınıza mutlu birini alın, sonra üzgün biri, sonra öfkeli biri...

Aynanın karşısına geçip sanki karşınızda biri varmış gibi konuşmalar yaparak aslında duygunuzu, nasıl gözüktüğünüzü kendiniz de görebilirsiniz. Her gün bu çalışmayı yaparak konuşma becerilerinizi artırabilir ve ilerletebilirsiniz. Sinirlendiğiniz zaman ne konuşacağınıza karar vermek ve pratik yapmak için ayna çalışması çok etkili bir yoldur.

Okumaya devam ederken bir yandan ellerinizi de kullanmaya gayret gösterin, bakışlarınız, baş hareketleriniz de işin içinde olsun. Konuşurken öne eğilmek, konuştuğunuz kişiye dönük olacak şekilde avuç içlerinizi açmak, bacaklarınızı ona dönük bir hale getirmek arada sırada başınızı yana yatırmak, göz teması kurmak ama dik dik bakmadan yapmak, arada sırada gözlerinizi kaçırmak, ne anlatırsanız anlatın hafif gülümsemek etkili bir iletişim için yapmanız gerekenler arasında.

Avuç içlerinizin ona dönük bir şekilde açık olması sizin dürüst olarak algılanmanıza olanak sağlar. Asla kollarınızı bağlamayın, bu sizi hem özgüvensiz gösterir hem de iletişime kapalı olduğunuz algısını verir. Aynada kendinizi bu şekilde izlemek kendi beden dilinize yönelik algınızın güçlenmesine yardımcı olur. Dahası sizi en iyi ifade edecek görünümü kavrarsanız iletişim kurmakta da bir usta haline gelirsiniz.

Örnek Ayna Çalışması-1

Diyelim partnerinizin size olan ilgisinin azaldığını düşünüyorsunuz ve ilgiyle konuşacaksınız. Aynanın karşısına geçin. El kol hareketlerinizle birlikte "Benimle daha çok ilgilendiğin zamanları özlüyorum. Çünkü senin bu becerinin çok iyi olduğunu biliyorum, sen gerçekten bir kadına kendini çok iyi hissettirme becerisine sahipsin... Ben tekrar o günlerimizi, orada bana hissettirdiğin duyguları çok özledim... Birazcık daha ona dönebilsek... Belki orada benim sana hissettirdiğim bir şey senin benimle daha çok ilgilenmeni sağlıyordu. Ben de onları sana hissettirebilirim... İstersen bunları sen de bana söyle... Belki ben de hata yapıyorumdur bir yerde..." diyerek, bunu ayna karşısında kendi kendinize pratik yapın.

Konuşurken başınızı yana yatırmak sizi sempatikleştirir. Hiçbir zaman kadın da olsanız erkek de olsanız çok aşırı erkeksi olmak, aşırı kadınsı olmak iyi değildir. Her zaman tatlı, sempatik ya da karşınızdakinin gönlünü alabilecek bir tavrınız olmalı.

Örnek Ayna Çalışması-2

Kendinizle, bedeninizle ilgili kabul etmekte zorlandığınız şeyler olabilir. Bir başkasının çok sevdiği elleriniz örneğin size göre çok çirkindir. Belki yüzünüzden, saçınızdan şikâyetçisiniz.

Bazen başkasına göstermekte tereddüt etmediğimiz şefkati kendimize göstermekte zorlanırız. Hayranlıkla etrafımızdaki insanları izlerken kendi güzelliğimizi görmez, körleşiriz.

Bu çalışmada odak noktasında bu kez siz varsınız. Bir aynanın karşısına geçin ve kendinizi izlemeye başlayın. Evet ilk başta biraz tuhaf gelecek ama direnmeyin ve kendinizi gözlemleyin.

Derin nefesler alarak kendinizi sürece bırakın, zihninizden düşünceler geçiyor olabilir, belki yorgun bir günün sabahındasınız, henüz gözlerinizin şişi geçmemiş. Belki bu aralar biraz kilo aldınız ya da iştahınız yok ve ne giyseniz üzerinizde eğreti duruyor gibi. Peki bu aralar kendinize nasıl davrandınız? Kendinize göstermeniz gereken yakınlığı gösterebildiniz mi? Değerli taraflarınızı, güçlü yanlarınızı fark ettiniz mi? Peki ya zaaflarınız, ne kadar saçma bir hata yaptım dediğiniz anlara gülüp geçtiniz mi yoksa hâlâ kendinizi bir yerlerden çekiştirip duruyor musunuz? Kendinize göstermediğiniz şefkati neden esirgediğinize dair bir fikriniz var mı? Aynada gördüğünüz yansıma size değil de başkasına ait olsaydı ona nasıl davranırdınız? Daha sevecen ve daha merhametli olacağı muhakkak.

Kendinizi hatırlamak ve imajınızı güçlendirmek bu ayna çalışmasını sıklıkla yapın. Gün içerisinde 5 dakika bile olsa kendinize bakın. Neler başardığınızı, nelere sahip olduğunuzu hatırlayın. Bedeninizde sadece kusur aramayın, en beğendiğiniz taraflarınızı da bulun ve görün. İyisiyle kötüsüyle içinde olduğunuz bedeni kabullenin. Eğer kilo vermek istiyorsanız beslenmenize ve sporunuza özen gösterin. Tarzınızdan sıkıldıysanız değişim yapın. Her zaman yaptığınızdan farklı bir makyaj yapın örneğin ya da saçınızın rengiyle oynayın. Dolabınıza giymek istediklerinizi ekleyin. Evde de dışardaki gibi bakımlı olmak size iyi gelecektir. Evdeki halinize de özenin, kendinizi şımartın hatta. Aynalardan kaçmayın, kendinizle tanışmaya açık olun.

Tartışmalarda Beden Dilinizi Nasıl Kullanmalısınız?

Ayna çalışması yaparak ve gün içinde kendinizi gözlemleyerek kendiniz için pozitif bir beden dilini oturtun. Nasıl ki bir insanla sohbet ederken bir beden dili kullanıyorsanız tartışmalarda da aynı beden dilini korumaya özen gösterin.

Öfke ve stres kimyasal ve ruhsal olarak bizleri etkilediğinden hem sözcüklerimiz hem de bedenimiz biraz kontrol dışına çıkabilir. Örneğin öfkeliyken sesimizi yükseltip elimizi kolumuzu daha çok kullanma eğiliminde oluruz. Frenlememiz gereken abartılı beden hareketlerini engelleme konusunda zorluk yaşarız.

Tartışmalarda bedenimiz karşı taraf için tehditvari sinyaller gönderebilir. Örneğin dik bakışlar, yakın mesafeden yüksek sesle konuşmak gibi.

Tartışmalarda etkili bir bedel dili için sakinliğinizi korumalısınız. Tehditkâr olmayan bir şekilde göz teması kurmalı ve ona bakarak konuşmalısınız. Elinizi ve kolunuzu kullanabilirsiniz ama öfkeli tonlarda değil nazik ve yumuşak bir şekilde. Bunun ölçüsünü sanki karşınızdaki birine tatlı bir şey anlatıyormuş gibi düşünerek ayarlayın. Hatta normal zamanlarda takındığınız tavırlardan çok daha nahif olmanız iletişimde gücün elinize geçmesini sağlar. Avuç içlerinizi açarak derdinizi anlatabilir, karşınızdaki insana doğruyu söylediğinizi ima edebilirsiniz. Eğer oturuyorsanız bacak bacak üstüne atabilir, konuşurken biraz öne doğru eğilebilirsiniz. Dinlerken yüzünüze sıcak bir tebessüm yayabilir, başınızı sallayarak konsantrasyonunuzun onda olduğu mesajınızı ona iletebilirsiniz.

Konuşurken ya da dinlerken kollarınızı bağlamamalı, sırtınızı ve başınızı başka yöne çevirmemelisiniz. Bunlar iletişime kapalı olduğunuzu ve onu dinlemediğinizi gösterir. Eğer bir şekilde çabuk sinirlenen bir tabiatınız varsa, ellerinizi sıkıyorsanız, bacağınızı sallıyorsanız, kıpır kıpırsanız öfkenizi karşı tarafa yansıtmış olursunuz, bu da o insanı daha çok öfkelendirir. Dinlerken ya da konuşurken bedeninizde başka bir şeyle uğraşmayın, kravatınızla, kıyafetinizle ya da tırnaklarınızla oynamayın. Tüm bedeninizle ona doğru yönelip onu dinliyor olmak bile insanın öfkesini azaltan bir şeydir.

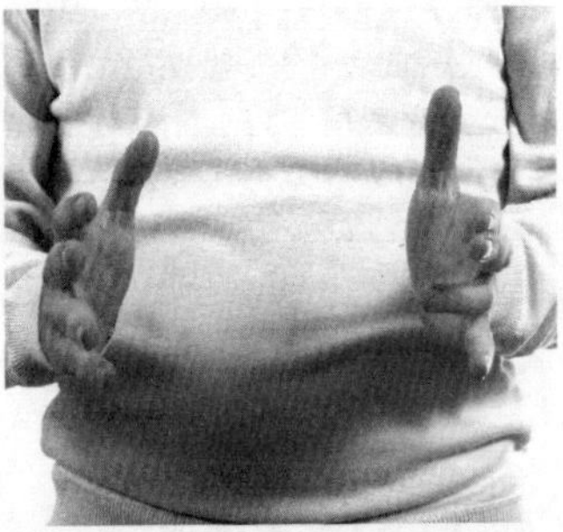

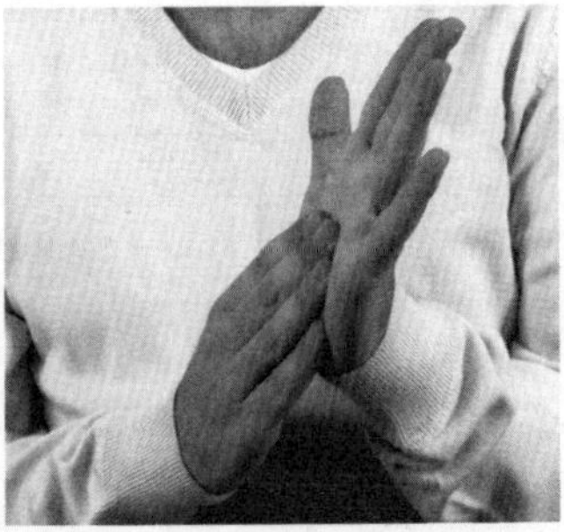

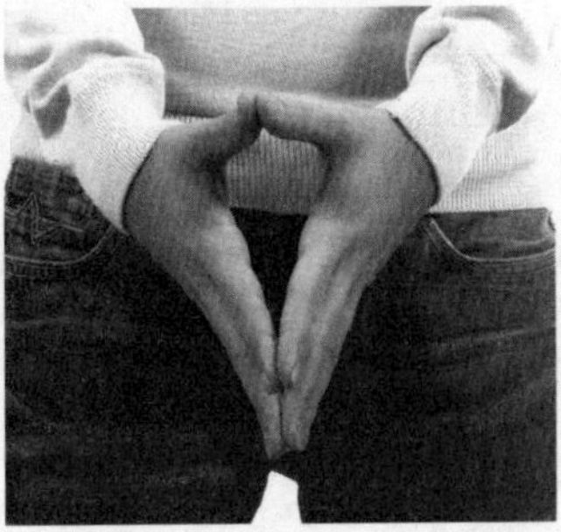

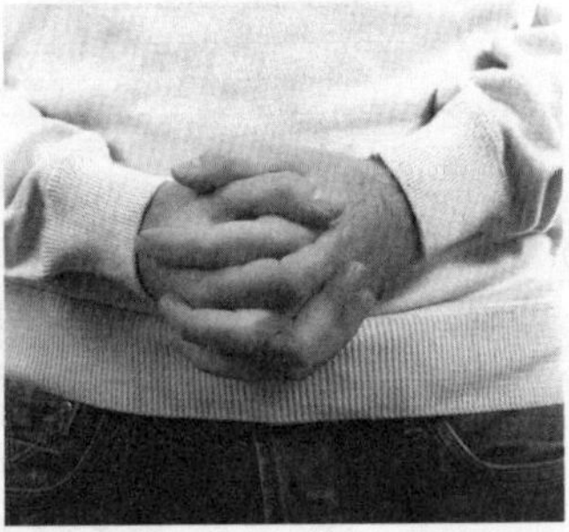

Okuyucu Notları: